ZHUIQIU ZHUOYUE

追求卓越

30 WEI QILU MINGSHI DE CHENGZHANG LICHENG

30位齐鲁名师的成长历程

主　编：刘思硕　刘文秀

副主编：石　阳　李　勇

编　委：李淑芳　夏琳琳

中国海洋大学出版社

·青岛·

图书在版编目（CIP）数据

追求卓越：30位齐鲁名师的成长历程 / 刘思硕，刘文秀主编. —青岛：中国海洋大学出版社， 2020.11
ISBN 978-7-5670-2688-9

Ⅰ.①追… Ⅱ.①刘… ②刘… Ⅲ.①师资培养—研究—山东 Ⅳ.①G451.2

中国版本图书馆CIP数据核字（2020）第244241号

追求卓越： 30位齐鲁名师的成长历程

出版发行	中国海洋大学出版社
社　　址	青岛市香港东路23号　　邮政编码　266071
网　　址	http://pub.ouc.edu.cn
出 版 人	杨立敏
责任编辑	邹伟真
电　　话	0532-85902533
电子信箱	zwz_qingdao@sina.com
印　　制	日照报业印刷有限公司
版　　次	2020 年 11 月第 1 版
印　　次	2020 年 11 月第 1 次印刷
成品尺寸	170 mm×230 mm
印　　张	20.25
字　　数	321千
印　　数	1～650
定　　价	65.00元
订购电话	0532-82032573（传真）

发现印装质量问题，请致电0633-8221365，由印刷厂负责调换。

序言 PREFACE

在做编辑前，我在学校教了将近十年书。总感觉自己做教师那些年，虽然每天也很勤奋，但总缺少方向感。等到离开了教师岗位，感觉十年时间好像没做多少事情，在感慨年华易逝的同时，也在反思自己的成长历程。从事编辑工作后，有机会接触很多的中青年教师，发现他们也和我有同样困惑——教育生活缺少方向感。很多学校现在重视学生的生涯规划，并且开了生涯规划课，其实教师的发展又何尝不是呢？我相信有规划的教师，他们的成长肯定比没有规划的教师快，他们带出来的学生肯定也会更优秀。对很多中青年教师来说，他们需要一群引路人，来照亮他们前行的脚步。到哪里找这样的引路人呢？翻阅资料时，我才发现，原来，青岛有着丰富的优质教师资源，仅齐鲁名师来看，青岛目前已经被评为齐鲁名师的有40多位教师。这些齐鲁名师的成长历程本身就是一笔宝贵的教育财富，应该将他们编著成册，让更多的年轻教师了解这群优秀教师的成长历程。梅贻琦在1928年就任清华大学校长的时候，说道："所谓大学者，非谓有大楼之谓也，有大师之谓也。"其实，基础教育又何尝不是呢？优秀的教师群体在很大程度上决定了一所学校教育实践的深度。一所好的学校必须要有代表学校精神的名师。

想法尽管很好，但真正实施之前，我又满怀顾虑。齐鲁名师在山东省来看属于教师队伍金字塔的顶端，他们教学任务繁重，而且很多还是名师工作室的主持人，有的多年带职业学校的技能大赛，有的还身兼数职，他们会答应我的请求参与撰写吗？怀着忐忑、不安、紧张和焦虑的心情，我拨通了一个又一个的电话，出乎我意料的是，他们当中的很多人只听了我"为青年教师做标杆"的说辞就欣然同意了。我知道，他们其实并不看重所谓的"领头人""青年榜样"之类的赞誉，他们在意的是作为教育者应有的一份担当和责任，在他们的成长过程中，得到过很多人的帮助，于是，今天他们愿意把这份正能量传递下去。仅这一点，就已经让我肃然起敬了。

其实，在担心被名师们拒绝的同时，我还有一个隐忧。那就是他们真的那么优秀吗？会不会"盛名之下，其实难副"？所以，当一篇篇的稿子发到我手上，我又开始忐忑不安起来，而当这一份份既相似又充满个性的精彩的人生经历在我面前舒展开的时候，我的担忧一点点消失了。那些日子，我每天都生活在感动中，同事经常看到我会不时擦拭眼泪。我被他们自强不息的奋斗故事所感动，被他们的教育智慧所折服，被他们乐观的人生态度所感染，我在心里大喊："找到了，找到了！"是的，他们就是我一直以来想要寻找的引路者，青岛教育有他们，我们心里踏实。

其实，我还有一个担忧。我担心，他们的成长故事千篇一律，读到后面就索然无味了。事实又证明我的担心是多余的，每一位名师都有自己成长的精彩故事，我一篇篇读下去，不断感受着新的气息，领略新的人生精神。这里面没有华丽的语言，就是一位位名师平凡而又真实的故事，因为它接地气，所以更被我们认同，因为它让我们看到了"九层之台，起于累土；千里之行，始于足下"，所以更容易被青年教师效仿。

湖南师范大学的刘铁芳教授说："人的卓越乃是一切实践的根本所在。技术当然重要，但技术总是次要的，人才是根本性的，努力让自己活得更优秀，活在对优秀的欲求之状态中，以此来激励学生的优秀，这几乎就是一切优良教育的奥秘所在。"当我轻轻合上书稿，我发现：他们之所以优秀，是因为他们走的是一条少有人走的路。其实，这条路我们都曾经面对过，或许只有他们克服了内心的懒惰和恐惧，敢于在矛盾中抉择，在痛苦中成长，在焦虑中实现了精神的超越。

美国教育家威廉沃德说："生命并非一个发现的过程，而是一个创造的过程，你不是在发现你自己，而是在不断创造你自己。所以，别急于发现你是谁，而应该想清楚你究竟想成为谁！"

刘思硕

2020年2月10日

目录 CONTENTS

孙丽君
SUN LI JUN

　　平度市实验幼儿园教师。被评为山东省特级教师、青岛市名师工作室主持人、青岛市优秀教师、青岛市教学能手、青岛市优秀专业人才、青岛市幼儿园名师、齐鲁名师。10多篇论文在国家、省、市刊物发表或获奖；多次展示平度区（市）级、青岛市级公开课、优质课；作为幼教骨干，参与编写的幼儿园园本课程《绿色教育课程方案》获山东省优秀课程资源一等奖；承担了青岛市"十一五"规划课题"基于'最近发展区'的教师专业发展研究"和青岛市"十二五"立项课题"基于家文化建设，促进幼儿社会性发展的行动研究"等多项课题。

润物无痕，花开有声

我的工作可能永远不能用考试成绩和升学率来衡量，能评价我的只有一颗母亲般爱孩子的心！

虽然老师的专业不能为孩子提供一个直接"治疗"的平台，但老师的细心、老师的爱、老师的执着，却会是孩子一生受益的源头。

——孙丽君

百川之水，润物无痕；春野之苗，花开有声。工作20年来，我悄悄地播撒，静静地等待，细细地品味着孩子们的成长，默默地享受着属于自己的幸福。我把工作当成乐趣，体验到了生活的欢乐；把职业当成责任，坚定了从教的信念；把学生当成儿女，收获了家长的尊重！我所教的幼儿更是亲切地称我为"老师妈妈"。

美好的相遇，从爱开始

"没有爱就不能从事幼教工作"。爱孩子，就是他哭的时候，你懂得去安慰他；他遇到困难时，你乐于去帮助他；他难过时，你愿意去抱抱他。不管面对的孩子是长相俊俏还是一般，是乖巧还是调皮，是反应灵敏还是稍显迟钝，是健全还是不健全，我对他们都满腔热忱地付出爱。

　　我班的新新（本书涉及的学生名字均为化名）小朋友，刚入园时情绪一直不稳定，经常掉眼泪，也不好好吃饭。我每天早上热情地蹲下和他打招呼，牵着他的手去拿玩具，邀请其他小朋友和他一起玩耍，消除他对陌生环境的不适应，每餐饭耐心地喂，慢慢地他看到我就露出灿烂笑容，开始学着自己吃饭、穿衣、穿鞋。有一天他拉肚子，一下午拉了三次，我帮他换了三次衣服，为他打来温水擦洗，抱着他轻轻揉肚子，帮助他消除痛苦。当他妈妈来接他时，看着干干净净的孩子以及洗干净的三条裤子，感动得不知说什么好。

　　其实类似这样的事我几乎每天都在做，因为幼儿园的教育对象很特殊，他们最大的6岁，最小的仅仅2岁。孩子太小，不懂得照料自己，嘴边常挂着吃饭时留下的米粒、菜渣；秋冬季节鼻涕老是流个不停，我的兜里总是放上些纸，走到哪儿就能帮孩子们擦到哪儿。为了防止孩子们因为着凉而感冒，帮孩子整理翻起的领子、袖口，掖好他们露出的衣角，及时地喂他们吃完饭菜，每次小便后帮他们整理好衣裤，巡视午睡时给他们盖好小被子，是我每天都要完成的功课……

　　有一年我接的是托班，第一天就来了22个孩子，这些孩子最大的2岁半，最小的刚满2岁。刚到一个新环境，孩子们极度不安：有的不愿意进教室，只要跨进教室门手脚便乱踢，并且哭声、尖叫声不断；有的频繁尿裤子，不吃饭，不让老师碰他的身体；有的不上床睡觉……我每天都为孩子们的吃、喝、拉、撒、睡等琐碎的事情而忙碌着。白天，从一点一滴开始，教孩子们吃饭、喝水、穿衣服；晚上，制作幼儿生活档案，上网与家长交流，让家长们了解孩子每天在幼儿园的状态和成长情况……就这样，在忙碌和琐碎中，孩子们感受到了我的关爱，慢慢地，笑容多了、哭声少了。

　　一个春天的深夜，凌晨2:00，一阵刺耳的电话铃声把我从睡梦中惊醒！我抚着砰砰乱跳的心，拿起电话。原来是我班的寄宿制幼儿王某突然喘气困难，被细心的夜班老师巡夜时发现。看到孩子痛苦的样子，年轻的夜班老师吓坏了，赶紧打电话问我怎么办。我安慰她们："先别着急，我过去看看。"丢下熟睡的儿子，我骑上车子往学校狂奔，来到寝室，看到孩子几乎窒息的样子，我心急如焚，等不及请示领导便找来车辆，抱起孩子就往医院跑。那一刻，我的手脚发软，我怕这条鲜活的生命因为时间的耽误而出现闪失和遗憾！那一刻，我的脑子里只有一个念头，那就是快点救救孩子！到了医院，医生诊断说是急性喉炎，抢救不及时有窒息的危险。在医院里我抱着孩子看病、交费、办理住院手续，然后一直守候在孩子的病床前没有合眼。清晨5:00，当孩子的姥姥从乡下赶来时，孩子已经脱离了危险，家长拉着我的手感激的话还没出口泪水先流了下来。看着睡得正香的孩子和泪水涟涟的家长，我欣慰地笑了。回家洗把脸，我又开始了一天的工作。我的工作可能永远不能用考试成绩和升学率来衡量，能评价我的只有一颗母亲般爱孩子的心！

我还带过一个自闭症孩子思思。每天的午睡是思思的难题，老师说："思思午睡。"他答："思思不午睡。"后来有一天中午，同事看见我做了个大大的伸手动作，思思居然伸手拉了上去。我们俩一声不吭地来到床前，思思睡下。同事说："如此尽在不言中，你一定做了很多。"是的。这之前，我拉着思思，无数次地出入卧室，无数次地重复"这是思思的床""思思要睡这里""老师妈妈陪着睡"……终于有一天，思思念叨的"思思不午睡"变成了"老师妈妈陪着睡"。和孩子之间"不言"的背后，一直有我付出的关爱、耐心支撑着。我一直认为：虽然老师的专业不能为孩子提供一个直接"治疗"的平台，但老师的细心、老师的爱、老师的执着，却会是孩子一生受益的源头。

美好的改变，从读书开始

我经常问自己：作为一名幼儿教师，最应该关注的是什么？最需要努力的是什么？我想，最应该关注的是孩子的生活和孩子的发展规律，最需要努力的是对事业的执着以及专业技能的提高。

1997年刚参加工作时，我只有中师学历，"继续上学，多读些书"是我最大的愿望。得知市里要举行成人自考，我第一个报了名。大专毕业了，我又报考了本科，为了不影响正常工作，我总是利用晚上和周末的时间上课、学习。常常是饭也顾不上吃，下了班就骑车赶往上课地点。怀孕期间，我考出了6门本科课程，孩子出生的第98天，我带着他赴青岛结束了最后一门的考试。就这样，从大专到本科，我一步一个脚印地走了过来。

从一个上课突然会脑袋空白的"菜鸟"新教师成为一名在课堂上能从容应对各种突发事件的老师，从一个一听到有任务就害怕无从下手的新教师成为一名接过工作能实实在在一步一步分析完成的老教师……这些年里，我总是秉着一句话：脚踏实地、用心付出。有人说：专心的姿态最美。确实是这样，还记得20多年前刚踏上工作岗位，我和许多新入职的教师一样，不知道怎么跟孩子交流，不知道怎么维持正常的教育教学，我们成人看起来很简单的问题，对孩子们来说有时像"天书"一样复杂。我反复琢磨，提炼自己的语言，让它更儿童化，更接近孩子的理解。我虚心向老教师请教，反复思索。白天，一有时间我就去听优秀教师的课，一字一句地聆听，下午孩子离园后，我就一个人站在活动室里，一遍一遍地讲。因为明白"笨鸟先飞早入林"的道理，所以我就自我加压，挤时间，多投入，高标准，严要求，每天抽时间学习幼教理论，阅读涉及各类教育范围的书籍，认真做好读书笔记和反思记录。利用园内的"读书沙龙活动"和同事们一起交流自己的所思所感，和同事思想碰撞，智慧提升。阅读能开阔视野，提升思考力。在和书本名家的思想碰撞中，我对幼儿美术教育有了自己的一些理解，我进行了幼儿绘画教学的研究，以游戏为载体，以幼儿生活体验为源泉，把美术教学内容具体化、生活化，变"灌输"为感悟，变"说教"为"体验"。2007年，我撰写的论文《大班绘画教学的几点尝试》入选青岛市经验交流汇编。同时，我积极参加青岛市的优质课评选等活动，这些事情磨砺着我，让我逐渐形成了自己的教学风格，一步步找准了自己的前进方向。

美好的体验，从专业实践开始

大自然之所以美丽，是因为有千姿百态的植物。幼儿教育因为面对不同的家长和幼儿而充满挑战。现在的独生子女在家是小祖宗，幼儿园这样的集体环境难免没有家里细致。家长会为孩子抢不到玩具来找，会为别的小朋友说了句不礼貌的话来问，会为小红花没发给他孩子讨公道，会为孩子在园里磕了一下要说法。每到此时，我都诚心诚意地向家长解释，晓之以理，动之以情。向家长传输幼教理论，帮他们分析孩子心理，教他们处理方法。

我班的Tony，在美国出生，家庭条件优越，父母在家千疼万爱，养成了胆小怕事的性格。Tony来到我班时，很是与众不同：他不吃幼儿园的面包、不敢在户外玩、不会说汉语、不愿意和别人交流……面对这样的孩子简直让老师无从下手。但我愿意接受挑战，下决心教好这个孩子。我先给他设计了"颜色语言"，通过颜色卡片进行简单的语言交流，如红卡表示上厕所、绿卡表示喝水等。解决了沟通的难题后，我写了份关于Tony发展的分析报告，并诚恳地向家长建议："Tony的许多能力发展缺失，让我来帮他吧。"就这样，每周六上午9点到11点，家长把Tony送到我家，由我带他玩游戏，教他生活知识。付出终有回报，Tony从刚来时的足不出户到能在草地上快乐踢球，从总是一个人到能和小朋友嬉戏打闹，从不吃外面的饭到在幼儿园里吃得又香又甜……在我每次循序渐进地游戏引领中，Tony逐渐开朗活泼起来，家长连连称奇，说简直就像换了一个孩子。前年，已毕业三年的Tony参加中央台的"幸运52""非常6+1""欢乐英雄"等节目并获奖，家长激动地从北京打来电话道谢，说没有我幼儿园三年的付出，就没有Tony灿烂的今天。

主题教学以来，经常有家长质疑我们课程的现实意义。我常常敞开自己的课堂，以一个教师的专业，来化解疑问和责难。当家长质疑"幼儿园中的孩子不会数学"的时候，我们开放的半日活动，让家长看到自己孩子玩远远超过10以内加减的游戏；当家长质疑"幼儿园的孩子不学拼音、不学写字，怎么进行幼小衔接"的时候，我们开放的绘本阅读，让家长看到孩子们海阔天空的想象力和丰富的符号信息；当家长质疑"孩子绘画技能不强"的时候，我们开放的节日舞会，让家长看见孩子们自己动手设计的精美服装道具，简直就是个舞美设计师……在这些过程中，我们对教学活动的精益求精，终于得到家长的认可，原先的质疑，渐渐地转化为信任，对幼儿园的工作和课程更加赞叹不已！我常想：幼儿教师，带着浓浓的爱和精湛的专业技能，与家长同行，一定会给孩子的成长岁月，留下美妙的痕迹。

从教20年，我的经历并不多，但我很愿意去体验。所以，每一次外出、每一次玩耍、每一次和孩子们精彩的互动，我都会在拾取意趣之余，记录下自己的感悟慢慢品味。我建立了班级QQ群，坚持用相机记录孩子们每一个美丽瞬间，坚持用笔写孩子、记自己。渐渐地，我发现，当我把孩子的一段段成长，用文字呈现给家长时，家长也回赠我"敬业和专业"的评价；渐渐地，我发现，当我遭遇挫折时，打开"孩子的事"文件夹，再大的风雨也难遮孩子的艳阳天；渐渐地，我发现，当我"撞"到不同的孩子时，聪明的办法越来越多；渐渐地，我发现，当我和孩子在一起时，越来越懂孩子的心……如此这般对工作、生活和情感的记录，让我活得幸福而充实！

美好的蜕变，从引领开始

有人说：与智者同行，你会不同凡响；与高人为伍，你能登上巅峰。我很幸运，遇到了一群志同道合的朋友，遇到一群有智慧的引路人。2013年9月，承蒙教育局的厚爱，我很荣幸地入选了青岛市名师工作室主持人，吸收7名来自青岛不同地区的教学能手组建了"孙丽君名师工作室"。

第一次独立地组织教研活动，第一次独立地带成员外出，我们从最初的迷茫、不知所措，到逐渐理清思路，边干边学，一点点积累、一次次探索，凭着一种信念，凭着一股干劲，我们工作室的全体成员目标坚定地探求着幼儿教育的真谛：读书活动中，我们透过书本与大师对话，兼收并蓄，时时碰撞出心灵的火花；观摩活动中，我们与提供现场的单位积极互动，批判地接受，理性地思考，真诚地学习；教研活动中，我们畅所欲言，百花齐放，教育智慧在一次次讨论中提升、飞跃；学习活动中，我们聆听幼教前辈们的点拨，豁然开朗，汲取着源源不断的"甘泉"……

我们注重根植课堂、注重思想交锋、注重读书交流、注重网络辐射，积极开展本区域的传帮带活动和公益教育活动。工作室面向乡镇农村教师、幼师专业学生、幼儿园家长、青年教师等不同群体，举办"名师课堂"公益讲座8次，开放课堂6次，结对帮扶2所农村学校，建立了城乡教师专业发展联盟，组织送教活动5次。在教学模式诊断、教师专业发展等方面给予广大学生、家长及青年教师必要的指导帮助，充分发挥了工作室的辐射带动作用。

三年来参加工作室的教师，无论从教学水平、教学策略，还是成果上都有不同程度的提高。工作室出版书籍2本，发表和获奖论文共计12篇，5人被评为区、市学科带头人，6人被评为区、市教学能手，2人入选省、市名师培养人选，2人被评为区、市优秀教师，4人展示区市级公开课，工作室通过青岛市人事及教师教育信息网及时发布工作室动态10余次。

风筝能在天上自由自在高高地飞翔，都是因为有一根线牵着它，掌控方向，给它力量。工作室的成长，离不开青岛教育局的智慧引领，离不开平度教体局的督促指导，离不开幼儿园领导的扶持帮助。感谢那些温馨的话语，那些厚重的温暖，那些坚定的支持，那些智慧的引领，那些无私的帮助，让一株株柔弱的草儿，有了积蓄能量、绽放开花的勇气。

美好的收获，崭新的开始

我知道，一颗蒲公英的种子一旦飘离花托，就难有回归的时候。所以，对过去的人和事，我没有太多的期待。但是，当教师节前夕，一群毕业多年的孩子牵手来到我面前送上温馨的祝福时，当我听到我班的孩子获得全国图书制作一等奖的喜讯时，当我接到已毕业3年的Tony参加中央台节目并获奖的电话时，我还是泪流满面，我还是欣喜若狂。感激时间的回报！那一刻，我觉得我是世界上最幸福的老师，也是最幸福的"妈妈"！

一份感情，一份执着，一分耕耘，一分收获。2017年，我入选了齐鲁名师培训工程，2020年，我正式成为第三批齐鲁名师，这是一个新的起点，新的开始！我将继续带着爱与责任，在平凡的事业中，实现自己的人生价值，守候着童年，给孩子最美的生活！

仲 坤
ZHONG KUN

　　现任青岛市市北区乐安路幼儿园副园长，幼儿园高级教师。设计多节省级、市级公开课，曾获省、市优质课一等奖。荣获山东省特级教师、山东省教学能手、青岛市名师、齐鲁名师、青岛市中小学学科带头人、青岛市青年教师优秀专业人才等荣誉称号。多篇教学案例、经验论文发表于省级刊物。2016年6月，当选青岛市第十六届人大代表。

春风化雨育幼苗，辛勤耕耘结硕果

对孩子的爱让我心中总会涌起一种强烈的责任感，每当这时我就会想我是老师，我是这些孩子的引路人，我应该像妈妈一样去爱护、教育他们。这份深沉而博大的爱不断激励着我用心、耐心地拥抱每一个孩子。

——仲坤

作为一名幼教工作者，迄今我已在幼教这一工作岗位上辛勤耕耘了21个春秋。这是一片神圣的沃土，到处播撒着期望；这是一方快乐的天地，到处洋溢着欢歌笑语。在这片土地上，我用我的一举手，一投足，一个温柔的微笑，一个鼓励的眼神，一句温暖的话语，去拨动那一个个美妙的心弦；在这片土地上，我立足教学、创新奉献，用智慧开启了孩子们人生的成长之门。我一路攀登、一路求索，努力争做一名"师德高尚、业务精湛"的学者型、专家型教师。回顾整个工作历程，大致可以分为四个阶段。职初阶段、积累经验阶段、沉淀智慧阶段、引领辐射阶段。

倾注爱心，做无私奉献的"育花人"

1997年，18岁的我从青岛幼儿师范学校毕业，分配到四方区第一教工幼儿园，成为一名普通的幼儿教师。刚刚工作的我充满了热情，每天早早地来到幼儿园，就想快一点见到可爱的孩子们，和他们一起游戏，唱歌，画画，讲故事……每当看到他们热情地跟我打招呼，或者给予我一个大大的拥抱，我的心里幸福得就像开了花一样！

与孩子们朝夕相处的日子里，有过累，流过汗，还有疲惫和倦怠，但更多的是快乐与幸福。初入园的孩子早上来园会哭闹，在我安慰他们的时候，他们会将眼泪鼻涕蹭在我的衣服上；孩子身体不舒服，我给他们喂饭时，他们会将饭菜吐在我身上；这些我从不嫌弃，相反我认为这是爱的信任，因为有爱而满心欢喜。也正因为爱让我与孩子的心交融在一起，让我对班级里的每个孩子都有着更深的了解。工作中难免会遇到很多的不顺心，有时也会因孩子的调皮而烦躁，也会因他们的不听话而失态、发脾气，也会因工作的忙碌而感到疲惫不堪，但对孩子的爱让我心中涌起一种强烈的责任感，每当这时我就会想我是老师，我是这些孩子的引路人，我应该像妈妈一样去爱护、教育他们。这份深沉而博大的爱不断激励着我用心、耐心地拥抱每一个孩子。我始终想着他们都是还未加雕琢的璞玉，虽表面不光滑但内心纯洁，等着我去雕饰。这样的情感使我对孩子们少了一份责怪，多了一份宽容；少了一份苛求，多了一份理解；少了一份埋怨，多了一份爱护。20年来，我一直用实际行动践行着自己的承诺，从未停止去爱，去爱每一个孩子。对于工作中常常遇到的"特殊"儿童，我更是拿出了百倍的爱心、包容和理解。

2002年夏天，我班转来了一个叫妍儿（化名）的女孩。初次见到妍儿，我便深深地喜欢上了她，可令人吃惊的是妍儿竟是一个语言存在严重障碍的孩子。只能用最简单的一两个字来表达自己的意思，并且语言含糊不清，她的语言发展只停留在一岁左右孩子的水平上。看着妍儿那活泼可爱的面庞，听着妍儿那令人不解的话语，我爱在心头疼在心头，暗下决心，一定要帮助这个可爱的孩子，让她能和其他健康的孩子一样表达内心感受。我主动找家长了解情况，原来妍儿从小在农村跟着爷爷奶奶生活，老人不善言辞，与妍儿很少交流。而且妍儿出生时因为难产，缺氧导致脑部神经受到损伤，所以语言表达存在障碍。得知情况以后，我在日常生活中会联系身边的事物教妍儿学发音。带她到户外，指着花，和她一起说"花"；指着树，和她一起说"树"；指着蓝天，和她一起说"蓝天"。一遍又一遍，一天又一天……妍儿父母工作繁忙，每天都是下午6点左右来接她。我本应5点下班，可以把妍儿送到大晚班由其他教师看护，可是想到妍儿那含糊不清的话语，看到妍儿对我那深深眷恋的眼神，我舍不得。于是，两年里，我每天从早到晚陪着她，直至父母来接。两年的陪伴，两年的交流，我和妍儿的感情与日俱增，妍儿的语言表达能力也有了质的提高。毕业时，我把妍儿拥入怀中，她已是泣不成声……

春来秋去，寒来暑往，至今我已经送走了六届毕业班，第一届毕业的孩子已经上大学了，但是他们并没有把我忘记，许多孩子依然与我保持着联系，甚至还像孩童时那样喊我"仲妈妈"。与孩子们这份浓浓的感情，都源于我对工作始终如一的坚守和热情。

饱含热情，做幼教经验的"积累者"

在四方一幼这个和谐的大家庭工作、生活的5年，园里组织的听课、外出学习等活动让我在工作思想和教育行为上得到了很多启示，我深深地感受到：在幼儿园这个团结、向上的群体中，进步是一种需要和必然。于是，我利用空余的时间向有经验的老教师请教，不断积累经验，使自己的业务水平不断提高。幼儿园领导和老师对刚工作的我倍加关心和照顾，园长特别注意培养新教师，亲自听课，课后一对一指导。老师们也在工作中一点一滴地帮助我。凭借着对工作的热情，我也取得了一些成绩。20岁的我参加了青岛市游戏观摩评选活动，组织大班角色游戏获一等奖。参加了市优质课的评选，获得了三等奖。组织大班体育"一物多玩——呼啦圈"活动被推荐进入青岛市中心教研组体育组。

23岁那年，我开始对幼儿教育有了理性的思考，学会反思自己的教育方法和教育行为，进入了经验积累阶段。我开始思考：为什么参加中心组会紧张、害怕、不敢发言，为什么市优质课上我也没有自信，不会处理教学中的突发问题。我想除了经验少之外，更重要的原因是没有继续"读书"。缺少了书籍的滋润，也导致我在写作方面非常薄弱。当我意识到这些问题时，正值王朝晖副园长调入四方一幼。她手把手地教我写作，一遍遍不厌其烦地听我上课，鼓励我课后及时记录并反思自己的教学行为。几年如一日充满激情地带领我和其他老师在专业领域里探究、学习、总结经验。在我遇到"瓶颈"一次次想要放弃时，她总是晓之以理，动之以情地开导我、鼓励我，让我鼓足勇气去战胜自己，她为我、为所有老师做的一切让我感动，我也在感动中不断成长。如果说四方一幼是一片肥沃的土地，那么王园长就是那片土地上的"有机肥料"。当然，除了鼓励肯定也有批评，但是我深深知道这种批评是"帮助"，这种批评是"关爱"，是让我前进的动力！同时，我利用空余的时间翻阅一些有关幼教方面的书籍，从中了解最新的幼教动态，学习幼教杂志上的文章，了解幼教改革的新动向，看到优秀教师的先进教育方法及时摘录下来，这样，我的写作水平慢慢有了提高。

工作的第七年我经历了自己发展的"高原期"。在这个过程中，曾经有过对工作的厌倦，但幼儿园的领导、区市的教研员一直对我积极引领，一次次地给我成长进步的机会，这是外力给予我的帮助。我自己呢？虽然怕吃苦，但是骨子里还是个要强、上进的人。所以，自己也会不断思考和努力，有了外力、内力的结合，这才让我在专业发展上突破了"高原期"，上了一个新的台阶。

2005年6月，那一年我26岁，刚休完产假回单位上班。那个时候是我工作热情减退的一个节点，这时市教研员来幼儿园调研工作，跟踪了我的常态化半日活动。市教研员对幼儿园的扎实工作和我组织的活动给予了肯定，并在后来的青岛市教育活动观摩现场会上，向全市的教育同行展示了我组织的"上学路上"这一教学活动。这对当时的我来说是一个极大的鼓励，我的工作热情又一次被点燃。同年，我入选市中心教研组，担任了科学组组长。"高原期"是每个老师在职业发展中都会遇到的一个"瓶颈"阶段，但我坚持了，所以我走过来了，我深深感受到，无论遇到什么样的困难，大家只要记住：坚持！不放弃！就一定会有更大的发展和进步。

做中心教研组组长的那几年，我干劲十足，带领组员们扎实开展每一次教研活动，但是在撰写活动总结时，我还是发现自己的文笔有限，不能凝练地总结小组的活动。我再次认识到读书、练笔的重要性。于是，除了阅读幼教杂志外，我开始阅读相关教育专业的书籍。刘占兰老师的《让幼儿在主动探究中学习科学》《幼儿园教育指导纲要》等书籍便成为我的枕边书。日常工作中，积极参加幼儿园组织的"读书沙龙"活动，勤练笔，撰写的教学经验《科学活动中教师语言策略的高效运用》被编入《用教师教育智慧照亮教育教学》一书中，这是工作以来我第一次成功地总结出属于自己的教学经验。当然也经历了无数的挣扎与煎熬。记得那时，我的孩子才两岁，每次都要等孩子睡了才能静下心来写作，由于我的写作水平有限，所以每次都要写到12点以后。整篇稿子反复地阅读、修改，到最后定稿共修改了10多次。记得有一次，教研员张老师给我指导完，我拿着稿子回幼儿园，因为教育局就在我们幼儿园旁边几步远，所以我一边走一边看稿子，思考张老师给我提的建议，一下子撞到了树上，当时感觉很丢人。但是，再看看自己的稿子已经基本定稿，心里十分激动。这篇经验让我在写作这一弱项上体验到了成功，更加信心十足地投入到撰写中。"功夫不负有心人"，后来，我设计的社会、美术、主题活动案例等纷纷发表在《早期教育》杂志上，并参与编写了青岛市教材。

潜心钻研，做幼儿教育的"研究者"

30岁的我进入了一个尝试用智慧改善教育行为的阶段。被评为市教学能手以后的这段日子里，我的思想发生了质的变化，从过去在别人鼓励下去研究变成了自己喜欢研究，想要研究，深深地喜欢上了教育教学研究。在研究的过程中，我更加注重思考和反思，沉淀自己的教育智慧，我想如何把集体教学活动中的智慧用在一日活动中，让更多的孩子受益，这才是一名幼儿教师真正应该研究和认真去做的事情。思想的变化，使我更加喜欢观察幼儿在日常生活中的点滴行为，分析行为背后的原因，给予有效的教育策略，指导、帮助他们获取有益经验。为了更好地解读幼儿的行为，我阅读了大量教育书籍。无形中我的教学智慧也在不断地沉淀。

从1998年我加入青岛市学前中心教研组，一干就是16年。从组员到副组长再到组长，我一直潜心研究幼儿园科学领域教育教学。多年来，我与组员一起潜心研究科学集体教学活动百余节。每一次教学研究，针对一个教学活动我们都会反复磨课，磨课次数少则3次，多则10余次，只为探寻最优化的设计方案与教学策略。日常工作中，我结合日常教学，潜心研究科学活动，做到课后及时反思。对教研的执着与热爱，让我深深地感受到教研的苦与乐。通过坚持不懈的研究，我撰写的《用智慧演绎精彩的教学活动》在山东省课程改革现场会进行发言；撰写的《"持趣乐探"教学法在科学活动中的运用》在青岛市提升教师专业素养大会进行发言，并且在省级刊物《保育与教育》中发表。我提倡在幼儿园科学活动以及其他领域活动的组织与实施过程中，都应融"趣"于其中，在"做中学"的形式下，借助互动的推力，让幼儿始终保持探究的兴趣，逐步发展探究能力，培养良好的学习品质，产生积极乐学的情感。

青岛市学前中心教研组是我专业成长的摇篮，除此我还参与了青岛市名师名园长研修班、青岛市名师工作室、齐鲁名师名园长培训班，一边聆听专家教授的讲座，一边潜心读书，不断丰富完善自己。并将学习体悟到的理念、知识尝试运用到工作实践中，不断积累专业知识经验。这几年，我先后参加了省市优质课的评比，均获一等奖，并被评为山东省教学能手。

发挥作用，做青年教师的"领路人"

35岁至今，是我的引领辐射阶段。35岁时，我来到青岛市市北区宝城幼儿园，在宝城幼儿园担任了园长业务助理工作。2016年2月，37岁的我，参加了市北区教育局组织的副园长竞聘，经过笔试和面试，成功竞选上副园长。目前，正在尝试学习如何管理教师团队，深入指导教师教育教学工作。近3年，指导多位老师参加市区公开课、优质课评选，均获佳绩，指导两位职初教师获青岛市公开课，指导多位老师参加市区级优质课均获一等奖，指导两位老师参加青岛市一师一优课，指导多位老师撰写的文章发表在幼教刊物和杂志上，并选入市北区游戏案例集。记得每次参加市区优质课的评选，都要在幼儿园加班到很晚，跟老师一起设计教案，反复磨课、反思、说课，直到把教案敲定才肯回家。今年6月，当家园共育现场会与市优质课冲突的时候，我合理划分时间，白天准备现场会，带领老师进行磨课，晚上指导老师说课。这样，两项工作各不耽误，圆满完成了任务。除对老师进行指导外，我也没有放弃组织幼儿一日活动，经常为各班带操、指导区域活动、组织科学活动。我喜欢孩子、喜欢研究幼儿教育。我想只有不离开一线，不离开孩子，所有的研究才是有价值的研究，当我指导教师时才能做到有效指导，提升教师专业水平。进而让幼儿园的每一个孩子得到更好的发展。

近几年，我主动请缨参加市北区青蓝工程活动，担任来自不同幼儿园的三位青年教师的师父。为了能快速提高她们的专业水平，我采用每周批阅徒弟教案一份、组织徒弟开展同课异构活动、观摩徒弟半日开放活动等带教方式，促进徒弟教学水平的提高。我还参加青岛市青年教师研修班活动，为青年教师宣讲教法、组织示范课。参加市北区教研活动，带领、指导街道园、民办园开展教学研究，钻研有效教学方法。

2011年，我申报了市北区"十二五"规划课题"科学活动中引导幼儿主动探究的策略研究"。申报成功后，我带领幼儿园的青年教师针对此课题展开了为期4年的研究。每次课题研讨现场，我都鼓励老师们大胆发言，阐述观点，积极争辩。我经常带领老师们剖析我的课例，引领他们在专业上快速发展。几年间，课题组中多位教师开展市、区级公开课，参与市、区优质课评比均获一等奖。老师们在提高专业素养的同时也体验到了成功的喜悦，感受到了职业幸福。

课题研究是基础，研究成果需传递。多年来，我积极参与青岛市"送教下乡"活动，组织科学活动10余次。2016年，作为齐鲁名师培养人选赴菏泽、曲阜、济南农村向山村教师宣讲我的教学法，教学法朴实、实用，深受农村一线教师的好评。至今，我与多位农村教师保持联系，借助微信、QQ平台，沟通教学困惑，互相观摩教学录像，将先进的教学理念传递给他们。通过我的实践指导，帮助他们不断积累教学经验，提升专业水平。

近两年，我一直担任山东省"互联网+教师专业发展"省级工作坊主持人、指导专家。利用山东省教师远程研修指导平台，观看平台推送的省内学前教师教学录像，通过观课、评课，助力省内广大学前教师专业成长。

如今的我正享受着工作与生活的快乐。与幼儿的互动、与教师深入的研讨……让我深深地体会到做一名幼儿教师的幸福。那种幸福，只有全心的付出才会感受到。就像习近平总书记所说的：共同享有人生出彩的机会，共同享有梦想成真的机会，共同享有同祖国和时代一起成长与进步的机会。

虽然幼教的工作非常平凡，但是幼儿教师也可以活出精彩的人生。精彩不一定要惊天动地，用智慧让每一个幼儿得到最好的发展，这就是精彩！

法洪雪
FA HONG XUE

　　现任胶州市第八中学语文教师，齐鲁名师、齐鲁名师实践导师、山东师范大学硕士生合作导师、青岛市初中语文名师工作室主持人、青岛市初中语文学科基地主持人、青岛市学科带头人，获山东省优质课比赛一等奖、全国信息化大赛一等奖等十余次，致力于"趣味语文"的研究，出版著作《作文之舞》，在《中学语文教学》《教育文摘周报》《中学语文教学参考》《语文知识》《语文教学之友》等期刊发表论文三十余篇。

苦乐兼修，自觉成长

经历一场暴风雨，扛过去，不倒伏，风雨过去，就是一次疯长——每一次煎熬都是成长。

反思的足迹步步坚实，关于教学设计的研究也步步深入，在不断磨课、上课、研课、评课的过程中，我也更加明确了自己的研究方向，丰实了自己的研究成果。

——法洪雪

在农村，苦乐兼修

我是一名农村教师，在农村苦乐兼修。刚刚进入胶州八中的时候，学校条件很差，教师宿舍的墙上冬天是结冰的，操场是用煤渣铺起来的，一下雨雪就坑坑洼洼的，无法正常使用。

那时候，刚刚参加工作的我，没有觉得苦，就是看着这些比我小十岁八岁的学生欢喜得不得了。带好我的学生们，成为我的最高追求。第一年做班主任，全级部12个班的各项量化成绩，我们班拿了第一名。学校师资不足，我曾经在一段时间内，带过三个班的语文课，时间一长，嗓子就哑了，后来渐渐说不出话，只好去医院做了声带手术。术后，医生嘱咐一段时间内不能说话，必须噤声。我在家待了几天，待不住了，真是坐卧不宁啊：想想我的那些学生没有人上课，我心里就急得跟猫挠了似的。于是，我终于憋不住了，提前回到学校。可惜的是，回校没到一个周，又说不出话来了。为了不耽误学生的课程，我白天在学校上课，晚上在医院急诊室做雾化治疗，每天做完雾化回家已经十点左右，第二天还要在清晨5点起床赶回学校上早读。家人又是心疼又是埋怨，问我为什么这么卖力气，我说就像"白天不懂夜的黑"，不做教育的人不知道教育者的情怀，更不会知道我是多么爱待在讲台上、爱我讲台下的那帮孩子。

不过，就是在那样的苦日子里，我开始在教学和班主任工作中寻摸门道儿，而且我练得越来越"狡猾"。

农村孩子也有"超级刺儿头"，2008年的晓瑞（化名）就是其中一个。从那个时候开始，我就琢磨开班级管理的"三十六计"了："明修栈道，暗度陈仓"！我注意到了他偶尔写出的小作文，忽悠他上"正道儿"，我跟他谈话说"上次的作文，我刚批完，你的那篇《印象深刻》让我'印象深刻'，你小子才华横溢嘛！"就这一次谈话，将原来跟我横眉冷对的他引进我的气场，当我谈到我曾经写的一篇《我喜欢的学生》，他说："老师，我知道了，我一定完成作业。我要做你喜欢的学生。"后来，在一个晚自习，我对他的进步大加表扬，提出更高要求。再后来，他在作文里深情写道："我完成了法老师给我的第一个目标，她的要求我做到的，我真的做到了，我从来没有这样自信！今晚，我记得她的话，她又给了我第二个目标：我一定要做她喜欢的那一个学生。"

在我老家有句话，叫"哄孩子摸拢牛儿"，我越来越"狡猾"，但是孩子越来越喜欢我。到现在，学生都不叫我法老师，而是亲切地喊我"法老"。我也在慢慢琢磨教育教学窍门的过程中找到了一线工作的乐趣、教育研究的乐趣。我开始把我的工作当作一个个问题，做起了自己的研究。

磨砺中，自觉成长

农村条件艰苦，但是农村的宁静、孤独，也给了我一个"蹲苗期"。我渐渐认识到课堂是实现教师发展的最佳平台，好教师首先要有高超的教学艺术水平。所以我把握一切机会狠狠锤炼自己的教学基本功，近几年我参加各级优质课比赛以及教学基本功比赛，连续获得9次第一，别人称呼我是"赛课达人"，但是我知道赛课背后磨砺的艰辛：为了应对一次次比赛，我必须在平时苦研教材；为了提升自己的教学设计能力，我利用节假日去拜访语文名师；赛课期间，为了拿出最佳的设计方案，我不惜熬过一个个暗夜……

一次优质课比赛的日记，就这样真实地记录了我赛课磨砺的历程。

13号，94.8分。这张很薄的记分单，评价了我短短10分钟的讲课展示，是评价，也是肯定。

握着记分单，走在陌生的实验初中，想起准备选拔材料的这一天两夜：抱着厚厚的教材，摆出万种教学设计，克扣了睡眠、简约了吃饭，凡是可以用的时间都用上了。问题又出现了，我的大脑开始缺氧。于是，开始痛苦，开始想放弃，开始矛盾重重，开始想哭。干脆，躲进卫生间，用满脸泪花洗尽快要爆炸的思绪，回书房，重新来过。

朋友问，准备得如何了？我答：正在痛苦中煎熬。朋友说，试着放松一下。我答：每一次煎熬都是成长。朋友评价说，这是积极的态度。我在磨砺中认识到了自己内心积极的那一面，抹去矛盾、怯懦和知难而退，余下勇敢、乐观和坦然面对。

每一场选拔，都像是我行走中的一次主动的磨炼。忽然觉得自己如春苗，经历一场暴风雨，扛过去，不倒伏，风雨过去，就是一次疯长——每一次煎熬都是成长。

十几年的主动磨砺和自觉成长，将理科出身的我推到了山东省优质课比赛的大舞台。我也因此有幸得到了青岛教研员邹欣老师、胶州市教研员王联华老师的指导，迅速提升了自己课堂授课技能。在省优质课的磨课过程中，我也间接地体悟到了省教研员张伟忠博士以及更多的语文名家的语文教学思想，并将其融入我的课堂中。在参加省优质课《泥人张》一课研磨的时候，我这样记录了我的磨课经历：

《泥人张》，是我曾经备受煎熬的一节课，在磨课的过程中，如何把握文本的深浅成为我最棘手的问题。

第一次磨课，课堂轰轰烈烈，气氛热热闹闹。热闹尽管热闹着，我的反思已经在进行了：学生的乐趣在模仿天津人的语言上，停留在海张五低俗的两句话上，课堂笑声不断，但是，这是一堂好课吗？我的教学目标实现了吗？泥人张的形象在学生心目中丰满起来了吗？他的品性是否对学生的人生

有了一定的影响呢？当天晚上，教研员王联华老师带领我和我的指导老师高
慧霞老师就这些问题做了长时间的探讨，判定了这节热闹的课是失败的。

第二次磨课，我加深了课堂的知识深度。在课堂的最后部分，我提及
了作者冯骥才，提到他为什么写《俗世奇人》，为什么要投身到非物质文化
遗产的保护中去，提到他几次卖画筹集资金，提到他的忧国情怀……深度有
了，那么合适吗？下课了，我却感到了别扭：我在生生拖着学生的思维走，
我把自己的一些理解强加给了学生，课文的研读与后面的拓展之间显得太不
"搭配"。这，也算不上什么成功的课例。

第三次、第四次……

在一次次磨课与修改教案中，我理解了张伟忠博士说的那句话：教学
要贴着学生走、贴着文本走。"事非经过不知难"，不经历这样的磨砺，即使
将这样的语文真理背过来，也是不能真正去实施的。有幸的，我背过了这句
话，并有这样的机会去实践。

几次磨课，几经修改，磨出一个"泥人张"，也磨出了我作为一线语文
教师应该把握的文本深度，我同时为能在此过程中印证小说教学的理念而倍
感荣幸。

这一年，我作为青岛市唯一的农村选手获得了山东省初中语文优质课的
一等奖，同年，我还获得全国信息技术与学科融合优质课比赛一等奖和省电
教优质课的一等奖。

9次一等奖，多年的一线语文教学研究，让我收获了一个农村教师的专
业自信，我的课堂也从比赛变为示范，我先后在胶州、平度、菏泽、贵州
等地开设示范课、名师开放课、主题报告等；《金胶州报》为我做了专版报
道；山东电视台少儿频道邀请我做了小初衔接的专题讲座。

不停步，从教学走向教研

赛课的荣耀仿佛还在头顶闪耀，但是我已经开始反思自己的教学：一个
好老师，应该植根于课堂；但是教育者不能仅仅满足于上好一节课；只有对
教学进一步、深一步的研究，才能更好地指导教学。

怎样研究？农村教师的研究之路在何方？怎样继续成长？农村教师的成长之路又在何方？

我不断反思着，也得到了很多前辈的指点，他们说："虽然成长在农村，有着地域的限制，但是对成长的追求可以无限。看看你啊，比城区教师多的就是一股子执着的学习劲头儿，你要坚信只要有一种执着的学习力，即使在农村一样可以大有作为。"因陋就简，我开始坚信自己可以做一颗农村教育的"小宇宙"。

于是，在进行着艰苦卓绝的研课、磨课、赛课的同时，我也迅速厘清自己关于语文教学的思考。我清楚：一个有作为的一线教师，在历练课堂教学技能的同时，必须密切关注教育教学的新进展，也必须有将自己的实践提升为理论的能力。近几年，我注重对语文教学的理论研究，将读书、研究融合于语文课堂，并不断在思考中沉积，从教学走向教研。

在这条路上，我受到了学校分管教研的副校长刘乃志的指点，他推荐我订阅初中语文的相关期刊，在订阅期刊、研究期刊和投稿期刊的过程中，我发现自己竟然用这种途径为自己打开了新的成长空间。

我从期刊的阅读中获得和专家、同行碰撞的机会。我开始和编辑交流，学习专业写作。最初的一次投稿经历，遭遇主编的严厉要求后的反复磨稿，我依然用工作日记的形式记下了自己当时的经历。

2013年底，我将屡次参加优质课、公开课的一些体会梳理成一篇关于开场白的文章，鼓足勇气投给了栏目指定邮箱。好久，邮箱里有了让我兴奋不已的回执，说文章暂留用。

又不知道过了多久，一个课间，忽然接到一个陌生电话："你好，我是'中语参'。"还没等我接茬儿，电话那边的男声又继续说："那篇开场白，我看过了，语言比较乱，我看你自己也很难修改，建议你找你们单位语言功底深厚的老师帮你改吧。""噢！噢！好。"那边已经挂了电话。嗬！很久没有听到这么严肃的声音了！

不过，这通电话也真的让我重新审视自己：原来自以为在这几年的历练中的长进在高手眼里其实不堪一击，我的语言功底始终提升不大。反思之后，还得继续面对这样的窘境：我的文章哪里有问题？怎么改？请谁改？只好再沉下心去，将一些期刊的文章拿出来，再读读、再学习、再琢磨。于是，不断求教同行，本校的、本市的、本省的、江浙地区的……就这样，我在改文章的过程中，不断修正自己包括语言习惯在内的诸多问题，文章渐渐改得像篇文章，各种表达也逐渐规范。

如果说最初的投稿规范了我的专业术语的表达，那么后来的专业写作则归正了我的教育教学理念。在近几年，我不断开发新的课例，并且寻找江浙、广州一些教育发达地区的合作伙伴。在创作一些课例的过程中，我将青岛市教研员邹欣老师和胶州市教研员王联华老师的教学理念揉进了我的教学设计，渐渐明白，语文教学设计可以摒弃我从教以来的一些固定的模式，以创新的理念使用文本，以更贴合学生的方式设计教学。我将这些教学思考放在了日常的学习、听课、评课、研课的过程中，不断反思自己的教学设计理念。

于是，我的教学日记中又记录下这样的关于语文教学设计的思考。

国培期间，我听过一节七年级的语文课《秋天的怀念》，其教学环节如下。

1. 用史铁生的《老海棠树》引入新课，板书课题。

2. 检查生字拼音的预习情况，师生共同巩固。

3. 初步感知。

（1）你了解史铁生吗？

（2）齐读课文。

（3）你有什么阅读感受？（学生说思念、悲伤等）

4. 品味那些反复出现的句子、词语等。（赏析语言）

例如：三个"悄悄地"；

例如：看花一事。

5. 找出文中前后矛盾的句子。（赏析语言）

例如：听着听着李谷一甜美的歌手……

6. 小组合作，练习朗读；朗读展示。

在这个环节中，学生展示，但是有其他的学生听着朗读展示在笑。老师有些生气地说："有的同学在笑，这说明你还没有体会到文中传递出来的情感……"

坐在台下听课的我，被这句话扎到了：在深情的朗读中，有的学生笑。

这是谁的错？是这几个上课嬉笑的学生的错吗？不是，因为他们确实觉得那样深情的朗读很夸张、很好笑。很夸张、很好笑的事情，笑笑是正常的呀。他们是正常表现，他们没有错。

那么，问题来了：到底是谁的错？

这个追问让我反思我的阅读体验和教学设计理念。当我自己沉下心来阅读《秋天的怀念》的时候，我的心里是萌生了无限的感慨、感动，被深深感染了。有的时候，觉得无法朗读，因为一朗读就已经哽咽。我们是怎样被触动心灵的？是那些浸染了史铁生百感交集时候流淌出来的真情的文字啊！读完了，我很想找个人说说那些我从文字里读出来的情感。但是我不想被问道：文中反复出现了什么词语和句子？找一找，说一说为什么。我感觉索然无味，而且我的情路被斩断了，我的思考瞬间被剁碎了。这样的教学过程将文本割裂了，将学生的思维割裂了，将学生与文本之间的对话割裂了。更有甚者，有的老师在这样的板块形式下还嫌不够，又将研读的板块分出了两三个板块，这样的板块化结构让学生的思维活动彻底与文本的"文线"脱离，语文课就上成了明显的阅读理解题的讲解课，成了剁碎了情感无法再收拢的零碎课。

有没有一种教学设计方式，既能让老师易于操作，又能让学生在文本的解读中深入其中，更好地和文本对话、和作者对话，更好地实现师生交流、生生交流呢？

我认为，部编本教材给一线教师提供了很好的教学设计的提示，根据这些提示我认为可以用一种"线式主问"的教学设计方式进行部编本教材的课堂教学设计。依然以《秋天的怀念》为例，在部编本教材的"思考探究"的第三题中，编者这样提问：课文中两次出现"好好儿活"这个关键语句，联系上下文，谈谈你对这句话的理解。

那么，按照这样的提示，我们是否可以用这句话作为"线式主问"的"主问题"，串联起整堂课？答案当然是肯定的。以下是我根据这个提示做的"线式主问"的教学设计流程。

1. 检查预习，学生解决生字，谈谈阅读感受。

2. 母亲的哪句话在文中重复出现？她为什么会说让"我"好好儿活？（是因为"我"没有好好活）

3."我"为什么没有好好儿活？（探究"我"的"暴怒无常"，在"看着看着""听着听着""我还活什么劲儿"这些语句中咬文嚼字，"嚼"出"我内心"对生的绝望）

4.母亲是怎样教"我"好好儿活的？（探究母亲的爱。在"扑""抓住""挡在窗前""悄悄地""躲出去""大口大口地吐着鲜血""我那个残疾的儿子……"等字眼儿里，体会宽容的、悲伤的、深沉的、勇敢的母爱……）

5."我"是怎样好好儿活的？（研读"我"在妹妹的陪伴下看菊花的描写，体味母亲给我的生的勇气，体会"我"对母亲的无限怀念和愧疚）

6.结语：扣住"秋天的怀念"。

这样的教学设计，既抓住文章的核心价值、文本的语文价值和学科价值，又将学生的思维一步步地引入了文本的深处，还能让学生在研读中深刻体会文本传递出来的对于情感态度价值观的渗透。一举三得，何乐不为？

反思的足迹步步坚实，关于教学设计的研究也步步深入，在不断磨课、上课、研课、评课的过程中，我也更加明确了自己的研究方向，丰实了自己的研究成果。与此同时，我将这些在一线实践中梳理的经验、领悟到的理论撰写成一篇篇实战论文，投稿、修改。和其他作者合作，我填补了很多知识空白；和期刊编辑交流，我清楚了论文写作的方向、方法，并对自己的一些教育理念进行了纠偏；码字的过程，我收获的不仅是一篇篇论文，还收获了教学思想的"拨乱反正"，收获了语文教学主张的渐渐萌生和繁盛，收获了更多的启迪、更深的思考。

类似的写作经历数不胜数，接收的指导数不胜数，我一一反思，并专心修正。这几年的笔耕不辍，我的30多篇专业论文发表在包括核心期刊的各级专业刊物上，有的文章同时被"人大复印"资料《中学语文教与学》索引。与此同时，我形成了独具特色的趣读语文教学法，出版了以教学法为核心观点的个人专著《作文之舞》。

一篇篇文章，一部部书籍，成为我一次次自我激励、自觉成长的记录本。

自发光，更要把微光点燃

在农村成长的我最懂农村教师的苦乐，懂得"独木难成林"的道理，更懂青年教师想要成长的强烈愿望。所以，在渐渐"长大"、自觉成长的同时，我开始带领青年教师一起走专业发展的道路。

我想我应该做一个自发光的"小宇宙"，不但要点亮自己，还要点亮和我一样渴望成长的农村教师。

在我的影响下，学校语文教师队伍迅速崛起，几乎每个符合教龄条件的语文老师都出示了公开课，有为数一半的青年教师获得了各级、各类优质课比赛以及青年教师基本功比赛的一、二等奖，其中一位还获得了山东省优质课奖项，有5人在专业刊物上发表专业论文。在我们的共同努力下，学校语文中考成绩也得到了很大提升，近几年一直居于全市前列。

不仅如此，作为语文教研组长的我成为全校青年教师的"法姐姐"，解决成长困惑、指点成长迷津，已经是我现在最想做也是最常做的事情。大家在参加赛课、论文写作、学生辅导甚至是怎样处理和学生以及学生家长关系方面的问题，都愿意过来问问我。很多青年老师笑谈，他们也找到了教学研究和专业成长的乐趣，而且越研究越快乐。

随着影响力的不断扩大，我的微光开始向校外拓展，我成立了基于"趣读语文"研究的微信群和QQ群，胶州、平度、城阳、崂山等区域的语文老师不断加入进来，我们大多是农村教师，很多共同的机遇让群里的老师们有了共同语言，老师们抛出各种成长问题、教学问题，我们在群内讨论并将这种讨论传播开来。我在解答老师们的疑惑的过程中，享受到帮助他人成长的幸福。

由于工作业绩突出，2017年，我入选了第三届齐鲁名师培养工程并于2019年正式通过考核，当选山东省农村特级教师，并成为青岛市初中语文实验基地和青岛市初中语文名师工作室的主持人，我有了更加广阔的平台，也感恩青岛教育给予我成长以及引领更多老师成长的机会，促使我和更多的一线教师特别是农村教师走向专业成长的道路。成长起来的老师又惠及了很多的学生。回望来路，我幸福满满。

此时的我，自信地走在成为专家型、研究型教师的路上，并希望自己永葆教育激情，扎根于自己成长的土地，继续追逐我的教育梦。

刘光尧
LIU GUANG YAO

　　青岛第五十九中学生物教师，从教30余年。荣获全国模范教师、山东省特级教师、齐鲁名师、山东省优秀教师、山东省教学能手、青岛市拔尖人才、青岛市学科带头人等荣誉，享受国务院政府特殊津贴。齐鲁师范学院特聘教授、山东省远程研修培训专家、山东省跟进式教学指导专家、山东省教师培训专家、青岛市名师工作室主持人、青岛市学科教学指导委员会委员、青岛市教师培训专家。示范课"开花和结果""空气质量与健康""生态系统"分别由中国音像出版社、人民教育出版社、中国教育山东教育电视台录制并在全国展播发行。参编教科书，出版专著，撰写发表获奖论文50余篇。实践中总结出"情感-体验"教学法和"多元-发展"评价体系，多项教科研成果在国家、省、市评选中获奖。

一路追寻，不断超越

审视今天的教育，我认为对学生情感能力培养的重要性应远远大于对学生知识能力的培养。

课堂导入如同一出戏的"序幕"，如能从音乐、诗词美文、影像、实验现象、生物学故事、奇闻趣事诸方面，设计得"先声夺人"，就会迅速开启学生的兴趣之门，引导学生快速进入课堂教学。

一个人的一生其实就是一次或长或短的旅行，只有不断地为自己充电加油，不断地向同行者学习，才能观赏到更远更美的风景。

——刘光尧

随着时光打开记忆的闸门，每个难忘的回忆都有一段刻骨铭心的故事。也许曾经的激情，会如潮水般渐次退去，但追梦"快乐课堂"带给我的震撼，却一直激荡在心田！

课堂深处，有一种磁引般的情境，这情境，是一种意蕴的传导，生命的诠释和心灵的引渡。一棵树的成长，可以有年轮记载，而生命的成长，却要用心在每一处停留并跨越。我是一个行者，走在课堂教学转型变革的路上，从"探究教学"到"体验教学"再到"快乐教学"，至今仍沉浸在这三部曲中。通过实践探索，我逐渐形成了自己的教育主张——为了学生的可持续发展，构建属于学生的快乐课堂。在这里，有着心灵的呼唤，思想的启迪，人格的渐染；在这里，有着志存高远不懈追求的足迹；在这里，有着学生创新精神和核心素养得到落实的见证。"快乐课堂"注定是我教学改革永恒的旋律，"快乐学习"将永远吟咏在我和学生中间……

教学基本功是青年教师成长的基石

故事还是从1993年青岛市生物优质课比赛说起，各路选手经过预赛层层筛选，最后有5名优胜者脱颖而出，进入了决赛。在紧张与期盼中，轮到我登台亮相。纯正标准的普通话、潇洒漂亮的板书、规范得体的教态、巧妙合理的构思、先进实用的现代化教学手段，携带着新理念、新思想，我和学生一起诠释了"果实和种子形成"一课。听课的评委和老师们好评如潮，纷纷打听这小伙子是谁？其实，那个时候的我，已在青岛市生物学科教师队伍中崭露头角，不久前还受市教研室的委派，参加了省里组织的九年义务教育新教材培训。那次课，我全新的教学模式令在场的老师们耳目一新。

有人开玩笑说，只要我参赛，一等奖就非我莫属，但成功的背后又有谁知道我潜心教改，夯实教学基本功的执着和艰辛。按理说，我该知足了。然而，当我领略了教育大师们的教学艺术和感人事迹后，我情不自禁地发出由衷地感慨，这坚定了我勇攀教学改革高峰的勇气和信心。

担任班主任让我学会"两条腿走路"

俗话说："不想当将军的士兵不是一个好士兵。"我认为，不能胜任班主任的教师也不能算是一个好教师。记得初为人师，我曾豪情满怀，立志要在平凡的岗位上干出一番惊人的业绩。可事与愿违，带班3个月，班里的学生就让我不知所措。就在我信念动摇时，身边优秀教师不为虚名、默默奉献的感人事迹，深深地感染了我。从此，我下定决心，一定要把班级工作做好。记得1994年，我所带的班里有一位出了名的"刺头"。开学前，我特意登门家访，学生的父母很受感动。可是，开学后不久，这名学生很快就让所有任课教师无可奈何。我看在眼里，急在心里，经常自问："用什么方法才能打开学生的心结呢？"高尔基说过：谁爱孩子，孩子就会爱他，只有爱孩子的人，他才可以教育孩子。从此，我把更多的师爱给了他。平时有意与他接近，发现他喜欢运动，我就决定以此为突破口。休息日的一天，我再一次登门家访，顾不得擦去一路奔波流下的汗水，便从包里拿出崭新的运动服递到学生的手里，殷切地说："好好参加体育锻炼，老师期盼你为班争光。"学生迟疑地看着我，默默地点头。就这样，学生开始转变了，用他自己的话说："我被批评惯了，其实我也需要关心和表扬，老师这样待我，我能不好好回报吗？"在我的帮助下，这名学生不仅在运动场上捷报频传，就连学习成绩也进步很大，初三毕业前，还光荣加入了共青团。

我认为班主任不仅要有爱心，还要善于动脑。记得有次家访，我发现一位平时在学校里非常顽皮的学生，在家里竟然表现得很乖。我就问学生："为什么不在家里调皮？"学生不好意思地说："这是我家。"这质朴的回答给我很大的启发，难道班级就不能营造成一个温馨的家吗？有"家"的学生还会让老师头疼吗？为此，在实践中我潜心研究，总结出班级建设"三部曲"：班级是我"家"——我爱我"家"——我是"家"的主人。在这温馨的大家庭里，是爱和真情架起了师生之间理解的桥梁，是民主和平等筑起了"家"的辉煌。就这样多少"问题学生"得到了转化，多少僵化的矛盾得到了缓解，"先进班集体""文明教室""卫生达标先进集体"等光荣称号也常常伴随我所带的班级。一分耕耘，一分收获，由于我的爱心付出，所带班级各方面成绩突出，我也成了学生喜欢、家长信任、领导满意的班主任。2012年我被评为"青岛市十佳师德标兵"，2013年我又被评为"青岛市学生最喜爱的教师"和"十佳个人"。

教育科研助教师由教书匠走向研究型教师

苏霍姆林斯基说过，如果你希望教师的劳动能够给教师带来乐趣，使天天上课不至于变成一种单调乏味的义务，那么，你就应该引导每一位教师走到从事科学研究这条幸福之路上来。

教学是一门艺术，为了掌握其中的真谛，教育科研对我们来说尤为重要。审视今天的教育，我认为对学生情感能力培养的重要性应远远大于对学生知识能力的培养。因此，我认为快乐课堂应该充分发挥教为主导，学为主体的教学思想，从学生的生活和实际出发，创设情境，搭建体验平台，建立感性认识，激发学生兴趣，挖掘智慧潜能，实现知识内化。最终，在教师富有情趣的循循善诱下，使存在个体差异的学生都能快乐地学习，在快乐中学习知识、在求知中收获乐趣，促进学生全面和谐地发展。在教学中，我特别注重教学策略和教学方法的研究，大胆探索并实践"快乐教学"，创建了生物快乐课堂的教学策略和教学模式。

（一）快乐课堂教学策略

策略一："先声夺人"是课堂导语的活字典。

好的开始是成功的一半，好的导语会帮助学生迅速进入课堂教学。我认为课堂导入如同一出戏的"序幕"，如能从音乐、诗词美文、影像、实验现象、生物学故事、奇闻趣事诸方面，设计得"先声夺人"，就会迅速开启学生的兴趣之门，引导学生快速进入课堂教学。实践中，我常采用美妙的音乐烘托气氛导入新课、用经典诗词和美文创设情境导入新课、用有趣的实验现象引发质疑导入新课。

策略二："小窍门"是课堂教学的兴奋剂。

兴趣是最好的老师，针对初中生爱玩的特点，我常利用"口诀、顺口溜、俗语"等手段对学生"激趣"。让学生在玩耍中获得乐趣，掌握知识，收获自信，起到事半功倍的教学效果。例如，在讲"心脏结构"时，我就总结出这样的顺口溜：心脏有四腔，上心房下心室，左右不通上下通，心房连静脉，心室连动脉。帮助学生理解心脏的结构。

策略三："冷幽默"是课堂教学的开心果。

教学的魅力就在于它的不确定性和生成性，针对突发事件，我认为最好的办法就是"冷幽默"。例如，冬季的一天，我和学生正沉醉在课堂的快乐中。突然，教室的门"咣当"一声打开了，我头也没回下意识地问："谁？"学生听之哄然大笑，原来是北风把门吹开了。我停下讲课，走去关门。边走边说："大家看看，连北风都知道知识的重要，拼了命想挤进教室来听课，我们是不是更应珍惜这宝贵的时光，认真学习呀！"学生一听，脸上笑意依在，但心里却有所悟，神情更为专注了。

策略四："简笔画"是课堂教学的活化剂。

教师的魅力源于自身的"内功"，信手拈来的简笔画能有效帮助学生突破重点，解决难点，达到事半功倍的效果。例如：在讲"枝条是由芽发育成的"这一知识点时，我就采用简笔画的形式来梳理和巩固知识。我先用简笔画勾画出芽的结构，再画出枝条，然后在芽与枝条相对应的结构之间用线连接。边讲边画，学生就会很快理解枝条是由芽发育来的。

策略五："关爱生命"是课堂教学的最高境界。

培养健康的公民是我们教师义不容辞的责任，而健康既包括身体健康又包括心理健康。例如，在讲"传染病及其预防"时，我就趁机渗透一些关于艾滋病预防的知识，帮助学生树立正确的人生观和价值观。

策略六："灵动课堂"是创建实验教学的共同体。

小组合作，有助于每一位学生体验成功的喜悦。例如，在探究"光对鼠妇生活影响"实验时，我大胆地进行改革创新。课前，我让学生充分发挥主观能动性，小组合作，设计实验方案，自制实验器材，准备实验材料——鼠妇。课上，将学生带到室外如操场等，进行分组实验，我巡视、参与、指导。学生严谨的治学态度，团结友爱的学习氛围，让人欣喜，实验结果异常成功。由此，我认为学生的潜能是无可估量的，只要调动得好，每个学生都能认真参与，教师要为学生一生的发展服务。

策略七："有效作业"是巩固知识的好帮手。

依据"生活即教育"的教育思想，联系生活开发有效的作业形式，提高作业实效性。例如，我设计许多个性化作业，如制作鲜花标本培养学生的动手能力、发黄豆芽培养学生的观察能力、学做细胞模型培养学生的想象能力、用小鱼苗检测水质污染培养学生的探究能力等作业。

（二）快乐课堂操作流程

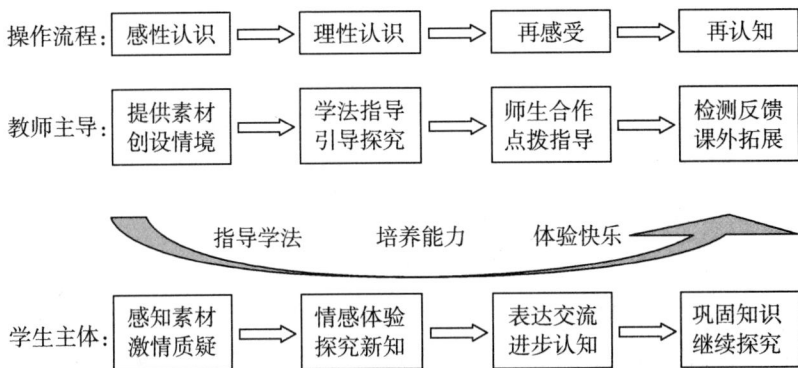

| 操作流程： | 感性认识 | ⟹ | 理性认识 | ⟹ | 再感受 | ⟹ | 再认知 |

操作流程：感性认识 ⟹ 理性认识 ⟹ 再感受 ⟹ 再认知

教师主导：提供素材创设情境 ⟹ 学法指导引导探究 ⟹ 师生合作点拨指导 ⟹ 检测反馈课外拓展

指导学法　培养能力　体验快乐

学生主体：感知素材激情质疑 ⟹ 情感体验探究新知 ⟹ 表达交流进步认知 ⟹ 巩固知识继续探究

经过多年的积累和沉淀，我逐渐形成了自己独特的教学风格和教学模式——构建情趣课堂，体验快乐学习。强调做中学、学中做，即激励学生调动各种感官在情感体验中体验快乐，学到知识，学会做人。毋庸置疑，只有把昨天的遗憾变为今天的提升，才能帮助教师从幼稚走上成熟，从感性走向理性。就这样，我的专业素养和教学理念在不断提升。

与书为伴，以学为动力，促我走出发展瓶颈

"读书决定一个人的修养和境界，关系一个民族的素质和力量，影响一个国家的前途和命运，一个不读书的人、不读书的民族，是没有希望的。读书可以给人智慧，使人勇敢，让人温暖，还可以给人力量，给人安全，给人幸福。我愿意看到人们在坐地铁的时候能够在手里拿上一本书。"

在上段话中，我们不难看出读书对一个人生命质量的影响。中国是一个有着五千年灿烂文化的文明古国，她蕴涵着深厚的历史底蕴，值得人们去探究。伫立在浩瀚的历史长河中，我将自己的心灵细细浸染在这灵魂的盛宴里，通过读书来吸收她那深厚的内涵，并且应用于课堂之中。面对当今学生关注的各类话题，我认为作为一名优秀教师都应该能够在讲台上谈笑风生，应对自如。为此，闲暇时我喜欢将自己置于暖暖的阳光下，让身体的每

一个细胞都来感受读书的乐趣，是博览群书使我感受到做教师的幸福。为适应课程改革的需要，我先后考入北京师范大学教育管理硕士研究生班和中国海洋大学生物硕士研究生班学习，以此来提高自身的理论修养和业务水平。不仅如此，2009年我还参加了市教科所组织的第三期访学站学习，在导师引领下，博览群书，汲取营养。通过诗经诵读、名著评析、佳作赏析、油画欣赏等，我跨学科、跨专业读书学习，丰富知识，开阔视野。由于刻苦努力，我按期完成访学站的研修学习，顺利结业并被市教科所聘为客座研究人员。

从教30多年，我一直耕耘在教学一线，潜心研究。实践中，我深刻地体会到，是读书让我视野开阔，思维敏捷，对问题有了独特的见解。我常追问：我是一名有思想的教师吗？就这样，通过读书与实践、反思与提升，我构建了自己的教育思想，形成了自己的教育主张和观点。

没有最好只有更好是通向教育家的必经之路

每个人的生命，都是由故事组成的。如果不去尝试，永远都不会成功。一个人的一生其实就是一次或长或短的旅行，只有不断地为自己充电加油，不断地向同行者学习，才能观赏到更远更美的风景。因为，凤凰只有经历烈火的煎熬和痛苦的考验，才能获得重生，并在重生中升华。

教师的教学艺术和教学效果是专业发展的主要标志，也是教育的源泉。要想成为教育家，就必须耐得住寂寞，顶得住诱惑，甘坐冷板凳。只有求真务实，在继承与创新中扎扎实实搞课改，平平淡淡搞教学，抵制消极、拒绝平庸、追求卓越，才能实现人生的追求。教师只有把教育教学看成一门艺术，才能赋予日常教学智慧之光和生活情趣。只有这样，教师方能达到教育可持续发展的要求。做最好的自己——成为集"编""导""演"于一身的教学艺术家，是我一生的追求。

梅花香自苦寒来。在校领导和老师们的关心帮助下，我实现了教师职业生涯中的多次蜕变。从一名普通教师、市优秀教师、省优秀教师到全国模范教师；从一名青年教师、市青年优秀专业人才、市教学能手、市学科带头

人、市拔尖人才、省教学能手、省特级教师、齐鲁名师到国务院政府特殊津
贴专家。近些年我随省教育厅去教育薄弱的新疆喀什、青海海北州、贵州安
顺、山东聊城等地区进行大型教育公益活动，受到当地教育局领导和老师们
的高度评价。辅导多名青年教师在全国、省、市优质课、论文评比中获一、
二等奖，辅导38名学生在全国生物竞赛山东赛区获一、二等奖，辅导50多名
学生在青岛市研究性论文和实验创新大赛中获一等奖。

　　俗话说："冰冻三尺，非一日之寒。"在这些成果的背后，有多少艰辛和
汗水，只有我自己最清楚。我至今还记得那个"鸡蛋的故事"：从外打破是
食物，从内打破是生命。人生亦是，从外打破是压力，从内打破是成长。路
漫漫其修远兮，吾将上下而求索。

刘 青
LIU QING

　　青岛嘉定路小学英语教师，高级教师。曾获全国优秀教师、山东省特级教师、山东省首批齐鲁名师、山东省教育创新人物、青岛市拔尖人才、青岛市劳动模范等荣誉称号。被青岛市教育局聘为青岛市第一批、第二批名师工作室主持人。个人教学品牌"青青互动英语"被评为青岛市教育服务名牌，创建的"小学英语多维互动教学法"被评为青岛市优秀教学法。兼任教育部"国培计划"培训专家、山东省中小学远程研修课程专家、青岛大学师范学院讲座教授和研究生指导教师。主编《走进名师课堂——小学英语》一书，参与编写多部教育教学丛书，20多篇论文在各级刊物发表。受到中国教育电视台、中国教育报、青岛电视台等多家媒体的专题报道。

宁静致远，心路无边

　　回想起来，如果不是当初看到了自己教学能力的欠缺，不是从心底里产生提升业务素质的渴求，就不会走上这条追求专业发展的道路。

　　真正的快乐，不可以用精细的教学步骤来预设和获取，不可以用形式上的模仿来复制和再现。只有在充满生命活力的课堂上，在师生之间、生生之间轻松和谐的互动交流中，去随时捕捉智慧的光彩、快乐的火花，才能真正得到发自内心的快乐。

　　善于思考和创新能帮助我们实现自我提升和发展，而持之以恒的反思和积累，会让我们理性地思考成长过程中的得与失，不断地实现自我超越。

　　在总结反思中，我发现自己对驾驭课堂的追求已经不那么强烈了，更多的反而是在参与和欣赏。

——刘青

　　回望，是为了更好地前行。不知不觉之间，在追寻教育理想的道路上已行走了30年。重温那一段段难忘的心路历程，回顾自己专业成长过程中的点点足迹，心中不觉涌起无限的感慨，同时也发现自己对教师职业乃至教育的意义有了很多新的认识。如果说自己的成长经历是一篇文章的话，那么，"探索与成长""压力与挑战""创新与发展""反思与超越""成长与升华"应该是这篇文章的几个关键词，也是影响我个人专业成长的几个关键因素。

探索与成长——闯过个人发展道路上的“入门关”

1989年，作为青岛师范首批英语专业实习生，我开始了教学生涯。在那些日子里，除了英语，我还教过音乐、语文，还当过班主任。至今仍记得，当别的老师下班以后，自己在办公室里踩着那架老风琴练到深夜忘了回家，让家里人一番苦找的情景。很快，我就经历了自己职业道路上的第一次角色转变，从一个稚气未脱的实习生，成为教师队伍中的正式一员。

在初登讲台的那几年里，自己对教学的认识几乎全是“纸上谈兵”，更多的时候，是在模仿老教师们的教学路子，甚至是自己上学时老师们的教学方法。然而，随着时间的推移，自己越来越多地接触到优秀教师的课堂，与他们在教学设计、教学组织、教学效果上的巨大差距，让我感到了一种震撼，并让我从最初的自满自得中清醒过来，开始审视和反思自己的课堂，意识到原来小学英语是不可以这样教的，并开始尝试着摸索自我改进的方法。也正是从那时起，我才开始真正体会到教师发展的原动力是什么，那就是强烈的自我发展需求。

不久之后，我有幸参加了一次“英语300句”的教师培训活动，第一次接触到了外教，而且从录像带上看到了美国的小学课堂教学过程。这次培训对我的触动非常大，尤其是那种灵活的教学方式和巧妙的问题设计，以及针对学生兴趣、结合学生生活组织教学活动的理念，让我一下子有了一种豁然开朗的感觉。从那时起，我开始逐渐琢磨着在课堂教学中引入一些新东西，一些学生会感兴趣而不是枯燥乏味的东西。当然，那时的做法难免肤浅，但这毕竟是自己在主动进行教学探索过程中迈出的第一步。

回想起来，如果不是当初看到了自己教学能力的欠缺，不是从心底里产生提升业务素质的渴求，就不会走上这条追求专业发展的道路。探索的过程是艰难的，甚至是痛苦的。只有当你翻山越岭攀上高峰，在兴奋欣喜之余回望走过的崎岖小路时，你才会发现，朝着正确的方向迈出第一步有多么重要！

压力与挑战——难忘十年双语实验

教书是一种收获快乐和成就感的职业，但有时也是一种"折磨人"的职业。这种"折磨"，很多时候就表现为工作中的压力和挑战。最让我铭记于心的，就是十年的双语实验历程。

1995年，我们学校承担了"小学双语教学整体改革实验"（以下简称"双语实验"）省级重点课题，我也被指定为首任实验教师。由于我们是全市第一批开展"双语"实验的学校，也就是说，没有任何经验可以供我参考。那个时候，我真的体会到了什么叫"万事开头难"，刚开学的几个星期，我根本无法进入角色。教科所、教研室的领导，几乎天天都来听我的课，而且事先不打招呼。现在回想起来，当时的压力确实太大了。记得我每次看到领导们又坐在了教室后面时，我是又紧张、又发愁，从心底不愿意踏进教室。

领导们连续听了我一个多月的课，我也度过了几十个寝食不安的日夜。为了更好地了解低年级学生的特点，丰富自己的儿童语言，提高与学生之间的亲和力，我托人联系了一所幼儿园，抽空就去观摩；为了解决教学中的难题，我不知多少次向有关专家求教；为了及时整理、记录自己的教学心得，我坚持每天写实验笔记，几年来整理出了十几万字的资料。那段时间，自己在办公室里常常忘了时间，直到爱人来学校接我，才意识到天已经很晚了。在无数个日夜的探索、实践和总结中，我终于摸索出了一套符合双语实验要求的"小学英语互动教学模式"，双语实验教学也终于取得了突破性的进展。

每当回忆起那段日子，我总会想起在课题鉴定会上的那堂公开课。严谨而又细致的著名英语专家陈琳教授，以他独特的方式，对我和我的学生进行了考查，并最终让我体会到了苦尽甘来的快乐……

那是在2001年的课题鉴定会上，我带着教了整整六年的学生代表课题组出课，授课内容是初三教材中的"Thomas Edison"一课。听课的是包括陈琳教授在内的许多外语教育专家。在讲了一多半的时候，陈琳教授给我传过来一张纸条，上面写着："Dear Miss Liu, Could you please finish your lesson 5 minutes earlier? I would like to ask the students a few questions. Thank you!

Chen Lin."（刘老师，你能早下课5分钟吗？我想问学生们几个问题。谢谢！陈琳）我没有多想，便向陈琳教授点头示意，并按照他的要求提前5分钟结束了这堂课。

随后，陈琳教授便从后排直接走到了学生中间开始交谈，整个过程完全是英语交流。我知道他是为了在学生没有任何准备的情况下考查他们真实的英语水平。其中一个问题是："Why do you study English?（你为什么学英语）"有的学生回答是："I study English to enlarge my knowledge.（我学英语是为了拓展我的知识面）"有的说："Learning English is the bridge to the world. Learning English can help me to view the world.（学习英语是走向世界的桥梁，学英语帮助我认识世界）"陈琳教授紧接着问："Will you go abroad in the future?（未来你会出国吗）"学生说："Yes，of course. But I will come back after that. Because China is my motherland. I will do my best to make her more beautiful.（是的，但学成后我会回来，中国是我的祖国，我会尽我最大的努力让她更美丽）"听着学生的回答，陈琳教授满意地笑了。

在最后的鉴定会上，陈琳教授对这堂课是这样评价的："学生通过六年的英语学习，语音、语调是过关的，词汇量丰富，语言表达流畅、思维活跃。教师的综合素质高，在教学中遵循了语言的教学规律，教学活动体现了层次性和递进性，关注学生的学习过程，有利于学生养成创造性思维习惯……"——六年的实验课题终于圆满结题了！

为了这一刻，我摸爬滚打了整整六年。正是在这一刻，我真正领悟了什么叫作"梅花香自苦寒来"！

结束了第一阶段的"双语"课题实验，我对自己六年来的实验过程和教学活动进行了长时间的反思。结合研究成果，我整理形成了自己的教学品牌——"青青互动英语"，并在2003年被评为青岛市教育服务名牌。同时，我也萌生了进行教学法研究的想法。

起初，我的设想是围绕"快乐课堂""快乐英语"进行研究和提炼。毕竟在六年的实验过程中，自己一直在进行这方面的尝试，积累了一定的心得和经验。但在研究开始不久，我就认识到，快乐课堂可以是自己的一种目标和追求，但很难成为一种范式。真正的快乐，不可以用精细的教学步骤来预设和获取，不可以用形式上的模仿来复制和再现。只有在充满生命活力的课堂上，在师生之间、生生之间轻松和谐的互动交流中，去随时捕捉智慧的光彩、快乐的火花，才能真正获得发自内心的快乐。所以，我把追求快乐课堂的目光，投向了另外一个方向，那就是构建充满生命活力的互动课堂，并开始了"小学英语多维互动教学法"的研究。第二阶段教育部"十五"重点课题完成后，我在有关专家的指导下，正式提出了"小学英语多维互动教学法"，并于2007年成功举办了由省、市各级教育专家和骨干教师参加的教学法推介会。

成长的关键在于自己，路一定要靠自己走出来！十年的"双语"实验给我带来了前所未有的挑战，但也正是这十年的课题研究让我攀升到了一个新的层次，开始了从"经验型"教师向"科研型"教师的转化，同时得以尽享苦尽甘来的快乐。

创新与发展——找准成长之路的原点

"处处是创造之地，天天是创造之时，人人是创造之人。"正如陶行知先生所言，作为一名教师，应该善于在课堂上捕捉灵感的火花，在生活中寻找教育的智慧，在创新中体验教育的快乐，在收获中不断得到新的启迪。而充满激情的课堂，无疑就是一名教育者走上创新成长之路的原点。

多年来，自己始终坚守在小学英语教学第一线，从未离开自己深爱着的课堂。课堂不仅是我成长的土壤，也是我开展教育创新活动的"试验田"。在这里，我品尝到了艰难探索过程中的酸甜苦辣，也体验到了更多源于创新的成功和快乐！

比如，提高学生的语用能力是语言学习的根本目的之一，而我们在教学中往往会忽视这一点，从而造成学生在语用能力上的缺失。解决问题的途径在哪里呢？在讲授"Turn left（左转）""Turn right（右转）""Go straight on（直行）"等有关问路的知识时，看着教材中那个小小的地图和枯燥的对话，我干脆合上书本，带着学生离开教室，来到了校门外。左转右转，走走停停，一直走到小区花园。小区内的道路曲曲折折，每到路口，我就会实地讲解怎样来问路、怎样为别人指路。在这种环境中，根本不费什么力气，学生就理解并记住了这些知识。回学校的路上，他们交替分组，分别以来访者和小区居民的身份，有的问，有的答，顺利地回到了学校。

学生走出了课堂，带回来的，却是知识和能力。把语言知识和生活实践联系起来，无疑可以更好地激发学生的学习兴趣，拓展学习范围，真正提高英语综合运用能力。

有一次，我发现部分六年级的学生对学校的午餐不感兴趣，对路边小商店的零食情有独钟。于是，我结合当时《牛津英语》6A中一个单元的主题"Good food，bad food（好的食物，坏的食物）"，提出了一个非常生活化的综合性学习题目"What food is good for us?（什么是对我们有益的食物?）"，并在学生们之间展开讨论，最后在课堂上阐述自己的观点。由于话题源于生活，学生自然有话可说。话题从一日三餐到饮食习惯，从中式盒饭到西式快餐，从饮食到运动等等，课堂活动非常精彩。

同样，及时捕捉灵感的火花，动态生成的课程资源也能为课堂带来新的快乐。记得有一年寒假后开学的第一天，大雪纷飞，校园里一片厚厚的白雪。刚刚开学的学生们在校园里兴奋地打着雪仗。我望着孩子们手中飞来飞去的雪球，脑子里灵光一闪，也团了一个雪球托在手中，一个简单而巧妙的教学设计已经在我的脑子里形成了。

"猜一猜、看一看""找一找、问一问""传一传、说一说"……一个小小的雪球，在我和学生们的手上传来传去，同时也像一条无形的线，引导着学生将旧知识串了起来。"雪球回到美丽的校园""把最好的祝福送给雪球"……虽然最终雪球被善良的孩子们送回了校园，但它给我们的课堂留下的却是一段段充满真实情感的口头小作文……

反思与超越——寻找属于自己的天空

善于思考和创新能帮助我们实现自我提升和发展，而持之以恒的反思和积累，会让我们理性地思考成长过程中的得与失，不断地实现自我超越。对于这种反思和超越，不知道别人有什么感受，我的感觉是很痛苦的。每当自己进入高原期，在不断地反思中期待超越的时候，心中有对自己过去一些认知的批判和否定，又有对新目标的迷茫和不确定，同时还对自己的停滞不前感到不安和焦虑，这些感觉交杂在一起，很纠结，很迷茫。只有迎来云开雾散、眼前豁然开朗的那一刻，才能迈过这道坎儿，寻找到一片属于自己的新的天空。

曾听过南京师范大学李如密教授关于"教学风格理论与优秀教师的成长"的讲座。李教授的讲座提到了教学风格形成的四个阶段：模仿性教学阶段、独立性教学阶段、创造性教学阶段和有风格教学阶段。并指出，这是任何一位教师从初登讲台到形成自己的教学风格都必须经历的过程。

其实，在最近几年，我也经常自问：我有自己的教学风格吗？自认为是有的。我一直追求一种清新简约、轻松流畅的教学风格。曾经也有人评价过我的教学风格，如清新、自然、流畅、和谐；立足教材超越教材，让不同的学生都能获得一些新东西；充分预设、合理生成，预设与生成相得益彰；注重多维互动的和谐课堂等。

然而，为了形成自己的教学风格，我曾多少次经历了山重水复的烦恼，又多少次体验到柳暗花明的快乐，屡经波折，方才拨云见日。这个过程，其实就是一个反思与超越的过程。

最早产生关于自己教学风格的想法，是在完成了山东省重点课题任务之后，也就是2001年前后。经历了长达六年的实验教学，自己在教学上逐渐从幼稚走向成熟，对人生、对生活的认识也开始逐渐成熟起来。无论是身边的老教师，还是全国各地的名师，他们那些风采各异的教学风格让我羡慕不已，同时也产生了形成自己教学风格的愿望。现在回想起来，自己在这个阶段的做法很大程度上就是在模仿。有的时候是在追求生动活泼、明快开朗；有的时候是在尝试稳重大气，举重若轻；有的时候，自己还会不自觉地从外教那里借鉴一些与众不同的风格。可以说，自己当时是在"能力极限"的边缘进行自我挑战，因为自己很快就发现，要想实现形成自己教学风格这个目标，自己首先面对的就是理论知识的欠缺和实践经验的不足。尤其是在教育思想和对教学活动的深度认识方面，自己急需"补充营养"，同时也迫切需要专家的引领和指导。

于是，自己开始沉下心来，攻读教育理论书籍，而且随时与自己的实践活动相对照，在阅读、揣摩、实践的过程中不断反思、不断总结，整理形成了自己的教学品牌——"青青互动英语"，并在2003年被评为青岛市教育服务名牌。并在这个时候，我有幸得到了诸多教育专家的引领和指导，让我全面地对自己的研究方向、研究成果进行了梳理，并且领悟到这样一个道理：教学风格可以是自己的一种目标和追求，但绝不仅仅是一种外显的具体模式。只有做到内外统一，实现教学观点、教学技巧和教学作风的个性化结合，才能达到教学艺术的个性化，从而拥有自己的教学风格。我开始把自己的目光转向更深层次的探索，开始进行"小学英语多维互动教学法"的研究，把对教学风格的追求和教育研究实践活动紧紧地融合在了一起。在专家的指导帮助以及学校领导的大力支持下，教学法研究进展顺利，并取得了较好的成果。在总结反思中，我发现自己对驾驭课堂的追求已经不那么强烈了，更多的反而是在参与和欣赏。心态也变得更加从容镇定，开始更多地关注师生在轻松和谐的互动活动中焕发出来的生命活力，以及闪耀着个性光彩的快乐与激情。同时，自己也开始更多地体验到教育的快乐。也正是在这个时候，我才确切地感觉到，自己的教学风格已经逐渐凝聚成形，并且已经与自己的职业生命融为一体了。

时隔不久，我应邀到海尔希望小学送课，一同前往的周嘉惠教授听完我的课后，在"琴岛教师成长工作室"平台上对我的教学风格进行了点评："她是岛城为数不多的齐鲁名师，她的英语课上的当然好，这已经有许多老师评价了。我在这里要说的是她的平和。她是以一颗平常心来对待这节课的，她的目的就是让学生学到更多的东西，而不是为了展示自己的才能。所以她的课没有那种华而不实的表演，没有那种哗众取宠的卖弄，没有那种唯我独尊的虚夸。她没有这些东西！这就叫大气！她也很年轻，但她没有其他年轻人身上的浮躁，这正是最可贵的。我们期待着她做出更好的成绩。"看完这段话，我的心怦怦直跳，我知道，我没有这么好，这只是周教授的鼓励而已。但这同时也让我对自己的教学风格有了更清楚的定位——周教授的点评，不正是我所追求的教学风格和教学境界吗？平和、大气、简约而不简单。这些特点，我曾在许多名师的课堂上感受过，也是我这些年来一直追求的目标。

从模仿到创造，从反思到超越，从追求到拥有。回想起来，正应了那一句："众里寻他千百度。蓦然回首，那人却在灯火阑珊处！"

成长与升华——在"大我"中实现自我

从教这些年来，如果说作为个体的"我"在事业上取得了一点成功，但却只能利己、不能利人，那无非是我一个人的成长而已，对我们教育事业的影响微不可计。然而，如果能在自己专业发展的道路上不断前进的同时，由小我而及大我，引领和影响更多的老师携手同行，把成功者由"我"变成"我们"，那么，这个过程就不再是我职业生命中简单的提升，而是升华！这是我的一种理想和追求，这种职业价值的体现会让我感到充实和快乐！

"名师的价值不仅在于自身在专业发展方面提高到了什么层次，更重要的是体现在对周围教师的引领与带动上，体现在更大范围的教育实践与推广活动中。"近几年来，我所承担的青岛市、市北区两个名师工作室以及国培、省培专家项目，为我实现这个追求提供了良好的平台。在无数个讲座培训中度过周末，无数次的往返奔波，只为打造一个真正由热爱教育的人组成的团队。在这样一个充满激情的团队中，充满着心灵碰撞的火花、智慧交流的印迹，以及从不断创新中带来的收获与喜悦。

2014年11月，在市教育局、半岛都市报、青岛新闻网等多家媒体联合举办的青岛市名师工作室"名师课堂"公益活动中，我以"英语可以这样学"为题，针对小学生英语学习过程中经常遇到的各种困扰，尤其是中小、高小年级学生中的理解难、记忆难、运用难等问题，结合自己多年教学经验，向来自全市各地的近200名学生及家长介绍了科学有效的英语学习方法。"记忆单词方法多""英语阅读快乐多""运用英语机会多"……通过生动形象、深入浅出地讲解，学生和家长们了解了小学生学习英语知识的认知规律和记忆特点，轻松愉快的互动活动更是让孩子们在不知不觉中提高了学习英语的兴趣，增强了主动运用英语的信心和勇气。这是我们工作室首次举办的公益讲堂活动，从那时起，我们面向全市教师同行，以及学生、家长，在区、市范围内开展了多次公益讲堂活动，如"读书吧，孩子——阅读指导教学""绘本教学公益讲堂""社区义教""遇见最好的自己""打破理想，成为更多可能的自己""以隐性环境和学科活动为载体，促进学生多元文化素养提升"等，并通过青岛经济广播电台"加油好爸妈"直播节目等平台，和学生及家长交流英语学习的方法和策略，受到了大家的欢迎。另外，我还分别在全市英语教师培训等活动中做"我所憧憬的最美课堂——生本智慧课堂""从转移到改变""如何创建理想的学习场""如何培养学生的思维品质"等讲座活动，与更多的老师一起分享自己的教育思想和教育智慧，工作室成员也通过和众多名师的接触开拓了自己的视野，提高了自己的教育思想和学科素养，对自己的未来发展也有了更加明确的定位和憧憬。

几年来，从市区到郊区，从崂山到城阳乃至即墨、莱西、平度、胶州、胶南等地，很多教室都出现过我们工作室老师们忙碌的身影。在中国教育学会外语教学专业委员会第19次学术年会上，我带领工作室团队进行了"课堂观察量表设计与实践"工作坊及优秀课例推介展示活动。活动过程中，我就LICC课堂观察模式"教师教学"维度，向与会者介绍了工作室在教研员孙泓老师的指导下，开展教师提问观课量表开发的背景，以及量表的设计与改进过程。我还结合本届年会主题——构建学生发展核心素养，谈了自己对"教师提问"这一问题的认识，以及在专业化的听评课等方面的收获与反思，并现场指导老师共同制作"教师的话语观课量表"，得到鲁子问教授等专家和老师们的高度评价。在大会"说课与研讨"环节中，工作室成员葛云老师进行了课例展示"NSE Book 8 Module 2 Period One：It's Cheap（新标准教材第8册第2模块第一课时：价格便宜）"，该课例曾获中国教育学会外语教学专业委员会优秀课例评比二等奖，并被推荐为本次大会说课课例，得到了点评专家的高度肯定。通过参加这种高规格的学术交流活动，不仅在全国范围内展示了工作室的实践成果，为工作室开辟了更广阔的发展空间，更让工作室成员得到了在更高的平台上锻炼自己、提高自己的机会，树立了自信，为大家今后的进一步发展创造了良好条件。如今，工作室已有多位教师荣获"青岛市学科带头人""青岛市教学能手"及"区教学能手"等称号。

另外，自2010年以来，我和我的团队就一直承担着山东省小学英语远程研修课程资源开发任务，我也连续四年被山东省教育厅聘为省级指导专家，多次到济南、潍坊、淄博、枣庄、菏泽、德州、日照、威海、东营、济宁等地举办教师讲座、培训、送课活动，并被评为"山东省优秀志愿者"。2013年，我还被聘为教育部"国培计划"专家，多次到聊城大学等地担任国培、省培专家，承担国培任务。虽然这工作很繁重，也曾饱尝奔波之苦，让我那本来就不充裕的业余时间变得更少，甚至连休个完整的周末都成了一种奢望，但同时也给我带来了巨大的收获，那就是结识了一批同样充满教育激情、渴望在专业成长的道路上不断前行的教师们。那一颗颗为教育而跳动的赤诚之心，一份份只争朝夕的迫切之情，无时无刻不在深深地感染着我，也让我更加坚信：心灵之光必将照亮成长之路！

刘同军
LIU TONG JUN

　　青岛经济技术开发区实验初中数学教师。青岛市名师工作室负责人，全国优秀教师，山东省特级教师，齐鲁名师，正高级教师，山东省教师研修省级课程专家，山东省教育厅国培计划项目课程专家，齐鲁师范学院特聘教授。主要著作有《几何画板在数学教学中的应用》《数学基本活动经验导论》等。曾获全国现代教育技术与中学数学教学改革课例展评一等奖，首届基础教育国家级教学成果二等奖。主持全国教育信息技术重点课题"信息技术环境下初中数学个性化学习的模式研究"。

坚守心灵的宁静

教育是国之重器，关乎国家的根本利益。强国必先强教育。

从"教学"转到"课程"，不仅是视野的改变，也是教师思维方式的转变，更是从教学到教育的转变。

课程是学生全部学校生活的总和，是学校的核心竞争力。

——刘同军

初上讲台

苔花如米小，也似牡丹开。

1984年7月，19岁的我从泰安师专数学系毕业，分配到位于淄博市黑铁山脚下的山东金岭铁矿子弟学校，成为一名数学教师。刚从农村走出的我，认为这里简直就是天堂：吃住办公都在楼上，有电话，有明亮的教室，宽阔的操场，工资虽然只有几十块钱，但却享受着国有大型企业的种种福利待遇，比如免费宿舍，免费冰糕，免费洗澡，免费电影票，免费医疗等，我对未来充满了憧憬。

学校不大，每个年级一个班，但却是从小学到高中的一贯制学校。工作的第一年，我被安排同时教初一和高一两个班的数学课并担任初一的班主任。刚刚入职的我天真地以为只要把课备好、讲好就能自然地成为一名学生喜欢的老师了。然而没过几天，我就发现事实并非如此！

　　那时的厂矿企业子弟学校的高中生，还享受着计划经济时代的种种待遇，他们毕业后基本都是直接招工参加工作，几乎没人考大学，也没有学习压力，因而班内学习气氛不浓。不愿学习而又精力旺盛的高中生纪律差，坏习气多，难管教，还经常把社会上的待业青年带到学校惹是生非，完全不把我这个比他们大不了几岁又是从农村走出的老师放在眼里。而我担任班主任的初一学生也同样不好管理，家长也不太关心孩子的学习，班里违纪打架等现象不断出现。面对这样的情况，我陷入了深深的苦恼之中。

　　我不愿这种情况持续下去，我要改变这种现状。我虚心向老教师学习，并注意观察他们的做法。我发现，这些老教师由于长期生活在矿区，对每个学生的成长情况、家庭情况都了如指掌，所以管理学生很有针对性，效果也好。看来，要想当好老师，光有热情是不够的，还需要走近学生，关心学生，靠人格和学识赢得他们的信任。于是，我开始大频次的、有针对性的家访，开始参与学生的课余生活，开始和学生交朋友，开始发现学生中潜藏的各类"能手"，并在学校领导和矿团委的支持下，联合这些"能手"开展一些诸如交谊舞比赛、演讲比赛、歌手大赛等活动，受到学生欢迎。同时我也努力做到每节自习课都待在班里，及时发现并解决学生的各种问题，晚上则认真钻研教学大纲和教材，精心备课，力争把每节课都上成自己满意的课。我鼓励学生树立远大理想，努力学习，跳出矿山，还利用业余时间给学生辅导功课。慢慢地，班里的纪律好起来了，学习气氛也开始好转，我也重新燃起了做一个好教师的希望。

　　1985年9月10日，在我参加工作一周年之际，我们迎来了新中国历史上第一个教师节。这一天，从电视广播到各大报纸，都在宣传"尊师重教"，我所在的矿山也举行了隆重的庆祝教师节大会，我清楚地记得那年教师节给我们每人发了一箱矿上自己种植的红香蕉苹果，还发了一个漂亮的玻璃台灯，我第一次感受到了当教师的荣耀和自豪，也坚定了自己当一名合格教师的决心。从此，我更加勤奋地钻研教学业务，更加勤奋地工作，同年我考取了北京师范大学的本科函授生，通过三年的学习，进一步提升了自己的专业水平。

　　1988年，学校领导安排我参加了张店区优质课比赛，这是我第一次到校外讲课，经过精心准备，我获得了区第一名的好成绩。1989年，学校又推荐我参加区教学能手比赛,我顺利地获得了第一个"区教学能手"的称号。从此更加坚定了我要当一个学生喜欢的优秀教师的决心。

学会教学

在人生旅途中,总会遇到对自己产生重大影响的人和事。在我教师生涯的起步阶段,顾泠沅先生就是这样的人,《学会教学》就是这样的书,以王庆瑞老师为代表的张店地区厂矿学校数学理事会就是这样的团队。

淄博作为重要的工业重镇,聚集了大量的厂矿企业。那时稍大一点的国有企业都有自己的子弟学校,甚至一个大型企业办有多所学校,且办学条件普遍较好。为加强校际交流,1990年前后,张店地区21所厂矿学校成立了校长联谊会,并成立了各学科理事会。我所在的山东金岭铁矿学校负责牵头数学理事会,职责是组织当地21所厂矿学校的初中数学老师进行教学研究,提高数学教学质量。数学理事会很快组建,这个由7人组成的理事会除我之外都是各校有丰富教学经验的老教师,且大都是"文革"前毕业的大学生,我校德高望重的王庆瑞副校长就是其中之一。在王校长的提名下,大家推选我当理事长。从此,我这个年轻的理事长在师长们的鼓励下组织了多次教研活动,大大促进了我的专业成长。

我们组织最多的活动是同课异构。当时虽然没有"同课异构"这个词,但我们每次举办这样的活动都是由至少两名老师就同一课题按不同的思路设计教学,在本校试讲后由7名理事帮助修改完善,再在活动举办校面向广大老师公开教学,还常请市区教研员评课指导。这其中,我成为参与次数最多、执教次数最多也是收获最多的老师。

我们还组织了厂矿学校初中数学竞赛并常年坚持,在当时促进了一大批优秀学生的成长,也使张店地区厂矿初中的升学率大大提升。获奖的学生几乎都考入了当地最好的省重点高中,所以我们举办的数学竞赛受到了各厂矿学校的极大关注,各校把我们的竞赛当成了中考的预选,这又促进了我们在命题、组织、备考等各环节的改进。几年之后,我的学生纷纷在全国数学竞赛中获奖,黄明等同学还被保送全国理科实验班。

　　我们还组织了多次外出学习活动，比如去泰安参加了全国目标教学研讨会，去常州学习杨裕前先生的"平面几何入门教学"等，其中收获最大的当属我们的上海之行。1991年深秋，在区教研员袁宝利老师的建议下，我们7名数学理事远赴上海青浦区，学习顾泠沅先生的"大面积提高初中数学教学质量"的教改经验，这次学习给我带来了深深的震撼。以顾泠沅为代表的课改小组，面对"文化大革命"后教育质量低下的局面，不埋怨客观条件差，不丧失前进的信心，不受片面追求升学率错误思想的干扰，也不采取违背教育规律的做法，从1977年开始用14年的时间，以科学的态度和科学的方法，总结出了一套行之有效的教改经验，显著提高了当地的教学质量。从上海回来后，我又打听到人民教育出版社将要出版顾泠沅先生的教改经验的消息，便迫不及待地给出版社汇款提前预订了该书，这样，1991年12月，在该书出版的第一时间，我收到了散发着墨香的新书《学会教学》。

　　通过《学会教学》，我系统地学习了顾泠沅先生总结出的关于教学的情意原理、序进原理、活动原理和反馈原理，系统地学习了有效教学的4条原则：让学生在迫切要求之下学习；组织好课堂教学的层次序列；在采用讲授法的同时辅之以尝试指导的方法；及时提供教学效果的信息，随时调节教学。通过《学会教学》，我第一次知道了"教学模式"，知道了优化课堂教学结构具有层次性的5个环节，第一次知道了"变式训练"，而"变式训练"现在已经是中国数学教育在国际数学教育领域备受推崇的重要特色之一。读完这本书后，我又及时把学到的经验应用到自己的教育教学中，发现这些模式对提升教学质量的效果竟如此明显！顾泠沅先生对教学的态度直接影响了我对教育教学的态度，加深了我对"教学有法"的理解，我开始敬畏教学，敬畏教育，坚信教育是需要做一辈子的大事。2013年12月3日，当经济合作与发展组织（OECD）公布了PISA 2012的成绩单，世界的目光再次聚焦到数学素养"遥遥领先"的上海学生身上时，当我再次读到顾泠沅先生的文章时，我再次坚定了这样的信念：教育是国之重器，关乎国家的根本利益。强国必先强教育。这就是我的教育观。

兴趣为师

　　著名特级教师贾志敏曾经说过，语文教师应当做个杂家，即"半个编辑""半个作家""半个演员""半个书法家""半个演说家""半个剧作家""半个播音员""半个幽默大师"……如果能够做到这些，那么应该可以称得上是个教育专家。

　　我虽然是个数学老师，但也知道在教育教学中，面对兴趣不同、资质各异的一个个生命个体，千篇一律的说教不足以满足学生的需求，因此，我希望自己也做一个杂家。

　　我喜欢书法篆刻，希望自己做"半个书法家"。在金岭铁矿子弟学校，我们的老校长袭授之是个书法爱好者，他鼓励老师们要大练书法基本功。同样爱好书法篆刻的我在这样的环境中受益匪浅，除参加学校定期举办的书法比赛外，我还积极参加全矿及驻地团体举办的书法交流等活动。在他们的影响下，我坚持临习自己喜欢的泰山金刚经、石鼓文，临习汉官印、明清流派印和秦汉瓦当，还为每年的职工书画展进行了一些创作，这使自己的业余生活增添了不少乐趣。练习书法是一个"因人磨墨墨磨人"的过程，也是不断悟得教学规律的过程。教学是艺术，然而任何艺术在成为"艺术"之前，都需要一个长期的"技法"训练和素养积累的过程，水积不厚则负舟无力，任何想一步跨越这一过程的企图都只能导致格调的低下和境界的缺乏。这样的理解，能使我静下心来，认真对待自己每天的教育教学和专业成长，力争日有所进，厚积薄发。

　　我是一个电脑爱好者，希望自己做一个技术应用的专家。1992年前后，计算机开始进入公众视野，电视上各种电脑讲座冲击着人们的眼球。在数学系学过一点编程的我开始对计算机产生兴趣，订阅了《电脑爱好者》杂志，在没有上机条件的情况下，自学了谭浩强老师编写的C语言教程。1993年，在妻子的鼓励下，我托人从北京购买了自己的第一台"386"家庭电脑，这个电脑虽然只有一兆内存，只有软驱没有硬盘，也没有鼠标，但却配备了彩色显示器，仅这一点，就比当时矿山技工学校微机室的教师机还要先进。这台电脑也是当时十里矿区唯一的一台家庭电脑。就是用这台电脑，我学会了

《太极码》汉字输入法，学会了常用的DOS命令，并继续学习了BASIC编程语言。此后连续几年，我都投入不少资金和精力来对电脑进行升级，使我的电脑逐渐能运行Windows操作系统。到1998年，我已经有四台个人电脑了，此时我所在的学校里还没有配备电脑，我便把自己的三台电脑搬到学校，成立兴趣小组，并承担了学校的义务打字和学校校报的义务编辑排版工作。其间我编写了DOS环境下用于考试统计分数的小程序，编写了基于数据库的自动生成学生评语的小软件，购买了用于家庭教育的"科利华"软件，还以满分的成绩获得了全国计算机能力二级证书，但那时电脑却并没有真正对我的教学产生直接影响！难道被说得神乎其神的电脑对学校教学真没什么用处？直到1998年我遇到了几何画板软件，这一情况才发生了根本改变。

专心练剑

电影《英雄》开头有句台词：人若无名，便可专心练剑。

1999年10月，淄博市初中数学教学研讨会在张店二中举行，会上照例进行了公开课教学，课题是"圆周角"，执教者是现已担任区教研员的国洪颖老师，国老师的课讲得生动流畅，效果很好。在评课环节，我被安排发言，我用5分钟的时间，向与会者现场演示了在事先没做课件的情况下，使用几何画板探索圆周角定理的全过程。直观的演示，动态的过程，实时更新的数据，分类讨论的依据，明确清晰的结论，加上熟练的操作和恰到好处的讲解，这一传统的教学难点在几何画板面前变得简单容易，令在场的老师惊叹不已，向我报以长时间热烈的掌声。会后，参加活动的教研室主任专门对我说，"你的演示太好了，提升了我区数学教学的层次，谢谢你！"

这次活动也使我深受鼓舞，我知道，这都得益于两年来我对几何画板软件专心致志的钻研。

1998年12月，淄博市教科院数学教研员云鹏老师参加全国初中数学教研年会，带回一套3.05版的正版的几何画板软件和说明书，云老师把软件送给我研究，我如获至宝，这不就是我想要的可直接用于教学的软件吗？我对照说明书，用了两年的时间，把几何画板的各种功能都摸索清楚，又对照数学教科书，把能用几何画板表现的教学内容逐一进行动画模拟，还把一些典型构图和有创意的制作写出步骤投稿给《中国电脑教育报》，竟每投必中得以连续发表，这又进一步增强了我探索学习的信心，在这个过程中，我对数学本身的理解也提升了一个层次。

2000年我调入淄博十八中工作，在这里，我更是如鱼得水。我利用几何画板制作了一系列数学课件，连续参加2001-2003年山东省和全国数学课件比赛均获得了一等奖，之后自己不再参加课件比赛，转而指导其他老师参赛，又获得了多个省一等奖。2001年山东省骨干教师省级培训班在山东理工大学举行，我被聘为主讲教师给学员主讲几何画板，受到一致好评。之后，我又用两年左右的时间，把几何画板在数学教学中的应用进行了系统整理，编写出自己的第一本个人专著，在蒲先斌副校长和市教师办封立俊主任的帮助下，由中国石油大学出版社出版，这本51万字的《几何画板在数学教学中的应用》被指定为2005年全市数学、物理教师继续教育考试用书。我的心里充满了自豪，也对各级领导、同事的关怀和帮助充满了感激。我把这种感激化成行动，在2005年暑假，利用自己编写的教材举办了三期几何画板骨干授课教师培训班，在全市范围内培训种子教师近200人，为提升全市数学教师的信息技术应用水平做出了自己的贡献。

教学有法

佐藤学指出，如果说19世纪和20世纪的老师都是"教的专家"，那么21世纪的教师则必须成为"学习的专家"。

"刘老师，你的课上没有真正意义上的合作学习，用的还是讲授法！""刘老师，如果没有学生编题的环节，你的这节课就真的没什么亮点了。"这节课是"分式方程的应用"，为迎接全市基础教育教学工作现场会，市教研室主任亲自带领教研员和部分骨干教师对初步确定的几位执教教师做听课选拔，上面的话就是在评课环节，一位老师和一位主任对我的课所做的点评。而当时的我，是作为特级教师被指定参加此次选拔的。（2006年，我被评为山东省特级教师）

"合作学习？我有小组交流呀，有小组对答案呀？"我企图回应评课者，并对他们的评价表现出无奈和沮丧。

"真正的合作学习是一种状态，是一种在明确学习目标指引下的倾听和对话……"

我竟无言以对，气氛尴尬到极致。

为完成这次出课任务，我到建桥学校年轻的徐国英老师的课堂上听课学习，为徐老师课堂上学生表现出的良好状态所折服，并对自己的课堂进行了深深的反思：是啊，讲得精彩并不代表学得优质，我的课注重了老师的点拨讲解，却忽视了对学生学习的设计。我对自己的教学设计进行了反复修改，几天后，以全新的面貌呈现了一节高质量的公开课。公开课最终获得了好评，这次活动也给了我很大的触动。我在思索，虽然新课改倡导新的学习方式，但我的课堂真正改变了多少呢？评上特级教师后的我是不是已经陷入了一种自我固化状态呢？

我再次认真思考"教学有法"的"法"，重新思考我们该怎样帮助学生设计适合学生自己的学习方式。

什么是好的教学方法？也许静下心来钻研前辈们的成果，可以使我们少一些浮夸，多一些理性。从2006年开始的一个较长的时间段里，我的视线聚焦在国内有影响的教学流派上。

从对"程序教学"的反思开始，到"三本教学"模式的确立，以培养学生自学能力为主的"自学辅导教学"实验前后坚持了近40年，伴随了卢仲衡的一生，在中小学产生了广泛的影响。邱学华的"尝试教学"响亮地提出：让学习成为学生自身的需要。他试图用尝试改变注入式教学，认为"学生能尝试，尝试能成功，成功能创新"。黎世法的"异步教学"，改变了教与学同步的状况，使课堂成为学生个性化学习的场所。张熊飞的"诱思探究教学"，认为"教贵善诱，学贵善思"，强调在教师导向性信息诱导下学生独立地完成学习任务。李吉林的"情境教学"，以"情"为经，以"境"为纬，通过各种生动、具体的生活环境的创设，拉近了学科教学与学生现实生活的距离，创设了充满智慧和情趣的教学空间。原天津市教科院的王敏勤教授创立的"和谐教学法"，按照系统论的观点，力求使教学过程诸要素之间以及教学过程与教学环境之间始终处于一种协调、平衡的状态，从而使学生得到全面、和谐、充分地发展。"适当集中，反复循环，阅读原著，因材施教"——张思中用这十六个字精炼概括了他几十年外语教改探索的精髓。马承创立的"字母、音素、音标"三位一体教学法与"词汇、语法、阅读"三位一体教学法，使全国数以百万计的学生受益。顾泠沅在"实践筛选"的基础上，总结出了"尝试指导、效果回授"的教学策略，并应用于实践，大幅提高了教学质量。

2016年3月7日，当83岁高龄的邱学华老师再次来到青岛开发区实验初中推广其尝试教育理论并做公开教学时，我更是深深认识到，这些浸透着我国老一辈教育家毕生心血的理论与实践，生长在中国的本土，符合中国的国情，是人类教育宝库中的珍贵财富。我浸润其中，贪婪地吸收着它们的营养。对比研究后，我发现"自学"是多个教学模式共同的关键词，而"导"则是他们对教师教的境界的共同追求，这促成了我的学习观和教学观的形成。学习就是自主学习。自主性是学习的本质属性——学习只发生在学习者身上。教学就是引导学生学。"教"就是"导"——疏导心灵，启导思维。

思想引领

2001年暑假，在云鹏老师的悉心指导下，在义务教育课程标准全省培训班上，我执教了一节省级公开课"奇妙的雪花曲线"，数学课程标准制订组核心成员刘坚教授在现场评课时给予我高度评价。从那时起我开始关注"数学活动"。

2005年前后，教育部启动了义务教育段的数学课程标准的修订工作，以史宁中教授为组长的修订小组提出把数学"双基"扩充为数学"四基"——基础知识、基本能力、基本思想方法、基本活动经验。这样，"数学活动经验"进入了我的视野。数学基本活动经验以及数学"四基"的提出，引起了学术界的极大关注。然而遗憾的是，不论是数学课标的实验稿还是修订稿，在把数学基本活动经验列入课程目标的同时，都没有对其内涵进行界定，也没有针对这一目标提出较为系统的教学指导意见，这导致了广大一线教师对这一概念缺乏清晰的认识，更无法在教学实践中去落实这一重要的课程目标。

我认识到，数学"四基"最终还是要在日常教学中去落实，但是我们不懂，也没有现成的方法策略，怎么办？研究！作为一个数学教师，有必要弄清数学基本活动经验的内涵，掌握一些落实"四基"的策略。2008年，我申请了省教育科学规划课题，希望通过扎实的研究，在理论层面上对"数学基本活动经验"的内涵做出明晰的界定，对数学基本活动经验的内容做出细致分析，对数学"四基"的关系做出清晰地描述，在实践层面上，帮助和自己一样的一线教师形成对数学基本活动经验的透彻理解，形成关注学生数学基本活动经验生成的系列教学策略。

我的研究是从学习开始的。我们通过中国知网，把当时能检索到的与数学活动经验相关的文章以及学位论文全部下载下来，逐篇学习，对于重点篇目反复学习，慢慢理解消化。经过近两年的学习，我已能基本理解各位专家的观点，从读不懂50余页的硕士论文，到能理解200余页的博士论文，慢慢再也"找不到论文中的新观点"时，我们开始有了自己的观点，开始在教育理论中寻找自己观点的支撑点，开始在自己的课堂教学实践中检验自己观点的对与错。随着研究的深入，大量的问题不断涌现，我们理智取舍，使问题聚焦于自己的教学实践而不至于跑偏。又经过了大约两年多的时间，我们的观点慢慢形成了体系，并获得了2014年首届基础教育国家级教学成果二等奖。该研究的成果主要体现在四个方面。

一是提出了新的数学活动的分类观，绘制了关于数学活动的"行为—思维相续图"。

二是提出了本课题关于数学基本活动经验的定义，对其内涵和外延做了清晰的界定。认为：数学活动经验是学习者参与数学活动的经历，以及在数学活动过程中所形成的感性认识、情绪体验和观念意识。在进一步的数学活动中，能生长为较高层次的活动经验，或能生长为知识或技能的数学活动经验是基本活动经验。

三是提出了分析数学活动中初中生获得的数学活动经验内容构成的基本框架。提出了数学活动经验二维模型图和内容构成表。

四是提出了描述数学"四基"关系的植物学模型。在这个模型中，数学"双基"相当于木本植物的木质部，基本思想相当于木本植物茎的髓，数学基本活动经验相当于连接木质部和树皮的形成层。

在数学活动的实践研究方面，我们重点对初中生获取数学基本活动经验的途径和策略进行了探讨，提出了促进初中生获得数学活动经验的教学策略，探讨了促进初中生获得数学活动经验的教学设计方法，并提供了多个具体的设计案例。

就我个人的课堂教学来说，做课题之后最大的变化就是不再把目光只盯着数学"双基"，而是更舍得花时间让学生进行数学探究活动，因为我清楚"双基"不是凭空产生的，也不是全靠操练就能得到的，而是从数学活动经验中生长出来的。这样，我的教学设计更多地关注了学生数学活动经验的积累，教师的"导"也更注重数学思想的提炼。这样，数学"四基"得以落实，数学素养得以提升，课堂充满了活力。

重构课程

2014年暑假，我调入青岛经济技术开发区实验初级中学，恰遇学校实施课程整合，我便积极参与其中。2016年，我校成立课程中心，着手构建适应学生差异化发展的学校执行课程体系。课程中心隶属于我主持的"名师工作室"，近三年来，我的研究视野聚焦在学校课程建设上。

在李素香校长和课程专家的指导下，我们认真研读现代课程论的相关理论，结合学校实践，提出了三级课程整体建设、三年课程整体设计、三大体系整体建构的课程建设思路，即依据国家课程标准和课程政策，根据学校的育人目标，对国家课程、地方课程和已有校本课程等进行统一规划和要素重组，并通过精细化的设计，使之成为多样性和可选性相兼顾的，分层和分块相协调的课程资源体系、课程实施体系、课程评价及保障体系。其间，作为一个数学教师，我也经历了从关注教学到关注课程，从思考数学教学到思考数学教育的转变。

毫无疑问，一个教师的根在课堂，我们在课堂中的活动是教学。但是，当我们把视线抬升，当看见我们的课堂内外、扫描我们的工作及生活时，就会发现，除了教学的实施，我们还在依据课程标准测评教学效果，这样就有了目标、内容、实施与评价，也就有了课程。如果能一致性地思考教、学、评，如果能一致性地设计整个学段的课程，如果能跳出学科的视线设计教学活动，就能做到课程整合了。近三年来，我的课程整合的实践，涉及国家课程标准的校本化改造；初中学段课程内容的梳理组合与扩充；适应差异化发展的分年级、分层次的课程纲要的制定；适应学生新型学习方式、适应电子书包平台和翻转课堂模式的教学素材开发；选课走班等课程实施方式变革。所有的这些都指向一点：为学生提供更优质的课程供给，为学生提供更丰富的学习经历和学习经验，为学生的核心素养增值。

整个过程并非一帆风顺，而是充满挑战，其中最大的挑战来自意识和观念，应试思维下的教育生态固若金汤，难以撼动。在这个过程中，我认识到，从"教学"转到"课程"，不仅是视野的改变，也是教师思维方式的转变，更是从教学到教育的转变。面对不同的学生个体，教师的任务不是消除他们的差异，而是通过课程设计和实施满足他们差异化的发展，因此优秀教师必定是课程设计和实施的能手。

课程是学生全部学校生活的总和，是学校的核心竞争力。一所学校之所以优质，一定是因为它有适合学生差异化发展的课程供给，一所学校特色鲜明，一定是因为它的课程与众不同。这就是我的课程观。

后记

在杜威的经验理论中，有两大原则，即经验的连续性原则和交互作用原则。杜威认为，现在和未来的关系不是一种非此即彼的关系，现在总要影响未来。我想，我的探索虽然是零散的，但每次哪怕是点滴的学习实践都会影响到我对教育教学的理解，使我的认识向真正的规律靠近一点，使我为师的境界提升一点。

法国思想家卢梭说过：心灵的宁静补偿了我经历的一切苦难。我深知，要做一个好老师，既需要不断钻研，防止自我固化，更需要坚守良知，淡泊名利。我愿坚守这份教育良知，坚守这份心灵的宁静。

牛同和
NIU TONG HE

　　1984年参加教育工作，先后在青岛市黄岛区实验小学、育才小学、弘文学校从事小学语文教学与研究工作。获得黄岛区（胶南市）优秀共产党员、骨干教师、专业技术拔尖人才，青岛市青年教师优秀专业人才、教学能手、学科带头人、专业技术拔尖人才、优秀教师，山东省特级教师、齐鲁名师，全国少年军校优秀工作者，为青岛市首批及第二批名师工作室主持人。

幸运，因为执着

> 爱是教育的基础，爱是为人师的根本。
>
> 教育实践问题解决的过程就是教育研究，探寻到解决教育新问题的科学方法是教育创新，总结出解决老问题的新策略同样也是教育创新。
>
> 教育研究不应是学校少数教师的专利，而应是每一位教师工作的常态。
>
> 作为最基层的教育工作者，教育创新应该是我们自己教育实践问题的解决，是科学教育理论的实践化研究，是优秀教育策略的本土化实践，是"借他山之石为我所用"的教育探索。
>
> ——牛同和

作为一名教师，我是幸运的：参加工作33年来，我由一名普普通通的语文教师，逐步成长为胶南市骨干教师到青岛市学科带头人、专业技术拔尖人才，最终成为山东省特级教师、齐鲁名师。

从教之初，我就懂得：爱是教育的基础，爱是为人师的根本。因为没有爱就没有教育。

多年的从教经历，使我愈加深刻地认识到：做一名优秀的教师不仅要心中有爱，还必须具有较高的专业化水平，并且要伴着自己的教育生涯在学习、实践、探索、创新中不断成长，才能适应不断发展的教育。因为爱是需要用知识、智慧和能力来支撑的。

怀着对教育执着的爱，我努力做最好的自己以成就最好的教育、培养最好的学生。"努力到无能为力，拼搏到感动自己"就是我奉献教育、追求卓越的工作信条。

幸运，来到东楼小学

1984年7月，我从胶南师范学校毕业后，由于品学兼优，非常幸运地留在了县城，分配到了胶南市东楼小学（现黄岛区实验小学）。令我没有想到的是，学校安排我任教自己上学时的短板学科——语文。虽然内心有一万个不情愿与无奈，但我还是默默地接受了任务。我知道，这是学校工作的需要，作为一名青年教师在工作上不能挑三拣四；自己曾经是一名优秀的学生，经过努力同样也会成为一名优秀的教师。

初入职时，我拜同年级教语文的张老师为自己的师父，不懂就问，不会就学。不会备课，我就拿来张老师的教案研读、参考，照葫芦画瓢写出了自己的教案；不会上课，我就先听张老师的课，同样照葫芦画瓢上出了自己的课。开学第二周，王爱德校长来到我的教室听课。我满以为自己准备充分，课堂教学内容、教学方法、教学环节，甚至是教学中的一些语言，都是从张老师那里学来的，校长会给予肯定。可王校长评课时，一瓢凉水泼了下来：老师只顾自己讲，眼中没有学生，何谈教学？何谈教学的效果？同时指出了教学中存在的若干其他问题。我没有灰心，带着这些问题，在反复思考的同时向王校长和张老师虚心请教。王校长和张老师的热心解答，使我悟出了一些教学的门道：教学不能生搬硬套，千篇一律，教师和学生不同，教学也要因师而变、因生而异，适合的才是最好的；教学不能只关注流程，更要关注学生，因学而导，以扎实的过程达成优良的目标。从那时起，我把学校的每一位语文骨干教师当成自己的老师，跟着他们听课学习——向葛老师学习深入的文本解读和课堂巧妙的设计指导，向张老师学习声情并茂、抑扬顿挫的课堂语言，向于老师学习课堂上的循循善诱和启发引导，向庄老师学习精细而严格的学生管理……在执着的学习中，我收获着，成长着，顺利度过了初入职的适应期。

黄岛区实验小学是一片研究的沃土。20世纪80年代，学校就轰轰烈烈地开展起了小学语文教学整体改革实验工作。作为一名年轻教师，我积极参与其中，不管是日常的磨课，还是研讨活动的公开教学与听评课，总能看到我的身影。磨课中执教教师的每一处细微的改变都会引起我的思考，每一次听评课指导意见都成为我改进自己课堂的起点。为推进实验的深入进行，学校邀请了袁微子、顾松堂、蒋志远、宋君、张伟等一大批全国、省、市专家、名师到校指导，为老师们打开了提升语文教学艺术之门。听取讲座报告、观摩课堂教学，我像海绵一样不停地吸收教学的营养，体悟专家名师思想理念，尝试改进自己的课堂教学，逐渐走进了小学语文教学这片天地。

幸运，参加比武活动

1992年冬天，已经来到胶南市珠海路小学（现黄岛区育才小学）两年的我第一次获得了在胶南市小学语文教学研讨会上执教公开课的机会。我倍加珍惜这次展示的机会，与同事们一起研读教材，确定课题。近一个月的时间，我到图书室查阅资料，翻阅研究自己记录的名师课堂实录，精心设计教学的每一个环节，邀同事与自己一起反复磨课，请教研员具体指导。功夫不负有心人，第一次执教公开课，我就得到了小学语文教研员石福山主任和听课老师们的认可。之后的几次教学调研中，教研员石福山主任常常说：听听小牛老师的课，看他进步了没有。在教研员的指导鼓励下，我的课堂教学水平迅速提升。

1994年的春天，对于我来讲是一次教学的历练——我幸运地获得了参加青岛市小学语文青年教师基本功比赛的资格。这是一项从课堂教学、写作、书写等诸方面考察教师基本功的综合性的比赛活动。我知道自己语文底子薄，于是付出加倍的努力准备这次"比武"。

白天，我在完成教学任务的同时，潜心磨炼写作、书写等基本功；晚上，我挑灯夜战，认真研读每一课教材，精心准备每一节课。为备好课，我与同事一同研究的同时，还找外校的语文骨干教师虚心请教，并借他们的备课资料来学习参考。为在"比武"中取得理想的成绩，我邀请同事来听自己的课，将每一篇课文在校内进行了反复试讲，并根据老师们的意见不断修正自己的教学。石福山主任高度重视"比武"活动，在到校听取试讲指导的基础上，带领我和另一名参赛选手到各乡镇中心小学试讲磨课。其间，我不仅虚心借鉴另一位选手课堂教学的优点，认真听取教研员的评课指导意见，还抓住乘车途中的空闲向教研员汇报自己备课情况，请教自己在准备过程中遇到的各种问题与困惑。回到学校或家里，我就立即针对教研员的指导和听评课的收获对自己的教案进行反复修订。历经两个多月的磨炼，我在参加"比武"活动的20余名各区市选手中获得第6名。虽说与一等奖仅差一个名次有些许遗憾，但令我感到兴奋的是经过这次"比武"我掌握了更多课堂教学的规律，摸到了一些课堂教学改革的门道。

从此，我走上了小学语文课堂教学研究与改革之路。在基本功"比武"活动过程中，我发现了小学语文教学中普遍存在教师独霸课堂、问答充斥课堂的问题。于是，我向专家名师请教、向书本学习，与同伴一起研究探索，总结出了"课前参与—质疑归类—自读自悟—交流研讨—总结升华—课外延伸"的学生全程参与的小学中高年级阅读课堂教学基本模式。这一模式较好地体现了教师指导下的学生主体地位，把学习的自主权交给了学生，使学生在实践探究中学会知识、形成能力、发展思维、提高素养。在1995年青岛市小学语文教学能手课堂教学考评中，我运用这一模式执教了"可爱的草塘"一课，受到时任青岛市小学语文教研员顾松堂老师的好评。

生活即教育，教育即生活。为解决学生知识面过窄、学习能力不足、语文素养难提升等问题，我从识字教学入手，提前加强读写训练，构建开放式语文教学模式，实现了凭借教材学法、拓展读写用法的目标，解决了小学语文教学费时低效的困扰，获得了首届青岛市基础教育优秀教学成果二等奖。

随着课改的不断深入，我又针对课堂烦琐讲解、忽视语言积累的问题，研究探索出了"小学语文1+3单元整体教学模式"。近几年，我结合当下提出的语文教学关注语用的观点，借鉴外地语文主题学习成果，探索出凸显本土化的一课一得、学用衔接、课内外结合的语文主题教学模式。

在课堂教学创新实践中，我针对教学中的普遍问题，寻找教学理论、策略与教学实践的结合点，把科学的理论和策略转化为学校和教师本土化、个性化、可操作的有效模式与方法，形成了自己的教学风格与独具特色的普适性经验，逐步成长为青岛市教学能手、学科带头人、专业技术拔尖人才，教学成果先后在全国、省、市、区研讨会上以课堂教学、经验介绍、现场展示、专题讲座等形式推广。

幸运，遇上教育科研

1999年春天，时任胶南市珠海路小学（现黄岛区育才小学）的王淑和校长到北京挂职学习，对北京各学校借助专家优势开展教育科研、促进师生与学校共同发展的做法非常认可，准备在学校启动教育科研工作。暑假期间，通过竞聘，我担任了学校的教科室主任，承担起学校教育科研的重任。

由此，我又开启了新的征程，走上了以课题研究变革教育教学的教育科研创新之路。没有教育科研的常识，我就研读书本，学习教育科研的基本理论与方法策略。身边没有可借鉴的经验，我就带领老师们一起到外地先进的地区、学校观摩取经。胶南没有这方面的专家，我就邀请自己的老师——青岛教育学院马培佑教授到校指导，并通过马教授与中国科学院心理研究所刘善循教授、中央教科所戴汝潜教授等全国基础教育研究的知名专家建立合作关系；借力胶南市教科室争取到青岛市、山东省教科所和山东教育出版社相关专家的指导与支持。为争取更多外出学习的机会，我和同事们总是提前安排好自己的工作，从未因外出学习而耽误学校的工作；我还主动承担起学校接送专家、名师的任务，争取一切可以向专家、名师面对面学习请教的良机。

对教育科研的执着使得我在教育科研的路上越走越远，对教育科研的认识更加明晰，对一线教师教育科研的定位也更加准确：教育实践问题解决的过程就是教育研究，寻找到解决新问题的科学方法是教育创新，总结出解决老问题的新策略同样也是教育创新。我和同事们一起不断从教育教学的实践中发现问题，形成课题，进行研究。

针对小学生自主意识差、不会学习的问题，我主持进行了"小学生学习方法指导与自学能力培养的实验研究"课题的实验工作，从心理辅导与学习方法指导入手，培养学生自主学习能力，为终身发展打好基础，研究成果获得山东省教育厅教育科研优秀成果三等奖。

为解决儿童动手能力差、创新能力不足等问题，我和老师们进行了"小学生研究性学习的研究与实践"的课题研究，解除了传统接受式教学对儿童的束缚，构建了一个全面的涵盖课内外研究性学习的教学模式，对小学生研究性学习具有很强的指导意义，研究成果获得山东省教育厅教育科研优秀成果一等奖、青岛市教育局教育科研优秀成果一等奖。

基于弘文学校现代化的教育装备，我引领教师进行了翻转课堂教学的实验研究，总结出了"课内三段式小翻转"和"课外两段式大翻转"教学模式，体现了先学后教的教育理念，研究成果获得北师大课程研究中心优秀成果一等奖，并被《中国教育报》推介。

随着课题研究工作的不断深入和成果的不断积累，我逐步由经验型教师向研究型教师转变，研究成果先后以研究报告、教育论文、叙事案例等多种形式在《中国教育报》《当代教育科学》《小学语文教师》《山东教育》等报刊发表，出版了专著《摆渡：在学生和语文世界之间》。在取得诸多教育研究与创新成果的同时，我也逐步成长为山东省特级教师、齐鲁名师。

一枝独放不是春，万紫千红春满园。教育研究不应是学校少数教师的专利，而应是每一位教师工作的常态。基于这样的认识，我创新学校教育科研机制，借助问题研究、叙事研究、专题研讨这些老师们经常接触并且能够掌握其要领的行动研究方式，使研究内容化整为零、研究形式化繁为简、研究成果积小成大，让教师人人能够研究、爱上研究、体验到研究的快乐，营造全员参与研究的浓厚氛围。

幸运，成为名师工作室主持人

2014年，青岛市教育局组织了首批名师工作室主持人遴选活动，经过层层选拔，我幸运地成为30名主持人之一。

名师工作室成立以来，我秉承"成为研究的平台、成长的阶梯、辐射的中心、师生的益友"的宗旨，依据《青岛市首批名校长名师工作室暂行规程》，遵循"整合、研究、辐射、服务、发展"的工作思路，创新性地开展了一系列工作，取得了一定成效。

按《规程》要求，单从次数这一量上来说，每个工作室每周至少要开展一次活动，可以说是任务重、要求高。经过反思梳理，我认识到：工作室虽然工作多，但并不是另起炉灶，而是应该与学校工作有机整合。因为工作室和学校工作的目标、任务是一致的：抓研究，带队伍，促发展，只不过是工作室工作的范围扩大了一些而已，成员不再局限于本校，辐射引领作用需走出学校，带动区域发展。于是，我找到了解决的策略——项目整合，以主持人所在学校为主阵地，带动成员学校，辐射区域教育。

我和工作室成员一起，依据各学校工作计划拟定完善工作室工作计划，保持工作室与学校工作内容和时间的一致性；把学校的语文学科研究内容——语文主题学习，作为工作室研究的主攻方向；成员间相互共享各自学校培训资源和资料信息，外出培训学习则与学校、教研室组织的外出活动相结合，实现了内容的整合。

工作过程中，我尽最大可能把工作室工作与主持人及成员所在校、区域研讨活动融为一体，注重将每次集体活动设计成多项目复合式活动，实现了不同层次、各类活动的有机融合。项目整合将工作室工作任务和成员日常岗位工作有机融为一体，避免了工作的交叉重复，使得成员能够有时间有精力参与到工作室的学习、培训、研究等工作中来。将优秀的创新研究成果与人分享，得以推广应用，让更多的学校、老师、学生受益，才能够体现研究的意义与价值。

我注重指导成员把工作室项目研究与学校特色发展有机结合，实现成员研究与校本化发展的同时，带动了所在学校的发展。黄岛区宝山中心小学在工作室的帮扶指导下，依托语文主题学习研究，强化学生小组合作，解决了原有的"教师课内讲、学生课外练"的问题，"快乐读写"的办学特色日益鲜明。针对黄岛区育才小学"诗慧教育"的办学特色，工作室帮助成员开设名师讲堂，带动学校教师开展儿童诗欣赏与创作教学研究。围绕胶州市杜村小学孝心教育亮点工作，工作室指导成员率领语文教师，立足传统经典文化，结合时代孝心内涵，自主编写孝心教育经典诗文校本课程，以学科拓展课程建设推进了学校育人品牌建设。

　　为放大工作室的辐射引领效应，我带领工作室成员主动走向区内张家楼小学、薛家岛小学等诸多学校，开展送教活动；工作室借助教研室研究平台，参与、开展区市级研讨活动，组织公益讲堂，推广工作室研究成果，较好地发挥了工作室在区域内的示范引领和辐射带动作用。此外，我还利用承办全国研讨活动、到外地市讲学的机会，向同行推介了工作室在语文主题学习、翻转课堂等方面的研究成果，扩大了工作室的辐射影响面。

　　三年来，我和工作室成员一起在创新实践中实现了自我成长，在促进学校工作的同时，较好地发挥了辐射带动作用。工作室先后组织区级以上教学研讨与展示活动十余次，让成员可以进行区级以上教学示范，能够有教学成果发表，并成长为区市级骨干教师。工作室创新工作经验在青岛市名师工作室主持人会议上进行交流。

　　民族进步和国家兴旺需要创新。同样，教育与学校的发展、教师与学生的成长也需要创新。多年来的教育创新实践使我深深地领悟到：改变就是创新。教育创新不一定是提出新的教育理论，也未必是创出前人从未有过的教育经验或成果。作为最基层的教育工作者，教育创新应该是我们自己教育实践问题的解决，是科学教育理论的实践化研究，是优秀教育策略的本土化实践，是"借他山之石为我所用"的教育探索。在教育的征途上，改变一点，我们就是前进，就是成长；持之以恒、坚持不懈的改变，我们就能立于教育潮头、成为改革先锋，也就能够具备爱教育、爱学生的智慧，具备担当教育责任的能力，成长为真正的优秀教师。

　　幸运，因为执着，如约而至。

商德远
SHANG DE YUAN

　　青岛嘉峪关学校副校长，任教语文学科。正高级教师，作家。曾荣获全国优秀教研员、特级教师、齐鲁名师、青岛拔尖人才等近20项荣誉称号。被聘为教育部优课评审专家、山东省教科院兼职研究员、山东省远程研修课程专家、青岛市首批名师工作室主持人、青岛大学客座教授、硕士研究生导师等。

　　在《中国教育报》《语文教学通讯》等20余种报刊发表论文200余篇。出版了《小学语文：个性化课堂教学艺术》《让生命之花自主绽放——语文个性化教学建构策略》等专著。其中，《小学语文：个性化课堂教学艺术》获得了山东省科研成果一等奖。

　　指导10余位青年教师在全国、省级教学比赛中获得一等奖，本人获得全国青年教师阅读教学比赛"指导一等奖"等荣誉。指导学生发表作文200余篇。其中，1人获"全国宋庆龄奖学金"、6人获"全国好少年"称号。

让生命之花绚烂绽放

要想成为一名学习型、研究型、学者型教师，不研究难以圆梦，因为不研究教学理论，只知道教书的教师，到头来只能成为教书匠，永远不会提炼出富有个性的教学思想。

教育的本质不是把篮子装满而是点燃学生心中的火焰。

——商德远

从踏上教师工作岗位的第一天起，我就开始思考：作为一名"孩子王"，人生的追求到底是什么？后来，我从马斯洛的需要层次理论中找到了答案：人如果有追求高层次的需要，就有可能挖掘出自己的最大潜能，不断实现自我和超越自我，张扬个性，让生命之花绽放精彩。

从此，我怀揣着梦想、带着追求，三十年如一日坚守、耕耘在小学教育这片热土上，真正成为一位"小学语文教育的守望者"。通过不断地学习、实践、研究、创新和超越，始终站在时代和教育理念的最前沿，登上教育教学与科研的制高点，沉潜在语文教育研究的情趣之中，放飞了梦想，点燃了喷涌的激情，唤醒了向上的潜能，一步一个脚印，脚踏实地在教育田园中不断跋涉前行，用不断发展与超越，让生命之花由内而外地绽放，我从一位普通的小学语文教师成长为了一名"正高级教师""山东省特级教师"齐鲁名师和"青岛市拔尖人才"。

回眸成长历程，有三句话我一直不能忘怀。

你若博采，叶茂根深

上学时我遇到的数学老师都特别优秀，所以我一直特别喜欢数学，数学成绩也一直在级部名列前茅，因此当一名优秀的数学教师成了我首选的职业理想。1986年7月，通过学校的层层选拔，我作为师范学校的五名优秀毕业生之一，从农村分配到了全国铁路名校——青岛铁路第一小学。我带着之前的幸运和憧憬，来到了工作学校报到。然而学校的安排并没有让我如愿以偿，甚至令我有点失望：因为当时学校不缺数学教师，我只好委屈自己服从了学校的安排，成了一名语文教师，并当上了"孩子王"——班主任。

有人说，上帝为你关上了一扇门，一定会同时为你打开一扇窗。从教语文的那一刻起，我就与小学语文结下了不解之缘。我是干一行爱一行的那种人，从那一天起，我就立志要在语文教学方面有所突破，力争成为一名学习型、研究型、学者型的优秀语文教师，不断实现自我、超越自我、成就自我，走出一条属于自己的个性化成长之路。

我深知，要想实现自己的这一梦想，没有高尚的师德、丰富的专业知识、精湛的业务能力、独特的教学风格和较高的身心素养是不行的，不仅学生不喜欢，家长也不会满意。于是，从教语文的第一天起，我同时也踏上了一条终身学习之路，边工作，边学习。作为一名新教师，究竟要学什么、怎么学、学到什么层次？我非常迷茫，虽然读了一些书，却收效甚微。直到有一次，我读到了林崇德先生将知识分为"文化知识、本体性知识、条件性知识和实践性知识"四种类型时，顿时眼前一亮、恍然大悟。经过分析思考，我明白了，其实自己最需要学习的应是语文本体性知识和实践性知识。

作为一名语文教师，有了丰富的语文本体知识，在引领学生学习语文时才能高屋建瓴、得心应手。我想，教师要想有丰富的本体性知识，最重要的是要有比较好的阅读和写作能力，要不断学习与积累。"合抱之木，生于毫末；九层之台，起于累土；千里之行，始于足下。"于是，我给自己定了一个目标：要让读书学习与写作成为自己的生活方式。心动更要行动，工作第二年，我便报考了山东师范大学中文系，与多位国内知名教授、专家进修大专和本科，一学就是6年。在这整整6年的时间里，我遇到的全是知名教授，所学的《现代汉语》《形式逻辑》等多门课程，也都是由教材的主编亲自授课，这让我更容易学深、学透、学精、学好，也更能吸引住我，引发内在的学习动机。所以6年来，我用心学习、节节课不落、风雨不误。期间，除了学习必修的高等教材内容之外，还自主阅读了大量古今中外名著，连年被评为"优秀学员"。我特别注意阅读国内外文学经典和教育经典，经典润泽心灵，使人更加厚重。除了读书，我还向陈少松老师学习写作，很得陈老师赏识。学习期间，我在老师的精心指导下在多家报刊杂志上发表了散文、小小说、影视评论等40余篇，其中很多在报刊征文中获奖。大量、密集地读写，丰富的语言文字知识积累，优秀文学精华的滋养，让一颗年轻的心得以沉静、痴迷和忘我，从中涌起了强烈的成长自信，为日后的语文教学打下了坚实的基础。

有本体知识不会教错知识，这也是胜任教师的前提，但要教得好，还必须在教学实践中多积累实践性知识。我经常向青岛著名特级教师学习，也经常向孙玉琨、张兰芳、张兴堂等优秀教研员们请教。学校还主动派我到各地参与研讨会，听全国各地名师的课。在名师身上我学到了他们迥然不同的教学风格，学到了许多精湛的课堂教学技艺、精彩的教育智慧，取其所长，补己之短，张扬个性。很快，在揣摩、历练、创新的过程中，自己的课堂教学水平也日渐提高。

尽管本体性知识和实践性知识丰富了，但还感觉教得不出色，于是自己就决定再系统地学习一些条件性知识。于是，我重点阅读了《语文教育心理学》《阅读心理学》《阅读教学心理学》《写作心理学》《写作教学心理学》《教育心理学》《认知心理学》《情感心理学》等心理学系列和教学法系列书籍，集中学习了十几种教学法，如以引导探究为主的教学方法、以直接感知为主的教学方法、以实际训练为主的教学方法、以语言传递为主的教学方法、情境陶冶教学法等。在心理学原理和教学法的指导下，我注重引发学生的内在学习动机，采用激励式教学法，由诱发外在动机，转为引发内在动机，有效提高了教学效率。

在学习过程中，我还摸索出适合自己的"圆晕式学习法"。一块石子投进湖水中会不断下沉，同时，水面会荡漾起圈圈涟漪并向四周散去。我把这一现象用来描述自己的学习方法：下沉的石子代表着学习本学科或某一专题的书籍,这类学习决定着学习的深度;湖面上向周围荡漾开去的圈圈涟漪,表示学习与本学科或研究专题密切相关的其他学科领域的书籍,这一种学习决定着学习的广度。运用这种读书学习法,以本学科为中心,围绕"专题"对教学规律等进行重点研读,这样就容易将书读精、读深、读全、读透。以此为中心,不断向其他学科辐射阅读,既读出深度,又读出广度,就能更好地扩大知识视界。

执着的学习,使自身业务素养提高很快,教学水平也随之有了突飞猛进的提升。1986-2003年,在区中青年优质课和五项全能基本功比赛中,我多次获得佳绩,还被评为了"青岛市教学能手""青岛市中小学学科带头人"。

自身的发展也带动了学生的变化。在担任班主任的17年间,我共教了11届毕业班,所教毕业班的平均成绩、达标率、优秀率都始终在区内名列前茅。辅导学生作文在全国、省、市有影响的报刊发表或获奖200余篇。其中,辅导一位学生在24万小学生参加的"全国作文大王"杯现场作文大赛中,获得了山东省唯一一个"全国作文大王"称号,青岛电视台、青岛人民广播电台对其给予了报道。辅导两人在"全国华人作文大赛"中获得了"全国一等奖",我也荣获了"全国作文大赛指导奖"。

17年的班主任工作同样成绩显著。我倡导科学、民主和自主管理,所辅导的中队先后荣获了"市南区优秀中队""青岛市优秀中队""山东省国旗中队""全国创造杯""全国勤巧小队"以及"全国送温暖活动集体奖"等称号;先后培养出谭如玮、陈晓辉等6位"全国好少年",陈晓辉还在北京人民大会堂领取了第二届"全国宋庆龄奖学金"奖。《冷处理与热处理》等10余篇班主任工作经验论文和教育随笔在《山东少先队》等多种报刊上发表。我也先后获"市南区十佳辅导员""市南区优秀共产党员""青岛市中小学德育工作先进个人"等荣誉称号。

这17年,我就像一棵小树,不断向下扎根汲取水分和养料、向上伸展拥抱太阳,积聚生长的能量。

你若高瞻，境界非凡

因为工作业绩突出，2003-2008年，我有幸任职区小学语文教研员。在这个岗位上，学习与研究沐浴了我的心灵。了解理念、研究学生、钻研教材、创新教法，研究已成了我的一种工作习惯。

李吉林老师从"情境教学"研究到"情境教育、情境课程"等课题的研究，把教学不断推向高新境界，形成了自己的教学思想，终成当代教育家。从李老师研究中，我深受启发，要想成为一名学习型、研究型、学者型教师，不研究难以圆梦，因为不研究教学理论，只知道教书的教师，到头来只能成为教书匠，永远不会提炼出富有个性的教学思想。当然，成长也需要平台和方略。在当教研员的日子里，我多次跟随省教研室李家栋老师、市教研室张兴堂老师编写教材、组织教研、研究教法、指导青年、打磨课例等。我还先后参编了山东语文教材、北师大版教学参考书、教育部《口语交际能力评价体系》，主编了山东省《口语交际》的教材、《写字》教材、撰写了山东省关于《课程标准》的修改报告等。加上平日经常和同事们切磋，当教研员这5年，成了我研究水平、实践能力提升最快的一段时间。2006年，我被评为"山东省特级教师"。

评上省特级教师以后，2007年，经过遴选，我成为青岛市教科所首期"科研访学站"的成员，参加了为期一年的访学。参加首期科研访学站访学的教师都是全市各学段教学经验丰富的特级教师，由教育科研理论功底深厚的翟广顺、于立平等专家和研究员亲自指导。分散或集中研修时，大家围绕专题共同研究，相互切磋，优势互补；科研访学站还经常组织访学教师到高等学府、全国名校、基地学校访学研修，请全国一流专家、名师面对面地悉心指导。这一年的科研访学，让我的研究能力和理论水平又有了质的飞跃。

在提升研究水平的同时，我特别注重基于问题、贴近实践的"专题研究"。这种"专题研究"主要是依据教学中的实际问题，有针对性地进行专题性专项探索与实践。阅读，可以学习和借鉴他人的经验；研究和实践才能形成独特有效的创新成果。譬如，我在区教育局和教育中心领导的指导下，引领区域教师进行了"生活化作文"等专题改革与研究，解决了学生不会写作文、教师不会教作文的难题，从而取得突出成效。围绕"作文生活化"的课题，青岛市在市南区召开了作文教学现场会，我们进行了生活化作文教学展示并做了经验交流。2007年，在山东省举办的作文教学年会上，我指导青年教师展示了一节作文指导课，还亲自执教了一节讲评课。我总结出"兴趣先导、快乐积累、多点训练、双线并进"的区域生活化作文教学经验，在山东省作文教学年会上进行了经验交流，并在《山东教育》上发表，被誉为"小学作文教学改革的一朵奇葩"。我还围绕"想象作文"专题进行了深入研究，结合"怎样写好想象作文"研究出了"走进生活——放飞想象——畅所欲言——妙笔生花"等多个想象作文教学指导模式，指导多位青年教师在全市开展了想象作文公开课，我也展示了市级想象作文公开课。我的想象作文教学设计还获得全国大赛一等奖。一篇相关论文还发表在全国中文核心期刊上，被收入南京大学出版社出版的高等教育教材中。

多年来，我共研究了几十个专题，创出了"发现问题——专题研究——实践探索——交流推广"等多个适合自己的教研模式，形成了独特的专题研究特色和个性教学风格，提升了区域教师的研究水平，提高了区域教学质量。围绕多个专题多次在区、市、省进行公开研讨展示，成果也不断在区、市、省等范围内得到推广。我们提炼、总结出的《自主学习的理解与实践》等5篇"自主学习"论文在国家级期刊上发表，其中一篇还获得了全国科研成果一等奖。我先后指导徐慧颖、苏婷、李莉、王冬宇等10余名青年教师在市、省、全国的阅读教学比赛中获得一等奖，我也荣获了"全国阅读大赛指导一等奖"，还被评为了"全国优秀教研员"。

走到高处，我看到了教育的美好和迷人；走到深处，我感受了育人的宁静和深邃；走到远处，我感悟了知识的广博和精深……在教研工作岗位上，我既能脚踏实地又能仰望星空。持之以恒地进行专题研究，汇聚众智，燃起了我逐梦的热情，铸就了一方教育的辉煌，赢得了全国同行的尊敬和赞誉。

你若创新，尚德行远

2008年以来，我成为青岛太平路小学一名分管教学和教师培训等工作的副校长。在朱雪梅和于庆丽等校长的指导帮助下，维护大局，系统思考，如分管体育工作六年，连续6年获得区体卫艺量化第一名，我确定的工作思路是"狠抓特色项目，不断扩大优势项目"，由点到面，让各项工作全面开花。工作中能身先士卒，主动超前一步谋划、靠前一步引领、紧跟一步落实，个人的职业信仰、专业智慧和管理水平不断迈向新台阶。

在副校长的岗位上，我视成就教师、发展学生、塑造学校为己任，心中有境界，手中有方略，人的问题重引领，事的问题重管理，在学习、研究、服务、协调上做文章、下功夫。我经常为老师们做讲座、上示范课，和老师们一起进行课堂教学改革与创新。我多次指导青年教师苏婷等在青岛市作文教学改革研讨会上展示公开课，做"体验作文教学"的经验交流。我们提炼、总结的"快乐体验作文教学法"，在区优秀教学法评选中获得第一名，被评为了区"十大优秀教学法"，并由区教体局在我校举行的全区首届"教学法推介会"上向全区进行了推广，我校语文教研组也被评为区和市级"优秀语文教研组"。分管教学工作，学校多次在区、市教学年会上进行经验交流，学校教学工作经验发表在《中国教育报》等国家级报刊上，全国课题成果《一点四线作文教学法的研究与探索》在《语文教学通讯》上发表。

分管的教师培训工作，也连年获得佳绩。由于培训工作不断创新，"三多一高培训经验"备受关注，学校先后获得区、市"校本培训示范学校""山东省远程研修先进单位""青岛市十二五读书工作先进单位""青岛市书香校园"等。指导青年教师改革了课堂教学模式，为山东省远程研修提供了供全省小学语文教师学习的课程资源，该课程资源被收入了由高等教育出版社出版的《磨出好课》一书；2011、2012年连续两年指导青年教师参加远程研修课例打磨获得省一等奖，2013年获得了二等奖。

2009年，我经层层遴选被确定为第二届齐鲁名师培养人选，参加了历时五年多的高端培训，先后赴美国、国内高校及教育发达地区考察学习，通过学习与考察发展了自己的个性化教学理念。我一直倡导个性发展观，世界上没有完全相同的两片树叶，更没有完全一样的两个人。我认为教育的终极目的应当是培养人、发展人和造就人。学生具有差异性，教育必须以生为本，面向全体学生，依据学生差异，从每一个学生的实际出发，关注每一个学生的优势。尽管学生的智商不同、情商各异，但每一个学生都有自己的优势智能，教师应尊重每一个学生的个性，根据教育规律和学生的身心发展规律，以及学生的兴趣、潜能、特长、需要等进行个性化教学。我曾经教过一位韩国学生，记得四年级他入校时语文仅考了五分，我了解了他的问题，对他进行了个性化的教育教学，为他提供了适合的教育，三年后，这位学生也达到了优秀等级。依据个性差异，引领学生进行个性化地学习与发展，最终能引导每一个学生都能走向个性化的自我成长之路，促进每一个学生主动而富有个性地发展，满足不同学生的发展需求，提升了每一个学生的生命价值，让每一个学生的人生都绽放出了精彩！

教育如果忽视了学生个性，只能导致人才培养的单向度和同一化。要改革"以师为本"的模式化课堂，我首次提出了要构建"学为中心"的个性化课堂。多年来，我一直致力于个性化课堂的研究与实践，从个性化课堂的理念及特点、个性化课堂的课程内容选择、个性化课堂的教学目标制订、个性化课堂的教学模式构建、个性化课堂的教学策略、个性化课堂的评价标准、个性化阅读、个性化作文等多方面，进行了系统地研究与探索，有效促进了学生主动、积极、快乐、持久地发展，形成了多个研究成果。

我独立主持青岛市重点规划课题《个性化作文教学实践与探索》顺利结题，学术专著《个性化课堂教学艺术》由西南师范大学出版社正式出版，并获得山东省优秀科研成果一等奖。2014年5月，我受邀在"中国教育家成长联盟"成立大会暨首届全国教育家成长报告会上做专题报告。2014年10月，经市教育局遴选，我成为首批青岛市名师工作室主持人，承担为全市培养有教育思想和教学风格的小学语文学科领军人物和优秀骨干教师的任务。近年来，我还先后被聘为青岛大学客座教授和硕士研究生导师、省远程研修课程专家、多家核心期刊研究员、多家作文月刊顾问等，还被刊登为全国中文核心期刊《语文教学通讯》封面人物……

教育的本质不是把篮子装满而是点燃学生心中的火焰。如今，顺应大数据时代推进教育现代化的新常态，经过不断地改革与创新，我们的课堂能面向全体学生，发现并满足每一个学生的学习需求，制定差异性、挑战性的教学目标，激发每个学生内在的学习动机，引领学生主动学习、自主学习。师生、生生平等对话、人机对话、在线学习、思维对接，智慧碰撞，情感交流，活力相予，在自主、合作、探究中传承与创造文化，舒展个体生命的灵性，培养和造就富有生命个性的学生。

　　回眸我的成长历程，我取得的点滴成绩和进步不仅得益于校、区、市等各级领导的培养和同事们的帮助，还源于自己近三十年的执着追求和坚持不懈地学习、研究与创新。你若盛开，清风自来。我想，我们每个人只有在不懈学习、研究和创新中，才能迸发强烈的生命激情，绽放绚丽的生命之花，展现生命的灵动智慧和别样精彩！

徐慧颖
XU HUI YING

　　青岛市市南区教育研究中心小学语文教研员。被评为全国模范教师、全国教育系统巾帼建功标兵、全国优秀班主任、齐鲁名师、特级教师、山东省教学能手、山东省优秀教师、青岛市拔尖人才、青岛市学科带头人。在长期的教育教学实践中，积极探索，形成了以"学习动机为依托，以多维对话为策略"的多维对话教学特色。在第六届全国语文教学优质课比赛中执教《给予树》获一等奖，在全国小学语文实验教材课堂教学研讨会上执教《一双手》获一等奖，在青岛市、山东省、全国范围内分别执教《五彩池》《我当小导游》《迟到》《七子之歌》《和时间赛跑》《石榴》等经典课例几十次。指导10余位青年教师在全国优质课比赛、全国苏教版优质课比赛等活动中分获特等奖、一等奖。承担"十一五""十二五"国家课题，先后发表论文20余篇，编著《高效阅读相伴成长》丛书，出版个人专著《对话语文教学》。

教海里一条微笑的鱼

要实实在在地去了解、对待、关注身边每一个孩子的成长，把他们看作需要精心呵护的生命个体。

因为思考，才会有对过去的梳理与总结，传承精华孕育智慧；因为思考，才会发现问题并竭尽全力地去追根究底；也因为思考，支撑起了我的教育人生，拓宽了我的教育人生。

如果无视学生热切的学习需求，剥夺他们的学习过程和目的，我的教学意义又能延伸多远呢？

——徐慧颖

大家都喜欢管我叫"老徐"，像周围人说的那样，的确想不出还有哪个称谓能比这个更令人感到亲切，又何况我在学生面前也常常如此自称。很多人也是从"老徐超市""老徐说事"这一系列班级创新管理方式开始认识我、了解我的。所以，"老徐"要比我的本名叫得更多，叫得更响。

其实，我最感谢的是那些唤我"小徐"的老前辈们，更怀念的是和他们在一起的时光。1996年因为在实习期间执教了一节不错的数学课，我幸运地成为百年名校——青岛江苏路小学的语文教师。因为这戏剧性的岗位设定而产生的为难情绪，在脑海中刚刚闪过，就因当时的老校长、特级教师蒋志远的一番鼓励而烟消云散："小徐，只要足够努力，足够用心，你的语文也一样能教得精彩！要相信自己，相信这所学校！"我是多么感恩蒋校长带给了我"能做好"的教育信念，我是多么庆幸在这里工作的13年里始终有楷模为我引路，杨屹、杨鸿青、张丽英、徐雯、张俊华、苏静波……这些教育名家和那些同样追求卓越的平凡同事们。见贤思齐，熏陶感染，和优秀的人在一起，让我渐渐萌生了属于自己的教师梦想：做一条微笑的鱼，一条平凡但绝不平庸的鱼，在教育的海洋里，挥洒自如。

（一）真正的持续幸福感，来源于为了有意义的目标而快乐地努力与奋斗。

——泰勒·本·沙哈尔

经常有人羡慕我说："老徐，你真幸福，你能用魅力征服那么多孩子的心。"是的，我也觉得自己很幸福，尽管和学生在一起的路上经历过无的放矢的彷徨、浅尝甘霖的欣喜、不眠不休的焦虑，但是，当把"成就每个学生的幸福"当作一个目标、一种追求的时候，苦涩之中守住了坚定，平添了勇气，燃起了激情，也处处享受着幸福。

不曾忘记21岁的我带着美好的憧憬走上讲堂，却被一群12岁的少年们整日的喧嚣挑战搞得晕头转向的尴尬场景。我突然意识到作为青年教师最大的教育难题，竟然是如何同这些有见识、有思想、有个性的小机灵鬼们打交道。（后来更是渐渐地清晰了，这也是作为教师这个职业永恒的话题）为了破解这个困惑，我翻阅书籍，请教师父，效仿名师，重温儿童心理学……从《给教师的一百条建议》《仁爱一生》《第56号教室》的名言语录中，从陶行知、斯霞、田恒平、李希贵的教育实例中，我找到了做教师最伟大的能力——爱与尊重。我要求自己实实在在地去了解、对待、关注身边每一个孩子的成长，把他们看作需要精心呵护的生命个体。努力让自己的每一句话语、每一个动作、每一个微笑、每一个眼神，都真真切切地走进孩子们的心，唤起他们的希望和快乐。

《青岛晚报》曾经报道过我为学生写评语的事，一个学生三四百字，五十个孩子就是两万多字。而这洋洋洒洒的两万字诞生的时候，恰恰是我为"比武"课忙得不可开交的时候。很多人不理解，在数不清的试讲、评课、改教案之余得付出怎样的辛苦，才能换来眼前这密密麻麻、但无半点应付的个性评语。其实，在做这一切的时候，我的心里洋溢的不是压力，而是一种难以言表的幸福。很忙，很累，可因为爱让我感觉忙得有滋有味。而且我始终相信这份爱不会是单向流动的小溪，而是相互传递且可以四处传播的海洋。

曾经在生日时，收到过一个把我气哭过的男孩打来的电话，用有些沙哑的声音唱起生日快乐歌。在电话里孩子说：我过生日的时候老徐你送我礼物，今天是你的生日，我也要送上自己的祝福。我不曾想到，自己因为想要收服这匹"小烈马"而投其所好精挑细选的一份礼物换来的是孩子百分之百的真心。

曾经在六一儿童节，我带着班里一个单亲的孩子参观了科技宫，逛了植物园，吃了牛排，送他回家的时候，他趴在我的耳边轻轻说了一声"老徐，你真好"，让我顿时泪如雨下。就是这个孩子，曾经悄悄地拿了班里的东西。我不曾想到，自己所做的只是宽容和不动声色的感化，却给了这孩子找回尊严和正直的机会。

曾经在路边的烧烤摊上我"捡"回班里那个最个性的滑板男孩，并利用"迂回玄虚"的招数，邀他成为我近一年的"贴身保镖"，而酬谢的条件就是天天到老徐家吃饭，避免了他整日在街边闲逛。我不曾想到，已经成为首都知名大学学生的他还会在回青探亲的时候再次护送自己回家……

工作五年的时候，我就被市南区人民政府授予"优秀教师""市南区十佳青年教师"的称号。很多时候我会想，做教师的幸福其实就是在收获自己种下的那颗爱的种子。

（二）人生最终的价值在于觉醒和思考的能力，而不只在于生存。

——亚里士多德

如果让我推荐一个专业成长过程中最重要的品质，我想说是思考。我真的很庆幸自己能够在每个发展的关键期，都有停下来，静下心深深思考的过程。因为思考，才会有对过去的梳理与总结，传承精华孕育智慧；因为思考，才会发现问题并付出追根究底的竭力超越；也因为思考，支撑起了我的教育人生，拓宽了我的教育人生。

在班主任的工作中我思考过：我自以为给了学生爱，但是他们能摸得着，能感受得到吗？我思考过在给予学生教导的时候我是不是用了学生容易接受的方式？我思考过怎样才能自然而然地把"有意的教育"和"无意的教育"实现穿越的转化？我思考过仅仅依靠爱就能胜任教师的工作吗？师爱的超越是不是应该融入教育的智慧……在思考中前行，我13年的班主任工作总是能萌生出用不完的奇思妙招。

我在班级里放了一个特制的"百宝箱"，里面放满了从50到1000不等的分值，不管学生们在哪一方面有亮点，都有从里面抽分的机会。这些分积攒起来就可以参与到每月一次的"老徐超市"购物活动中，购得自己需要或者喜欢的学习用品。超市中的所有"商品"都是我在对孩子们进行详实的调查后，亲自采购的。在孩子们眼里这"百宝箱"和"老徐超市"是绝对有魔力的，在活动中，学生们不仅得到了精神的愉悦，更诱发了他们的责任意识和对行为的判断。

"老徐说事"也是深得童心的小栏目：把捕捉到的班级现象，通过师生共同描述的形式进行系列回放，在学生们自己的评论中，推出每期班级"英雄人物"。比如，与病痛做斗争的坚强小英雄懿懿；奉献爱心的美德少年小宇；勤学苦练的毅力男孩谦谦；暖气爆裂抗"洪"抢险的周五值日组等。

"老徐说事"曾经邀请过这样两位"小嘉宾"，他们个性张扬，思想时尚，自认为很有主见。一段时间，我发现他们俩经常神神秘秘游荡于校园，捡回一些瓶子、罐子类的可回收废品。派人打探后才知道，小家伙们想通过卖废品的方式挣钱买彩票，幻想着发大财。我装作不知实情的样子，以顺水推舟的方式和二位进行了密谈："听说你们俩在做一件伟大的事业，回收废品，环保校园，还准备把攒下的钱当作班级基金用在该用的地方，非常了不起！所以我邀请你们成为本期老徐说事的嘉宾。"俩孩子听闻后，一齐点头！第二天，这两位便成了"大牌明星"，在雷鸣般的掌声和众人的簇拥中当场宣布成立"小皮孩废品回收站"，并表示将所有换得的费用全部作为班费！后来，这些钱还真派上了用场。我带领班级学生参加了"六一为'5.12'灾区儿童邮寄爱心包裹"的活动，我们班寄出了200元班费，为两位四川儿童送上了书包、文具、水壶等用品，其中大部分钱就是"小皮孩废品回收站""捡"回来的！当两个孩子代表班级郑重地在汇款单上签名的时候，我从溢着泪花的眼睛里看到了他们对价值的真正理解。

家长和学生们经常会感谢我，说我这些看似无意中播下的种子能在孩子生命的原野中长成一棵大树。可我更要感谢我的学生们，因为他们才有了我的精彩：山东教育台《师道人生》栏目、《青岛日报》《青岛晚报》《半岛都市报》先后对我的班主任管理工作进行了宣传。"青岛市优秀教师""青岛市十佳班主任""山东省优秀教师""全国模范教师""全国优秀班主任"的殊荣也接踵而来。

（三）心有多远，路就有多远。一个普通的教师只要坚持不懈地追求与行动，也能成为名师。

——洪宗礼

提起从事的语文教学，大家熟知的可能是我在全国第六届阅读教学大赛中一举夺魁，获得一等奖第一名的佳绩。其实，却很少有人知道在这之前，我曾经也有过两次参赛的经历，1999年在区比赛中仅获二等奖，2001年以0.5分之差与市比赛失之交臂。如同走到了十字路口，正在纠结是放弃还是坚持的时候，我读到了这首小诗"那是一粒渴望破土的种子，碰壁、碰壁、又是碰壁，在深深的土层中艰难地摸索、挤钻，它知道，若滚在黑土里，那怀着的希冀决不能伸长粗壮的胳膊，注定要愧对秋日的笑脸。它相信，遭受短暂的寂寥后，就能感受到生命的涌动，伸出手来推开土层的硬壳，便会在阳光下嗅出百花的芳菲。"我觉得自己应该就是那粒种子，我相信坚持就能冲破土层在阳光下绽放笑容。所以，我选择了继续，凭着一股咬定青山不放松的韧劲和充满激情的作为，积淀着，寻觅着，思考着，实践着，终于在2006年自信地登上了全国大赛的讲台。大家为我因坚持而换来的光环羡慕点赞，但我却把因坚持而收获的对语文教学沉甸甸的理解和自我提升视作珍宝。

那段时间语文教学被专家们诊断为患了"多动症"，得了"浮躁病"：太多的资料补充，太多的媒体演示，冷落了语言文字；太多的教师主导讲解灌输，忽视了学生的存在成长。面对着风起云涌的语文教学杂相，结合着自己的语文课堂现状，我也想改也想变，却苦于因为不知要走向哪里而茫然。

终于等到了那一天，那一节因误会而生成精彩的语文课。讲《卖火柴的小女孩》这篇课文，小女孩的形象感动得我一塌糊涂。我很是卖力，讲解、分析、朗读、提问，逐字逐句，声情并茂，讲得我自己眼圈都发红了。让我无法接受的是这番竭尽全力却没有打动孩子们，他们直勾勾地瞅着我：让读就读，读得平淡无味；让答就答，答得简单生硬；更让我想不到的是，有一小男孩竟然连头都不抬地画起画来，那画的确是生动逼真：手持魔杖的白胡子老人是那样慈祥诚善，旁边衣衫褴褛的小女孩一脸的惊喜。可是画得再好也不应该在语文课上表现呀！我压着火问他"说说你在干什么？"小男孩的眼泪涌了出来"小女孩太可怜了，如果我有魔力的话，我想变成一个神仙，用魔杖在小女孩身上轻轻一点，让她穿上最暖和最漂亮的衣服，让她吃上最可口的饭菜。"更让我没有想到的是，我和小男孩的这番错位的对话，竟然引发了不明真相的其他学生的共鸣，几个女孩跟着哭泣起来，有孩子举手示意有话说："如果小女孩生活在我们的身边，我要把她请到我家，我愿用我的帮助让她知道这世上还有温暖。"

看到那一双双泪汪汪的眼睛和跃跃欲试举起的手，我立即放弃了精心准备的那一串串自以为能引起深度思考引发情感波澜的问题，请他们拿起笔来以《如果》为话题，把此时心里最想说的话写下来。"如果在天堂的小女孩能够听到，我想对她说，希望在那儿你能幸福！""如果能和安徒生大师沟通，我想让他把自己写进书中，就当成一个路人吧，连脸都看不清也没关系，我只想买他一把火柴。""如果有人给他一个硬币，如果有人买他一根火柴，这女孩就会有生的希望，可这些仅仅是如果，可怜的小女孩走了。"

这天真与幻想的对话中迸发出来的，是一份强烈的、情不自禁的，自主感悟、自由表达的需求；展现出来的，是一种积极的、不由自主的思维方式、思想空间。它激起了我对教学行为的追问：我为什么教语文？如果无视学生热切的学习需求，剥夺他们的学习过程和目的，我的教学意义又能延伸多远呢？我要怎样教语文？如果孩子们不再有学下去的意义，他们的思维、乐趣因为教师的需要而被阻断了，那么作为教育者，我的目的又何在？我要给学生什么样的语文？在学生对知识渴求的欲望不断凋零、萎缩，只剩顺从、被动、呆板、无奈的时候，我的存在又何谈什么诗意、美好和希望呢？

为了能够找到最佳的答案可谓是"衣带渐宽终不悔，为伊消得人憔悴"。虽然摆脱不了的是一而再再而三的无功而终，虽然经历最多的是模糊中的一次次彷徨。好在，我坚持了下来！名家专著的阅读让我不断获取理念的提升，名师课堂的学习让我不断积累灵感的触点，教学摸索的实践为我提供了真实可信的佐证。

渐渐地我从"建构主义学"读懂了"学生对知识的接收，只能由他自己来建构完成，以他们自己的经验为背景，来分析知识的合理性。教师必须创设一种良好的学习环境，使学生在这种环境中通过多种方式理解新知识，并且对新知识进行分析、检验和批判。"我多么希望我的语文教学就是这样的学习样态，提供多维的对话空间与平台，为学生营造理想的学习环境。

渐渐地我从《课程标准》中读懂了"学生是语文学习的主人，语文教学应激发学生的学习兴趣。语文教师应尊重学生的人格，关注个体差异，满足不同学生的学习需要，创设能引导学生主动参与的教育环境，激发学生的学习积极性，培养学生掌握运用知识的能力，使每个学生都得到充分的发展。"我多么希望我的语文教学能够成就每一个学生的成长，在多维对话的学习场中主动探究、深度思考、自我破茧、个性发展。

渐渐地我从诗人特奥多尔冯塔内的描述中读懂了"教育旨在努力为毫无依靠的孩子提供一根拐杖，从而使其能在纯净的空气中自由自在地、无忧无虑地成长，那么，我们则接受了非常不错的教育。"我多么希望我的语文教学就是在追求这种"不错"的教育，让多维的对话在尊重人性、凸显情趣的前提下努力绽放发展的光彩。

于是心里揣着"以学定教、体验感悟、自主开放"的特色原则，我踏上了带有自己思想与风格的多维对话语文教学的探究之路，并且越走越远，越走越坚实。

在解读教材的时候我试着以学生的视角，思考哪些自己能读懂，哪些是学习中的疑点、难点、矛盾点、兴奋点，以此获得对孩子的丰满理解，找好教学的最近发展区。我发现每一篇文章都有一些牵一发动全身的"有嚼头"的关键点，于是每篇文章就读上几遍，十几遍。在产生差异的点、引发联想的点、构成迁移的点、融入生活的点、构成评价的点、产生疑问的点、激活情感的点上进行细腻深入的品读。一个周末，为教好《七子之歌》，为了避开自己孩子的纠缠安心备课，我来到学校，用了整整一天的时间，反复研读，深入推敲。这篇只有80个字的文章，竟然把我感动得哭了一次又一次。当看到"我离开你的襁褓太久了，母亲！"这句话中的"襁褓"一词时，我仿佛透过这块包裹婴孩的布，看到了一个婴孩被强盗硬生生地从母亲的怀里夺走，我仿佛听到他撕裂着的哭喊声……如果能抓住这个充满意味的点，激活情感的沸点，就能让学生真正体会澳门在葡萄牙殖民者长达三四百年的强占下，受尽的欺凌和屈辱，感受澳门儿女们对祖国的深厚感情。直到这时，我才认为自己读懂了课文，才有了教好这一课的信心。果然，"襁褓"环节的教学成了课堂上的亮点，同时也激发了学生极大的学习兴趣。

在设计教学的时候我坚持提问不是唯一的教学方式，努力尝试着通过各种生动的、有效的策略，促进学生在咬文嚼字中与作者对话，在品词析句中与人物对话，在推敲把玩中与老师同伴对话，使其有所感悟，有所收获，引发情趣。教《给予树》的时候，第四自然段写的是金吉亚向妈妈解释把给家人买礼物的钱买了洋娃娃送给陌生小女孩的原因。为了寻找让孩子自主与文本、与金吉亚对话，感悟语言文字背后金吉亚心灵的策略，我先后设计了六种方案：给出金吉亚跟妈妈解释时的三种神情请学生根据文本猜测；师生合作表演金吉亚和妈妈的对话；用不同符号或颜色标注金吉亚做解释时的心情变化；为金吉亚的解释加提示语；教师扮演援助中心的工作人员采访金吉亚；补充原文中金吉亚的家庭境况等，直到后来的板画、卡片、音乐创境下的心灵对话。"游戏体验，创设情境""触击谜点，激发情境""巧设悬念，破悬浅悟""对比赏析，理性感悟""角色转换，体验感悟""借画达意，形象感悟"……在二十几种有效策略的苦苦寻觅中，特别是恍然大悟、豁然开朗的那一刻，让我尝到了探索的快乐，教学的快乐，对话教学的魅力，懂得了这才是为学生的真教学。

就这样，从思想的混沌到真谛的追寻，从简单的模仿到大胆的创新，我欣喜地发现在这段沉寂的苦苦追求中，自己竟然经历了"由单纯的教师视角到融入学生视角""由关注知识能力点到建立知识能力体系""由为教师教设计策略到为学生学设计策略""由教会知识到教会学习"等语文教学行为的七次根本性改变。我欣喜地发现在不断地思考与摸索中，在反复地总结与改进中，"多维对话，两点四动"的语文教学模式已经逐渐形成。

从《五彩池》到《迟到》，从《七子之歌》到《和时间赛跑》，在全国阅读教学优质课获一等奖的《给予树》，在全国实验教材观摩课获一等奖的《一双手》，还有在"名师教学艺术观摩活动""小学语文新时期领军人物课堂展示""国际华语课堂教学名师展示"等各种观摩活动中的执教，我都努力地传播着"以学习动机为依托，以多维对话"的策略，让学生在经历启动、主动、互动、能动的学习过程中实现师本对话、生本对话、师生对话、生生对话、自我对话的多维教学思想。

如今，当我走在语文教学探索之路的又一个拐点的时候，回首这一路的坚持和艰辛，我必须要特别感谢引我走好、陪我走来的李家栋老师、张兴堂老师、杨屹老师、商德远老师、修文艳老师、张兰芳老师、黄荣老师、丁晓玲老师、杨传勇老师、孙玉琨老师……他们的点拨，他们的领航，他们的信任，他们的鼓励，他们给予了我太多太多，他们是我专业成长的导师，也是我语文教学路上的同行者，深深地感谢他们。

（四）生命中的挑战并不是要让你陷于停顿，而是要帮助你发现自我。

———约翰森·里根

2009年我迎来了教育生涯中岗位角色的重大挑战，离开了工作十三年的青岛市实验小学，成为市南区小学语文教研员。从面向学生到服务教师，从管理班级到带动学科团队发展，从课堂教学的自我实践到指导教师教学质量从而促进整个区域的教育发展……所有的一切都需要改变。面对这个全新的挑战，我明白我一定会遇到无数个困难，但这也正为处在成长瓶颈期的我提供了一个自我提升、自我超越的好机会。

所以，我分外珍惜这个岗位，要求自己在两方面加强学习：一方面加强通用知识和广阔视野的学习，努力让自己成为经师，希望通过浓浓的书卷味、深厚的学养，形成儒雅的气质，影响教师，影响学生；另一方面锲而不舍地进行专业方面的深入学习，努力让自己成为教育教学的能师。订阅学科杂志和教育公众号，把握语文教学改革的前沿理念；奔赴名师汇集的研讨观摩现场，琢磨知名教师的课堂艺术；借助连续五年作为山东省远程研修专家等的优势，近距离向国家级教育大咖讨教破解教学困惑的路径；阅读经典教育教学专著，为区域学科教学研究寻找理论支撑……我想，只有自己充实起来，丰盈起来，才能坦然担当起率先发展、走在前列的岗位责任，才能自如应对教学改革大潮中的挑战洗礼。

挑战有思想、有内涵的教学研究方式。在教研工作的开展中我发现，要想让教学研究真正满足一线教师的实际需求，那就必须源于课堂，源于教师。所以我坚持"基于问题的行动反思"研究。从深入课堂，走近教师开始，每学期听课二三百节，为的就是及时捕捉真实的学科热点问题、瓶颈问题、困惑问题，然后利用集中教研和分散学习的时间通过行动学习的方式开展序列研讨。比如在针对语文课堂"自主学习现状"的问题研讨中，教师全员参与分组梳理出了在实施自主学习中真实存在的四大障碍，即"目标如何制定""主问题怎样设计""学习活动怎样组织""教师引导从何入手"。然后针对这四个障碍，通过课堂链接，理论结合，资料收集，实践尝试等多个阶段，最终确定了促进自主学习的"四更"指标，即"目标更贴近学情""问题更体现价值""活动更助于探究""导学更适切有效"。这样的研究，完整地体现了聚焦问题的琢磨——实践——推敲——完善——提炼的研究过程。运用这样的方式我还和老师们解决了"语言文字训练点的确定""有效策略的设计原则""多样式学习活动的创意""语文教材内外整合""以学生为中心的学习方式"等专项学科问题的研究。

挑战有核心有实质的校本研修模式。为了增强学校教研组的研究力，改变传统的漫谈散谈式研修现状，我借助蹲点带教和深度调研参与校本研修、集体备课活动，为学校教研组的成长把脉会诊，摸索适合学校特色的研究路径。创造性地将前期"多维对话"的语文教学理念拓展延伸到了教研组研修中，分别总结了"以体验比较刺激问题对话""以背景猜测刺激问题对话""以模拟演示刺激问题对话""以重复呈现刺激问题对话"等多种研讨对话形式和主题引领学习先行——日常教学且思且行——课例承载反思提升——比对研讨总结梳理的校本研讨模式，引领老师们真研修，会研修，能研修。

挑战有特色、有成效的教师培养样式。在教师的帮带培养中，我发现骨干教师们有一定的工作经验和不错的工作基础，但陷入了固有模式的困扰，最需要的是自我突破和风格提升。于是采取了听自备课确定方向——理论引入思想提升——N次磨课反思中成长的"逐步完善式"发展模式。而青年教师个人素质非常好，积极好学，可塑性强，可惜在教学实践方面缺少经验。为了避免走弯路，对他们采取了听课把脉了解情况——模仿课堂总结规律——一课三探就点反思的成长模式。

一晃，担任教研员已经8年有余，和老师们一起同行的八年里有着经过近20次的跟踪指导，看到青年教师豁然开朗后的欣喜；有着为了设计出最有实效的学习方式，与老师们挑灯夜战，饿着肚子走在静寂街道的兴奋吟唱；有着验证了教学目标以学定教有效落实后，和同伴冒雨蜷缩在敞篷小货车上的欢声笑语……8年里，指导骨干教师执教全国、省、市、区级以上公开课、优质课、示范课60余节，10余位教师被评为市、区教学能手，市学科带头人，市、区优秀教师。8年里也让我见证了自己的进步：教育理论知识更丰富，教学经验更丰厚，专业技能更精巧，带动引领更娴熟。这个过程中，我顺利完成国家级课题研究"探究体验式阅读教学法""高效阅读"，编著《高效阅读，相伴成长》一书，出版个人专著《对话语文教学》，并被评为了齐鲁名师"特级教师"。

"唯静方能沉，唯沉方能深"，停下脚步，静下心神，俯下身子，来回顾从教21年里那披着荆棘却闪着光耀的成长记忆，每一个脚印都铭刻而深沉。如果需要用几句话把我的成长心得讲给大家听的话，我想用这四句话：唯有志在远方，方能海阔天空任遨游；唯有潜心琢磨，方能天机云锦为我用；唯有坚持不渝，方能直挂云帆济沧海；唯有笑对挑战，方能中流击水跃龙门。21年前我有了这样一个教师的梦想：做一条微笑的鱼，一条平凡但绝不平庸的鱼，在教育的海洋里，畅意遨游。今天，我还要做这样一条鱼，在知识的海洋里，享受教育。

徐瑞芳
XU RUI FANG

　　1985年7月参加教育工作，现为胶州市第四实验小学校长兼党支部书记，正高级教师。曾荣获山东省特级教师、齐鲁名师、全国基础教育名师、山东省首届十大科研名校长、青岛市专业技术拔尖人才等荣誉称号。曾出示过县级、地级、省级、国家级等各类公开课几十节，指导过上千节各类展示课，做过上百次教育专题报告，撰写的30余篇论文在《山东教育》《人民教育》《中国教育学刊》等十几种国家正规刊物发表，出版个人专著《小学生激励艺术》。实践研究的《以读为本教学法》等多项教科研成果分获青岛市优秀教学法及全国、省市级优秀成果一等奖。

教育因用心而美丽

　　什么样的心态往往带来什么样的工作效果，也产生着什么样的生活质量。

　　要成为一名优秀的老师，必须具有丰厚的文化底蕴，高超的教育智慧，宏阔的课程视野，远大的职业境界。

　　读书，让我在柔美中蕴含力量，在安静中生发智慧，在平凡中追求高远，在淡泊中实现发展。

　　用心是一种态度，也是一种美德；用心是一种能力，更是一种境界。

——徐瑞芳

　　时光如梭，屈指算来，耕耘教育园地已有30余载，蓦然回首，恍若昨日。记得刚毕业那会儿，每次写个人总结，常有这样的一句话："几年如一日，工作勤勤恳恳，任劳任怨"，而老教师呢，写的是："几十年如一日，工作勤勤恳恳，任劳任怨"，其实当时对几十年如一日并没有什么体会，只是觉得那是写东西的一种范式罢了，而现在，当我写上这句话的时候，已不再是轻描淡写的一句程式化语言，我感到沉甸甸的，它如同一本厚重的书，每一页都凝聚着难以言计的智慧和心血。对"几十年如一日"我也常扪心自问"我做到了吗？"回答应该是肯定的，因为遥首回眸三十多年的从教经历，细数前进路上的一个个步点，可以用两个字来概括，那就是"用心"，一路上"用心"进行着自我激励，"用心"激励着师生前行，正因为"用心"，所以教育才是那样的美丽与多彩。

记得在1985年举国庆祝第一个教师节的时候，我踏入了胶州市实验小学的大门，一干就是19年，后因工作需要先后来到了胶州市实验初中小学部、第四实验小学工作，一路走来应该说我是幸运的。教书3年，成了最年轻的青岛市教学能手；教书13年，成了最年轻的山东省特级教师；之后又相继成为齐鲁名师、全国基础教育名师、山东省首届十大科研名校长、青岛拔尖人才、优秀教师、学科带头人等。有人说我是"幸运儿"，我承认，但每当此时，怀斯曼的《幸运指数》中的一段话就会浮现于眼前："运气不是与生俱来的，幸运的人往往在不知不觉间通过自己的心态和行为创造了好运。"

倾心教育，享受幸福

我深知什么样的心态会带来什么样的工作效果，产生着什么样的生活质量。所以倾心教育享受教育成为我用生命去体验的美事。

当年初登讲坛的尴尬现在历历在目：记得当时我接了一个三年级班，为了和学生见面的第一堂课，我做了精心准备，从开场白到教案设计，我演练了一遍又一遍，几乎能倒背如流，然而一走上讲台，不知怎的，脸红了，头低了，原本说得流利的普通话也变得生硬晦涩，整整一堂课学生也没有安静下来，面对课堂的无序我落泪了，美好的理想与平凡的现实一接触，竟是这样的不堪一击。此时，家长们怀疑了，这位年轻的教师能行吗？孩子们疑惑了，这位小小的女老师能教好我们吗？当时听着人们的议论，望着周围人的眼神，我感到肩上担子的重量，一种神圣的使命使我产生了奋力拼搏的无限力量，我决心教好这个班，而且教出个样子来，就这样我开始了教育教学的探索之路。

白天，教课、班务累得精疲力竭，乏困无力。晚上，就静静地端坐在书桌前备课、批改作业。灯下，我凝神地握着笔，斟酌着每个字写得是否正确，每句话说得是否通顺，每个标点运用得是否恰当……然后慎重地写下一条条意味深长的批语，这些批语注入了我的心血和期望，就像雕刻家刻镂着图案和花纹时，每一刀都融进了我所有的心力。夜深了，人困了，就揉一揉眼睛，洗一把脸，抹一点清凉油继续干下去，直到批好所有的本子。十八九岁的我，办公室、教室、宿舍"三点一线"的生活几乎占据了我生活的全部空间，尽管乘车回家仅需十来分钟，但星期天我还是常常泡在学校里忙这忙那。

即使成家之后，对教育工作的热爱，仍一如既往。作为一名家庭主妇，逃避不了和一日三餐油盐酱醋打交道；作为一名女性，也避免不了十月怀胎一朝分娩的苦痛与负担；作为一位母亲，同样也摆脱不了对孩子的洗浆缝连、生活起居的照料……而作为一名教师，更推卸不了抚育几十名学生成才的重任，为此，我一边尽最大的努力忙家务，一边以乐观的态度、饱满的热情忙事业，我忙里忙外，勇敢地挑起了家庭、事业两副重担！

就在我用满腔热情投入其中的时候，教育也带给我那么多的快乐与幸福。一是我随时感受着自身的成长，如我的文章发表了，我的课受到大家的赞誉，我的工作得到大家的肯定，我快乐，我幸福；二是我时时感受着学生的成长，相处几年，学生长大了，学问增多了，人也懂事了，济济一堂那么多学生，时不时有习作发表，比赛获奖，我快乐，我幸福；三是时常收获着孩子们的感情，日久天长，和孩子们产生了纯洁的情感，节日收到孩子的祝福，生病收到孩子的关怀，一进校门就能听到孩子真诚的问候，毕业的孩子还抽空来看我，所以我快乐，我幸福；四是常常得到家长的赞许，一个孩子身后就有一个家庭，当孩子在家夸奖老师，就会有一个又一个家庭认可我、支持我和夸奖我，所以我快乐幸福至极；五是得到同行的认可，大家邀我讲课，请我做讲座，和大家交流人生的感悟，我也很快乐幸福……所以，在从教几十年的时间里，不管生活怎样变迁，我始终坐定那把叫作教育的椅子，心无旁骛地工作着，享受着教育所带来的幸福与甜蜜。

静心学习，书香致远

我知道"一个人的见识和阅历，决定了你的能力和胆识"，"视界决定境界"，因此在教育之路上应该说让我收获最大的就是读书学习，因为我知道"要天天看书，始终以书籍为友，这是一天也不断流的潺潺小溪，它充实着思想的河流"。作为教育更是如此，因为要成为一位优秀的老师，必须具有丰厚的文化底蕴，高超的教育智慧，宏阔的课程视野，远大的职业境界。如果仅凭两本书：一本教材、一本教参，年复一年地重复着昨天的故事，这势必会成为教育的悲哀。初为人师的我，起初主要潜心于教材教法的研究，渐渐地我发现如果仅限于此是远远不够的。为此，我把目光瞄到了更高的层次，我要努力成为蕴含丰富的科研型教师。因此，学习，学习，再学习，便成了我生活的重要内容。我努力从繁忙的工作和琐碎的家务事中合理利用三余时间进行阅读：即白天教学之余，见缝插针地读；晚上工作之余，闭门静静地读；节日休息之余，拼命广泛地读。像斯霞的《我的教学生涯》，于永正的《教海漫记》，卢勤的《告诉孩子你真棒》，孟繁华的《赏识你的学生》，李镇西的《爱心与教育》，朱永新的《我的教育理想》，于丹的《于丹:〈庄子〉心得》，王立群的《读史记》，易中天的《品三国》，姜戎的《狼图腾》等，专业的，非专业的，只要喜欢的，需要的，都注意去多方位、多角度"摄取""筛选""加工"来自四面八方的信息，拓展其广度，开掘其深度，以适应教育的需求。就这样，利用业余时间，我阅读了一本本教育理论专著，一册册教学业务书籍以及许多的文学名篇、伟人传记，记写了几百万字的读书笔记、教学札记。对孔子的教育思想，我研读过；对陶行知的教育真谛，我探究过；对魏书生的教学方法，我也试用过；对苏霍姆林斯基的教育理论，更仔细地揣摩过……天长日久，先进的教育思想、科学的教学方法以及伟人的思想追求、道德情操都给了我极深的影响，这一切保持了自己的专业优势，保持了自己的专业锋芒，也为我今后的教学改革实验，提供了广阔的知识背景和丰富的理论依据。

为师30多年，9000多个日日夜夜一直以书为友，教育教学的境界也渐出佳境。可以说在生命与教育同行的这些年里，我清楚阅读对于我的意义，如果离开优秀文化的熏陶，鲜活信息的滋养，我的教育工作该是多么的青涩与苍白。是读书，让我在柔美中蕴含力量，在安静中生发智慧，在平凡中追求高远，在淡泊中实现发展。正所谓——定能生慧，静以致远！

潜心研究，定中生慧

拥有了先进的教育理念，就要付诸实践，将其转化为具体的教育教学行为。这正是纸上得来终觉浅，绝知此事要躬行。平时我把每节课都当作实验研究课，课堂是我的实验室，学生是我的实验对象。初登讲坛的我每次备好课后，还要反反复复地演练，比如一遍一遍地练范读，直到练得字正腔圆，声情并茂。有时还对着镜子练体态，练一颦一笑，练举手投足。有时甚至掐着秒表计算时间，哪一个环节用了几分钟，哪几句话用了多少秒钟，精雕细琢每一节课，每个教学环节。就是这样的精细化研究中磨炼了我，提升了我，也让我懂得了台上一分钟，台下十年功的真谛。

为了上好课，听课学习也是我研究课堂教学一个不可或缺的部分，一是听名师的课，开我眼界，长我见识，二是听普通老师的课，反观自我，取长补短。我研究了我国当代名师的课（有的是实地听，有的是看光盘录像，有的是翻阅案例），像斯霞、李吉林、霍懋征、于永正、贾志敏、靳家彦、支玉恒、左友仁、施建平、孙双金、王菘舟、薛发根、窦桂梅、吴正宪等老师的课我都用心揣摩过，还有我们青岛的名师张伟、曲卫英、宋君、曹君、杨屹等老师的课我也不止一次地研究过。"蹒跚学步"的我，觉得他们的课堂是那么令人神往，他们的课犹如黑夜中的明灯，能一下照亮我的心扉。他们的课堂激励语言，热情饱满的教学情态，收放自如的导学艺术，熏陶着我，感染着我。

当然，这里也不能不提我的公开教学，我觉得它是我专业成长的助推器。这些年来，我出过很多次公开课，有每学期一人一堂的校级优秀课，有胶州市级的公开课、青岛市级的比赛课，省级的巡讲课、电教课，也曾为全国创造教育研讨会展示过课，2005年我又代表山东到长春参加过全国首届个性杯讲课大赛。每次出课，我都会得到名师们的"会诊"，他们会一针见血地指出我在教学上存在的不足：如对教材理解不到位，语言文字落实不够，朗读训练太简单，教学设计过于琐碎，课堂语言不够儿童化，板书太过随意等等。每一次研究，每一次点拨，都要剔除我教学不合理的地方，完善补充合理的教学思路和设计。就这样，每一次公开教学，教案在分析中明晰，思想在交流中碰撞，理念在争论中升华，一节节公开课如同一朵朵美丽的花绽放。我忘不了教学《小珊迪》时学生与听课教师的潸然泪下，忘不了执教《颐和园》后天津教科院院长张武升博士的赞誉，忘不了学习《倔强的小红军》一课时师生情感的交流互动，忘不了学习鲁迅的《给颜黎民的信》时学生的踊跃参与，也忘不了执教《黄鹤楼送别》时师生的依依深情，忘不了那么多语文课上个性飞扬、入情入境的一幕幕动人场景……

追根溯源，这一切都离不开指导我帮助我的恩师们，我很幸运，在我人生的起跑线上遇到了一位位令我难忘的导师，省特级教师曲慧敏校长、全国优秀教师管延祥校长、教研室语文教学的行家里手孙建新老师……在与他们一次次频繁地交流中，一回回推心置腹地研究中，我少走了许多弯路。同时，他们的研究热情、研究习惯、研究方法也时时刻刻熏陶着我，使我在不知不觉中染上了教学研究的气质，应该说是我的恩师们托举了我，让我站在巨人的肩上得以看教学上下之趋向，观教学内外之风光。

回顾自己的这段经历，我特别理解青年教师渴求成长的心愿，因此我也像我的恩师一样在竭尽全力地引导他们走上教育研究的专业成长之路。无论是我在胶州市实验小学担任教科室主任，还是我在胶州市实验初中小学部做业务校长，已至今天在胶州市第四实验小学主持工作，我始终坚持深入教学第一线，每年听课达上百节，听后我坚持评课、导课。在导课中，我总是倾心自己的教学智慧，和老师们一道潜心研究，从教材分析到教学设计，哪怕一字一词一句，一个标点的处理，一个教具的演示，甚至教师的教态，讲课的语调等我都做中肯善意的指点。我先后指导老师出示过校级、市级、省级、国家级课达上千节。在这个潜心研究的过程中，既促进了教师的成长，也实现了自身的人生价值。

总之，这些年来我始终努力做一个思考的行者，植根于实践的沃土中，无论是自我研究，还是接受研究，或者是指导研究，我都是在审视自我的过程中，不断反思自我，完善自我，超越自我。一句话，是潜心研究提升着我，成就着我，幸福着我，美丽着我。

恒心积累，滴水穿石

这些年来，我发表了一些文章，出了些研究成果，有人问我诀窍是什么？我想到了叶澜教授说过的一句话："一个教师写一辈子教案不一定成为名师，如果一个教师进行三年反思就有可能成为名师。"的确，当今教师专业化特点越来越凸显，具有像医生、律师等专业相同的不可替代性，而教师专业化发展的主要途径是教师对教育教学进行持续不断地实验和批判性反思。因此，我常常问自己"今天，我反思了吗？"所以积累反思也成为我工作的重要方式。写教育教学随笔，是我每日必做的功课，如一个学生的进步，一个激励的措施，一个教育的难题，一个教训，一点启发，一点灵感，一个令人激动的场景，我都一一记录下来，这些宝贵的资料信息，都成为我教科研工作中第一手宝贵的资料，再经归纳整理，往往就变成了一篇篇生动鲜活的文章，这就如同一粒粒散落的珠子，用线一穿就变成一串串美丽的项链。

这些年来，我先后参与、主持学校承担的青岛市、山东省、国家级实验课题的研究。像对小学生激励艺术的研究，我精心拟定实验方案，举行开题报告会，记好实验随笔，做好教科研成果的总结推广工作，在此过程中，我不仅了解了激励教育符合的理论根据，实施激励教育的基本原则，还灵活运用了不同操作变量在实践中的应用，积累了大量翔实鲜活的实验资料。2010年，由国家社会文献出版社出版了个人专著《小学生激励艺术》，课题研究成果也荣获了青岛市"十一五"期间优秀课题研究成果一等奖。

如今我在语文教学、班主任工作、学校管理等方面也已逐步形成了一些研究成果。在阅读教学中，为丰富学生阅读，我总结了"以读为本导读法"，此法也荣获了青岛市第二届优秀教学法，其主要做法也在《中国教育报》上做过推介；作文教学，为使学生言之有物，言之有味，我探索了一套行之有效的"四步观察法"；为训练学生达到"自改作文，不待老师改"的理想境地，我摸索总结了"六步自改作文法"；为使学生作文能张扬个性，我创造了"三放""三多"的教学策略；为探究德育工作的新举措，我实验总结了"德育激励三字法"。同时，我先后对《小学生激励教育艺术》《和乐校园构建策略》等省级、国家级课题进行实验研究，并已结题，还出版了个人专著《小学生激励艺术》及《和乐节日》等6册教材。多年来，创造总结的教育教学经验都曾在省、市、全国得到推广交流。先后有30多篇文章在《山东教育》《人民教育》《教育艺术》《中国教育报》《国家语言文字报》等十几种国家正规出版报刊上发表。同时也曾上百次应邀在省内外做过教育教学方面的专题报告并受到好评。

也许是我的笔耕不辍，影响了我的学生也好思乐写。所教学生的文章也不断获奖或发表。有的在青岛市"学雷锋学赖宁双桃杯"征文比赛中夺魁，有的在山东省小学生征文比赛中获一等奖，有的在全国万校小学生作文竞赛中获优胜奖，有的在国际横穿南极征文中也榜上有名……学生文章曾在《青岛日报》《红蕾》《小记者报》《小学语文报》《少年优秀作文选》《小学生作文》《小学生优秀作文》《课堂内外》等几十家报刊发表，作文也曾被辽宁、安徽、青岛等地出版社结集出版。

总之，三十多年来我未曾停止过手中的笔，思考写作的习惯使我的头脑总是处在一种清晰的状态，促使我始终站在一个较高的高度上去看问题，做事情。笔耕不辍，成了我的骄傲，因为它发展了我，成就了我，美丽了我。

爱心育人，春风化雨

当然，我更清楚，一位教师如果单纯追求教育教学的技法，是称不上真正的优秀教师的。"没有爱就没有教育"，"给教育涂上爱的底色"，这些耳熟能详的教育理念时时警醒着自己要用爱去施教。我无时无刻不以此来提醒自己，我把对事业的挚爱，植根于对学生的热爱之中。多年来，每个孩子的喜怒哀乐，每个孩子情绪的细微变化，我都努力做到了如指掌。因为我始终坚守这样一条育人原则：教育学生无小事，把每一件简单的事做好就是不简单，把每一件平凡的事做好就是不平凡。记得有一位学生，有一段时间情绪很低落，发言不积极了，对集体也不关心了，我得知这一情况，很是奇怪，一了解，原来家庭不和给她造成了很大的思想压力，我得知这一情况后，便几次登门拜访，并多次分别找她父母交谈。有一次召开家长会，我又把他们俩双双约到学校，会后进行双方调解。记得那天一直到深夜十一点半，我们才各自返回家中。最后，终于以爱心和诚心挽救了一个孩子的消沉和一个家庭的破裂，一家人又和和睦睦地生活在一起了。那年元旦，学生送给我一张贺卡，是一家人合作的，上面有鲜花盛开，有彩蝶飞舞，有硕果累累……上面写着："徐老师，感谢您，给了我们春天般的温暖；感谢您，给我们家又重新增添了欢声笑语！"有时我想，如果对以上所说的学生漠不关心，袖手旁观的话，他们有可能会一直消沉下去，以至耽误他们的一生！就是这样，为了那份深沉的爱，我不遗余力地用爱心关注着每个孩子的心灵，引导他们向健康的道路上发展。

在我的眼里，没有"后进生"，也没有"差生"，有的只是"潜能生"，"让每棵小草都泛绿，让每朵鲜花都芳香"是教师的本职；"让每个孩子体验成功，让每个家长收获希望"是教师不变的追求；"从最后一名抓起""不放弃一个学生"更是我一贯践行的宗旨。因为在我心中，始终涌动着这样的理念：每个孩子都是我们心中的珍珠，孕育璀璨的明珠，来自我们内敛的激情，来自我们崇高的使命。也正是这样，才会创造一个个教育教学上的奇迹！

正是由于我把无私的爱奉献给了学生，学生也把他们纯真的爱回报给了我。最使我难忘的是孩子们为我庆贺30岁生日的情景。

记得那天中午，春雨绵绵，我像往常一样向教室走去，刚一迈进教室门槛，无数彩屑从天而降，接着伴随着录音机播放的乐曲。教室里全体同学起立齐唱"生日快乐歌"。还没等我回过神来，一束满天星就送入我的怀中。我定了定神，环顾教室，黑板上用英汉两种文字，赫然写着"祝您生日快乐"几个大字！我明白了，孩子们在自发地为我庆贺生日啊！接着孩子们又献上了一台自编自演的文艺节目。有歌曲"真心真意谢谢您"，有赞美老师的朗诵诗"一眨一眨的小星星"，还有相声"童年的歌儿"，小品"一切为了孩子"等等。最后，孩子们还献上了一份特殊的礼物——一本大相册，这本相册与众不同，扉页上题着诗一般的寄语："徐老师，愿您心中永远留着我们的笑容，伴您走过每一个春夏秋冬——爱您的71名学生。"翻开相册，里面一页页摆放着每位学生的照片，每张照片背面写着对老师感激、尊敬、祝福的话语，还写着自己的出生年月日、家庭住址、联系电话及自己的爱好等。看着这一切，我的眼睛湿润了，为爱我的孩子们，为孩子们对我的真挚情意。

事后学生说：老师从2年级一直教到我们6年级，我们无以报答老师对我们的培育之恩，快毕业了，我们想借老师30岁生日之际，给您一个意外的惊喜，事前，我们约定谁也不准走漏半点风声，从集照片、备相册、买鲜花到节目排练，都要秘密进行。如果我们在准备过程中，发现老师来了，立刻佯装在玩耍。听到这一切，我觉得还有什么比这种师生情谊更为珍贵的呢？这是一笔精神财富，一笔不可用世俗的价值尺度来衡量的无价的精神财富！记得一位现已升入大学的学生，曾来信说："徐老师，难忘的小学生活中最难忘的是您！我们多么希望您能从小学一直教到我们大学毕业啊！"这些感人肺腑的言辞，对一个人民教师来说，该是多么崇高的赞美！

全心投入，带好学校

就是这样，一直醉心教育的自己，不仅努力润泽学生、辐射教师，更重要的是激活学校。2004年胶州市实验初中小学部成立，受组织委派我来校做启动工作。作为我市首所国有民办寄宿制小学，担负着教育改革的实验探索任务。当时，教师是从全市范围内招聘的，亟待业务培训；学生是从各个乡镇招来的，基础参差不齐；各项工作从零开始，社会各界也在持观望态度……我作为分管业务的副校长压力非常大，一方面我先后到青岛、上海等地学习寄宿制学校的管理经验，一方面大密度大强度地对教师进行专业培训，有时为了摸索全天候管理学生的经验，我们一班人与学生随吃随住随学，跟踪观察、收集信息、全面应对。事实证明，我和我们的团队应对了新挑战，学生进得来，住得下，学得好。

如今已年过不惑的我，在2010年8月又来到了市直属的第四实验小学主持工作。为了创办一所充满温暖力量的学校，让学生在和而不同，在其乐融融的境界中生存发展，我和我的团队开展了《和乐校园构建策略研究》的市级课题实验，结题后又相继确立为省、国级实验课题，主要从理念、机制、环境、教师、家长、学生、设施等七个大的版块全方位系统地对和乐课程进行创新架构，如今学校走上了一条以"和"为魂，以"乐"为标，以"创"为本，以"七化建设"为依托的发展之路。7年来，我和同事们全神贯注，励精图治，推动着一所名不见经传的村办小学实现了特色名校的华丽蜕变！学校荣获了中国校园媒体建设百佳示范校、山东省规范化学校、青岛市现代化学校等60余项集体荣誉。不断书写着教育的崭新篇章，绽放着别样的和乐校园之花，走上了一条更快更高更强的特色崛起之路。学校办学的成功经验也在《中国教师报》《中国教育报》等宣传报道。

如今漫步在第四实验小学，目光所及无不彰显出以和乐为核心的教育理念。一进校园，醒目的校徽让人印象深刻：一只由"4"字抽象而出的和平鸽展翅飞翔，寓意师生们在此放飞梦想，快乐启航。袖珍式的校园被分为和园、乐园、体园三个区域；五座楼房分别被命名为"和风"楼、"和畅"楼、"和煦"楼、"和韵"楼、"和美"楼；楼内四座大型雕塑栩栩如生让人很容易产生丰富的联想：读书雕塑图、和乐雕塑图、中华文明雕塑图、放飞理想雕塑图；楼内的走廊更是充满了诗情画意的传统文化特色：和乐有序廊、和乐相亲廊、和乐书香廊、和乐健体廊、和乐益智廊、和乐育美廊、荷诗廊、节日廊、和字廊等，穿行其中，就仿佛进入一座充溢着浓郁书香文化的博览园。

如今学校声誉不断提升、教师成绩捷报频传、学生竞赛硕果累累、学校变化日新月异，特别是学校和乐教育成效显著，从校园文化到学生社团，从课堂教学到综合实践，处处洋溢着一种蓬勃向上的力量，一支和乐的教育之歌正在吹响！

这一切均昭示了一个亘古不变的真理——教育因用心而美丽。

总之，今后我会一如既往地倾心于教育，因为在我心里用心是一种态度，也是一种美德；用心是一种能力，更是一种境界。我会不畏浮云遮望眼，努力追寻教育的无限风光。

张 青
ZHANG QING

　　青岛鞍山二路小学高级教师。被评为"山东省特级教师""山东省优秀教师""山东省教学能手""青岛市特级教师""青岛市学科带头人""青岛市优秀班主任""青岛市名师"等，第三批齐鲁名师。在全国"第七届语文课堂阅读教学模式研讨会"、全国"新课程改革与教学策略研讨会"等活动中执教公开课四十余节，曾代表青岛市参加山东省小学语文优质课评选获一等奖。主持承担了中国教育学会"十一五"重点科研项目"语文学习策略"子课题、山东省教育教学研究课题等。撰写的多篇教学论文在《山东教育》《江西教育》《现代教育科学》等刊物上发表。

向青草更青处漫溯

每个人都有自己的长处和短处，当你能扬长避短，找到适合自己的位置时，你就是人才……

你把自己当成学生那样学习，当成学生那样思考，当成学生那样解决问题，心，离学生就越来越近了。

一个聪明的教师在应该做的事情上不能放松标准，但态度却可以以柔克刚，懂得在必要的时候示弱……

有了"一再邀请"这样持之以恒的努力，才有机遇的不期而至。

一个人要走向成功没有捷径，所有的磨砺实际都是促进成长的宝贵财富！

——张青

从名不见经传，到今天逐渐被大家所熟悉，我自思自己实在没有过人之处，多的无非是一点机遇和足够的努力。也有人问过我：身为语文教师，你的优势在哪里——想来想去，觉得答案还真不好说，论读书，谈不上丰厚；论写字，实在不够美观；普通话，也还带着淡淡的青普味……如果一定要找一个理由的话，我想——主要是我喜欢教师这份职业，喜欢语文这个学科，尤其享受和孩子们一起学习语文的过程。因为这份喜欢，平时教学动脑思考就稍微多一点，工作繁杂时倦怠情绪相对就少一些；因为喜欢，就会想方设法地在苦干中学习一些巧干的技巧，让自己的教学手段更有力量和智慧；因为喜欢，就会尽可能地远离浮躁，心平气和地读点书、写写随笔，为课堂上的游刃有余不断积淀储备……

好风送我上青云

1992年，我从青岛师范英语班毕业，分在南宁路小学，担任英语学科的教学。工作之后，有两次工作的调整，这两次调整促就了我的成长。

（一）1996学科调整，教英语？教语文？

我教了两年英语之后，因学校特殊原因改行教语文。原因一是刚工作还有点浪漫情怀，少先队活动词、宣传栏、个人总结之类的写得语言流畅，偶尔还来点诗情画意之类的；再就是课时量不够兼任自然课，期初教研室主任非要听一节，根本不知道怎样讲也没准备，那节课是讲燃烧之类的内容，我就声情并茂地带着孩子朗读了好几遍课本，看看还没下课，又运用高中时学理科的优势，大讲特讲一番书本上没有的知识。课后教研室的主任对校长说："我帮你发现了一个教语文的好苗子！"我不傻，我知道这不是在夸我，是说我根本不会上自然课。领导就一直惦记着这事，而且还大胆地让我改行教语文。

这次改行让我有几点感受：一是凡事旁观者清，青年人多听听领导、同事的合理建议有益无害。二是每个人都有自己的长处和短处，当你能扬长避短，找到适合自己的位置时，你就是人才，借用吕型伟老师的一句话——"人人有才，人无全才。扬长避短，人人成才。"三是很多时候当我们的成长轨迹不经意换个方向时，并没有想象中可怕，路反而会越走越宽。

（二）2001年课改来临，吃老本？做先行者？

2001年课改，我面临着一次新的考验：到底要不要从零开始，做课改实验者？我工作之后连续教五、六年级，教材驾轻就熟、学情了如指掌，对一、二年级实在摸不着头脑。思忖再三，凭着那点挑战精神，我决定试一试。这次选择，让我吃了不少苦，还回炉修炼了一下基本功。

我是高考落榜后上的师范英语班，不是正规师范生，所以低年级教写字——总拿不准笔画笔顺；总教高年级，不知道一年级站队要反复练，否则一解散孩子就找不对地方了……总之一切都焦头烂额。现在看到刚工作的青年教师把班级管理得井然有序，我打心眼里佩服，后生可畏——比我当时强多了！

不怕大家笑话，第一个月教研室主任听我的一年级的课时，我设计的教案有很多精彩的环节，但是课却上不下去，学生根本就坐不住，一点面子都不给我，我也没招，最后干脆对那几个调皮的孩子恶狠狠地说——等着回教室再算账！评课的时候教研员一针见血地指出"你把握教材没问题，现在最大的障碍是眼里只有教案，没有学生！"

后来我就专门在这上面下功夫，逐渐的也就修炼得不仅上课眼里还有学生，时时处处眼里心里都有学生！陶行知先生说"你要想当好先生，先要当好学生；你当好学生了，你就当好先生了。"这句话说得多有道理。你把自己当成学生那样学习，当成学生那样思考，当成学生那样解决问题，心，离学生就越来越近了。

比如最近几年总接六年级，一个班级到了六年级还更换语文老师，十有八九都是班级存在问题。了解到这个班孩子不喜欢语文课，我就每节课先"贿赂"他们一个简短有趣的对联故事、谜语、趣味成语之类的，让他们盼着我去上课；了解到班级的孩子不爱读书，我就每节课给他们朗诵一小段美文，给他们印制《每周一读》，让他们耳濡目染中惦记着我推荐的文章；这个班有很多孩子很多不完成家庭作业，我就降低一下标准布置得再少一点，课堂上提高效率，经常让他们在课堂就能写完家庭作业，养成习惯之后再不断改变策略；班级自律差，上课伊始声音嘈杂，我就借鉴薛法根老师的方法，铃声一落就听写，小施惩戒见大效；班级的孩子脾气倔强有主见，晓之以理作用小，我就动之以情打动他们……

总之在和小学生的相处上，我不会声疾色厉地一味埋怨批评，也不会说一不二唯我独尊，而是想方设法让孩子"欠"着我的情。一个聪明的教师在应该做的事情上不能放松标准，但在态度上却可以以柔克刚，懂得在必要的时候示弱，要让孩子爱上自己，不是怕自己！

特别喜欢陶行知先生在《晓庄三岁敬告同志书》中的一段话——"我们试到一个花园去看一看：万紫千红，各有它的美丽；那构成花园的伟观的成分正是各种花草的大不同处。将这些大不同的花草分别栽种，使它们各得其所，及时发荣滋长，现出一种和谐的气象，令人一进门便感觉到生命的节奏：这便是大同之效。晓庄不是别的，只是一个'人园'，和花园有相类的意义。我们愿意在这里面的人都能各得其所，现出各人本来之美，以构成晓庄之美。如果要找一个人中模范教一切人都学成和他一样，无异于教桃花、榴花拜荷花做模范。我们当教师的实在需要园丁的智慧。"

我想，这种园丁的教育智慧归根到底来源于对学生的爱——你真正的爱你的学生时，教育的智慧就会层出不穷。

课改让我有了大量锻炼的机会，也让我认识到：机遇总是与磨砺同在！凡事也都是先付出后收获，人们常说苦尽甘来，一点都不假。

响鼓还需重锤敲

在这些年参赛、出课的过程中，两次磨课最是刻骨铭心。

（一）北京研讨会——临危受命，通宵未眠

课改初期，我和青岛市其他市区的三位教师一起，被荣幸地选入北京师范大学基础教育课程研究中心组织的"与课改同成长"课题研究组。2003年，我们四位老师和各自的教研员一起，赴北京怀柔地区参加教学现场会。下午见学生的时候，北京的孩子就给了我当头一棒，他们实在是调皮。我们教案中有很多开放和小组合作的环节，如果不调整，真就栽孩子手里了，我做好了连夜调整教案的准备。谁想到这时候主会场另一位青岛的老师执教《早操》一课时出了点状况，我的指导教师——教科研中心的张元主任毫不犹豫地接受了第二天连上两个课时的任务。

我自己静下心来，也觉得没什么大不了的。我是有备而来，虽然执教第一课时，研课时通盘考虑了两个课时的学习任务安排，需要的所有教学准备材料也都带来了。

晚饭后我和张元主任开始备课。两课时，一点钟理完思路，两点钟写完教案，第二天四点我就起来在宾馆院子里来回溜达。北京的3月份春寒料峭，户外非常冷，可我不敢在屋里，头脑有点麻木了。

那天上完两节课，我们又和与会教师互动交流，录说课和当场反思——整整一上午自己唱独角戏。活动结束时，我穿的西服后背全湿了。下午坐地铁去火车站时，精力透支的我居然站着就睡着了。

记得柴可夫斯基曾说过，灵感在你的再三邀请下才会来你家做客，我想，机遇也是这样，有了"一再邀请"这样持之以恒的努力，才有机遇的不期而至。所以说，平时实实在在地做事，关键时刻才有把握机遇的能力。

（二）省优质课比赛——严峻考验，苦尽甘来

2004年，我代表青岛市参加山东省小学语文优质课评比活动。这是四方区语文教师第一次进入省优质课比赛，大家压力都很大。20多天的时间内，我要准备两个年级共四个单元的课，比赛前一天抽签决定参赛课题。

那一个月里，我白天试讲、研究教案，有时一天试两节，第一节讲《古诗二首》送别诗，很伤感，调整情绪，十分钟后第二节讲《寓言二则》，课堂笑声不断；第一节讲《太阳》，很理性，第二节讲《李时珍》，特感性；上完课回教研室再调整教案，教案调整顺利的，下午就再试一遍——好多老师说我那段时间见了人眼睛都直勾勾的，其实脑子里都想教案去了。

每天下班后，我就和计算机教师一起在学校微机室修改课件，九、十点钟再回家斟酌第二天试讲的教案，每天入睡都得凌晨一、两点。那会儿女儿上幼儿园，有一个周老公出差，我只好下班接着她到学校。我忙着改课件，经常不知什么时候孩子趴在电脑桌旁睡着了。现在想想觉得挺不容易的。

最后，我如愿获得一等奖，当时根本没想这对自己今后有什么意义和好处，就觉得对得起大家了。学校领导给了我极大的支持，许多老师帮我设计板画、制作字卡；三位教研员更是毫无保留，倾囊相授，陪着熬夜吃了不少苦；教计算机的老师二十多天里给我做了14个课件，还不算无数遍的修改……

这次比赛让我再次认识到——一个人要走向成功没有捷径，所有的磨砺实际都是促进成长的宝贵财富！尤其是青年教师，你的路要想走得更长更远，就要做好迎接风雨的准备！同样，一个人的成长也离不开领导和同事的支持与帮助，成绩绝不止属于站在台前的自己。

正因为真真切切地感悟到了这些，所以我同样愿意实实在在地发挥自己的优势，为身边的同事们做点什么。外出学习，听的专家讲座课件、公开课

的课件、教案整理发给老师。老师们出课参赛，虽然自己不是领导只是普通教师，全程参加研课磨课。素不相识的老师在AM（教育系统内部通讯）上要我上课用的一段音乐，整个课件打包传给对方，在我看来，借鉴我的东西是对我的认可，我很光荣。区里的青年教师参加市里的优质课比赛，我也是随叫随到，跟着到日照到寿光到黄岛，参与研课到晚上12点。我虽然没有大本事，但能想出一个亮点、发现一个问题也算是发挥了作用。借用《士兵突击》里许三多的一句话——归根到底做的都是有意义的事。既然有意义那就得好好干！

快马还得加一鞭

小有名气之后，荣誉接踵而来，培训也纷沓而至，我反而愈发诚惶诚恐。因为我深知自己底蕴的不足，更深知自己与名师的差距。我开始逼自己疏离浮躁，每天朝大师靠近一点点，"不待扬鞭自奋蹄"！

（一）逼自己读书

"一位教师如果不善于学习，不充实自己，一切都将成为无源之水、无本之木，不要说创新超越了，可能连最起码的底气都没有。"我给自己下达一定的硬指标，规定每天必须读书，挤出时间，静下心来，沉下心去。于是无论多忙，无论多累，无论走得多远，都不忘随手翻书，潜心会文，让书香溢满心田，让书香释放情感，让书香驱逐疲惫，让书香提升境界，让书香滋生教育教学的底气与灵气。果然，随着阅读渐入佳境，自己的教学开始重新闪耀睿智的光彩……

（二）逼自己实践

课堂是教师提升教学艺术的试验田，我坚守一线，无论是青岛市小学语文教学策略课题的研究，还是区"生本智慧课堂"的实践，我都先行先试，率先垂范，通过自身开研究课、试验课，到兄弟学校借班上课、评课、讨论、交流、开设讲座等形式和活动，不断发现、矫正教学中存在的问题，在课堂实践中磨炼本领，求得真经，锤炼风格。

（三）逼自己反思

"一位教师写一辈子教案不可能成为名师，但一位教师写三年教学反思就有可能成为名师。"为了使自己再快一点成长，我加大教育随笔的撰写，读书所得、课堂生成、教育机制、挫折苦闷……这些像稍纵即逝的教育火花，我会及时捕捉记录。坚持数年，还真从中悟出点教育教学规律，自成风格并不遥远。

名师的成长没有捷径，唯有深深扎根于教育实践的沃土，一步一步从平凡走向不凡，从普通走向卓越。

这是2006年感动中国人物评选时，给季羡林先生的一段颁奖词"……心有良知璞玉，笔下道德文章。一介布衣，言有物，行有格，贫贱不移，宠辱不惊……"我特别喜欢这段话，身为普通教师，自知永远达不到季老的高度，但并不妨碍内心的追求。

虽不能至，然心向往之！

为谁辛苦为谁甜

这几年，我在专业上不断成长，并且成了区名师工作室的主持人，先后带了三批研修教师，我深感肩负的重任。工作室创立之初，我就常常在想：怎样把资源用好？怎样把队伍带好？怎样把事情做好？怎样让这些来自各校的教坛生力军在名师指点下，在团队聚力下，扎扎实实地再学一学，再悟一悟，再进一步，直至向着教学能手的方向，向着学科带头人的方向，乃至向着名师的方向不断前进……

考虑到我自己的优势在课堂，研修教师最希望得到改善的也是课堂教学，所以，工作室成立之初，我就定位以"课例研究"为抓手，通过深入课堂磨课、观课、评课、议课等，把积极的教学实践与深入的理论研究结合起来。

（一）共性问题，专题研究

首先，我和学员一起梳理出当下语文教学的热点问题，以及他们在教学中的困惑点和发展点，整体规划各阶段的研修主题和每次的活动目标。我以课例打磨为依托，深入不同的学校、不同的年级，与研修教师一起讲问题、讲原因、讲规律、讲方法……力求"一课一得"，由研究一节课的"星星之火"，逐渐形成研究语文教学规律的"燎原之势"，实实在在提高了教学能力。

期间，我也多次执教示范课和开设讲座。我把自己所具有的优势，不断变成研修教师成长的宝贵资源。在这一过程中，我也更坚定了教育信念，反思自身发展，和大家互促进、同提升。

（二）个性差异，按需指导

工作室的研修教师各有所长，发展需求也各不相同。在工作中，我尽可能给予差别化指导，借助AM、微信、电话等通信工具，随时和老师入教学设计之场，入问题研究之场，悟学科教学改进之道，悟教师专业成长之道。例如，有的老师课堂实施能力略有欠缺，我就跟踪听课，专门指导她怎样利用生成资源和即时评价；有的老师在教学中积累了不少小妙招，我就帮助她理清思路，梳理成稿……2016年区优质课评选时，工作室四位教师入围决赛，大家分身乏术，无法聚在一起研究。我们改变研修方式，依托信息技术开展网络研讨，推敲细节、调整思路直至深夜，最终老师们取得了三个一等奖的优异成绩。

联盟学校的教师执教公开课，虽然她们不是工作室成员，我亦全力以赴，听课磨课不走过场，辐射带动不打折扣。

仅近三年，我和工作室教师先后在青岛重庆路第二小学、青岛重庆路第三小学、青岛鞍山路小学、青岛博文小学、青岛上清路小学、青岛北山二路小学等兄弟学校举行观评课近三十节，不断发现、矫正问题，帮助教师在课堂教学上下功夫。

如今，工作室的研修教师已逐渐成长为市北小学语文教学的中坚力量。近三年教师成长，我们用数字说话：

袁敏、李凌之等6位教师被评为市北区教学能手；陈文文、徐辉等6位教师获市北区优质课评选一等奖；杜君等2位教师获市优质课评选二等奖；宋宁等2位教师执教市级名师开放课；刘文等4位教师获青岛市"一师一优课"；刘瑞雪等4位教师执教区级公开课；李明媛等9位教师申报的区级"草根课题"结题或立项；杨君等8位教师在市、区教研活动中进行经验交流；团队中的6位新教师全部执教了区级研究课；我本人也入选山东省第三批齐鲁名师培养建设工程。

　　"没有一支火把会永不熄灭，除非你将火种延续下去；没有一个人的名誉能永久地被传颂，除非将你的名誉用来造就他人。"我仅以此话自勉。在教育教学的追寻之路上，我不忘初心，不遗余力，抱定宗旨，砥砺德行，向着教育家的梦想不断奔跑！

张淑英
ZHANG SHU YING

原胶州市实验小学副校长，现为胶州市小学语文教研员，小学语文教师。曾荣获山东省特级教师、全国百佳语文教师、全国中小学教师培训专家、全国优秀名师工作室主持人、山东省2013年度教育创新人物提名奖、青岛市拔尖人才、青岛市特级教师、青岛市教学能手、首批青岛名师、青岛市名师工作室主持人、青岛市学生最喜欢的老师、首届胶州市名师工作室主持人、胶州名师、齐鲁名师等荣誉称号。先后到北京、内蒙古、湖北、贵州、四川、湖南、河南、山西等地做教师专业成长、教师和儿童阅读、班主任、小学语文教学教师培训多场。在《中国教育学刊》等期刊发表论文60余篇，出示公开课多节。2011年至今，作为省课程团队专家指导教师研修。

做丰富而安静的教育行者

珍惜身边的孩子，他们是我们最大的财富。

教师的内心书房中，需同时安放着儿童阅读的宇宙和教师博读的宇宙，才能在彼此交融中实现灵魂的转化与创生。

——张淑英

著名学者、哲人周国平说："人生最好的境界是丰富的安静。安静，是因为摆脱了外界虚名浮利的诱惑。丰富，是因为拥有了内在精神世界的宝藏。"2020年，是我工作的第22个年头，曾经年少爱追梦，一心只想往前飞，而今的我，以一个更好的姿态出现了，循着对"文化"的理解——有根植于内心的修养、无须提醒的自觉、自我约束的自由、为他人着想的善良，用一颗炽热的心、一双勤奋的手、两条忙碌的腿、一份自由的心情，做一位丰富而安静的教育行者。

师爱，完善自我的教育道场

诗人说，童年是梦里的真。小学教师，是守护童年梦想与纯真的人。幸运的是，我的小学老师都是充满爱与智慧的老师，所以我从小就梦想着化身成美丽的教师，领着一群"小鸟"飞来飞去……初中毕业，我以优异的成绩考入了胶州师范学校。师范三年，我苦练教学基本功，扎实学习教育教学知识，积极为我的"教师梦"做储备。1998年，我带着"优秀毕业生"的称号踏入了胶州市第二实验小学。看着孩子们欢呼雀跃，我不禁心旌荡漾——不做普通的教书匠，要做一名受学生爱戴、专业拔尖的优秀教师！

开学第一周，学校安排我担任三年级三班的语文老师兼班主任。这个班语文底子薄、纪律差，这样的重担交给没什么经验的我，我的压力很大。但是我打心眼里热爱这份职业，而且我知道，爱是教育永恒的主题，于是便用作家冰心的话暗暗给自己打气："只要心中有爱，整个世界就会充满阳光。"路是走出来的，相信自己，一定行！

于是，清晨，我早早地来到教室，手把手带领孩子们值日。课堂上，关注每个孩子的眼神，认真倾听他们的发言，尤其是口语表达有困难的孩子，更会无比耐心地等他把话说完。课间，细心纠正他们不良的行为习惯。班中有孩子呕吐了，我亲自为他打扫，擦洗。有孩子请了假，下班后带上课本去给孩子补课。节假日，放弃休息时间，对后进生进行家访。学校广播操比赛，我没有疾言厉色，而是以身示范，一举一动，像孩子般投入。班级管理，我充分发扬民主，班级小干部轮流当，还设置了许多特色官衔，"讲桌官""黑板官""水桶官""钥匙官"，别看官衔不大，责任可不小，真正体现了人人有事干，事事有人管，强化了孩子们热爱集体的主人翁意识。谁犯小错误，就被罚给大家唱歌，犯了大错就自己寻找机会为班级做三件好事，孩子们吸取教训的同时又取得了进步。

忘不了工作第一年便取得两个第一：全校班级管理积分第一，级部语文成绩第一。忘不了为了丰富自己的课堂语言，2001年我听遍了全校包括语、数、英、音、体、美、综合科在内的54位老师的179节课，8本厚厚的听课笔记上密密麻麻的字迹记录着我学习、思考的痕迹。那一年，我搬着凳子穿梭各个教室听课的形象被一位细心的老师用相机捕捉了下来，因而获得了"2001感动胶州校园人物"的殊荣。2006年7月，怀孕8个月的我顶着炎炎烈日到济南参加考试，取得了山东省普通话测试员资格证……

教语文、做班主任的19个春秋，我共教过10个班级、611个孩子，在教育的百花园里，播种下一个个"爱"的故事……

　　2007年夏天，我班转来一名叫晓梅的女孩。二年级时父亲因车祸离去，使原本活泼的她变得自卑、孤僻。看到躲闪在妈妈身后的孩子，我下决心一定要帮助她走出阴影。心结要靠心来解。从那时起，我生命中便有了两个"孩子"，一个一岁，一个八岁。清晨，我在校门口早早地等候晓梅；课下，我拉起她的小手，和学生们一道做游戏；放学，我专门绕远路陪她一起走，常常耽误回家喂孩子。假日，我总不忘腾出一天的时间陪晓梅。国庆节那天，我把儿子交给爱人，自己带晓梅一起去公园划船、野餐……相机记录了我们一张张母子般的合影。傍晚，当我回到家时，意外地发现屋里空空的。一打电话才知道，儿子中午就因急性肠套叠被送进了医院，家人怕我担心没告诉我。当我失魂落魄地赶到病房时，儿子一眼就看见了我："妈妈！"那一刻，心痛、愧疚一齐涌上我的心头，抚摸着儿子蜡黄的小脸，我泪流满面……如今，晓梅已经成为东北师范大学的大二学生，常常收到她满满的"心意"："张老师，我是多么幸福，您就是我的妈妈！祝妈妈一生平安！"

　　美国伟大的绘本作家谢尔·希尔弗斯坦诗中写道——"它们，看起来灰蒙蒙，总得有人去擦亮星星。因为那些八哥、海鸥和老鹰都抱怨星星又旧又生锈，想要个新的，我们没有。所以，还是带上水桶和抹布，总得有人去擦亮星星。"这"擦星星"的过程，折射出教育之难，难在"育人"和"正己"的转化生成。一旦超越了这个螺旋式提升的转化过程，也就诠释了教育的进步，即叶圣陶先生所说的"教育愈进步，便由健全的人培养更健全的人"。我是一个用"爱"的方式行走的老师，每个孩子都是我的孩子，面对每一个需要我的孩子，做他们的妈妈，是我的本能，也是我最真实的选择。

　　2013年，我接手了一年级新班，每天为家长发送一两条200字左右的信息，详细叙述当天上课的内容、班级的趣事等，信息内容用小四号宋体字打印在A4纸上，三年中共计1153页。每条信息都充满了新意和温情，如"冬天到了，为孩子们每人准备了一片落叶，上面贴了奖励的红红小花朵。为什么会送树叶呢？上午听课回来，看到学校门前的白杨树落了一地的叶子。俗话说，'一叶知秋'，而这是冬的讯息。看到那么多的落叶，想到班级中的所有孩子其实就像叶子一样，没有两片是完全一样的。尊重个性，像尊重大自然一样自然。放学路上，孩子们满脸笑容，手擎一片叶子，幸福来得居然这么容易……这就是孩子。好好珍惜身边的孩子，他们是我们最大的财富。

无怨无悔地、毫无缘由地培育好他们，一起加油！"一个学期我策划了"绘本天天读""写名字大赛""班级书法小报""我爱诵唐诗""记名字，认同学大赛""说说我最爱过的节口语比赛""我的指甲最干净""课外阅读大比拼""送你一片落叶""识字大赛""古诗书写比赛""美文朗诵比赛""天天新闻早知道"13项活动，孩子们的生活过得快乐且充实。

2016年，我又接手了一个新班，学习成绩、生活习惯等各方面都不理想，我便成立了一个语文学习微信群，每天把学生们上课的情况录制成3～5段小视频，拍摄一些精彩的瞬间发到群里，与家长一起分享我的教育思想，让他们了解我的教学风格，感受孩子们慢慢被点燃起来的学习热情。同时，交流教育心得，让家长适时了解孩子的优缺点，出现问题及时纠正。为了提升家长们的教育素养，我与他们共读《发现母亲》《好妈妈胜过好老师》等书籍，把家长会开成了读书沙龙，深受家长们欢迎。他们用行动支持我的工作，先后集体购买了《朗读者》《你要么出众，要么出局》《你远比想象中强大》等书籍，与孩子同步成长。有的家长撰写了随笔发表在报刊上：张老师说过，培养有幸福感、有文化的孩子，是她最大的幸福。她在教育战线上呕心沥血，舍小家，顾大家，几乎把全部的精力都放在了四年级二班的孩子们身上。每天送孩子上学，总能看到张老师早早站在学校门口迎接孩子们。张老师外出培训学习，孩子们几天不见就回家念叨，怎么张老师还不回来呀！思念之情就像孩子想念妈妈那样强烈……

因为将教育变成了完善自己修养的"道场"，把每一次面向他人的教育变成了朝向自我的教育，所以班级中的每个孩子都是照亮我教育行为的镜子，便于我将自我更新、提升、生长的体验和经验分享给孩子们。我身体力行，带一届届孩子参加"蒲公英""星火"等公益组织，捐助过多个家境困难、身体有残障的孩子和家庭，使他们重新建立起生活的信心，找回生活的尊严，也因此赢得了家长们的信赖和敬重。2010年10月，所教班级的家长们集体在中国教育电视台征集的"我眼中的名师"栏目中提供了我的事迹。中国教育电视台制作了15分钟《妈妈一样的爱》专题片。节目中给出了这样的评价："当一位老师的教育，真正走进了学生的心灵，真正是用人格、智慧、创造的元素组成，这样的教育，就意味着成功。这样的老师，就可以称之为大师。"

而今，我经常收到来自各地的学生们问候的信息、电子邮件，有年轻的企业家、公安干警、救死扶伤的白衣天使、银行职员等，也有三十一位已经和我站到了同一条战线上，成为敬业、奉献的中小学教师。有相当一部分孩子，在师范院校的最后一年回到了我身边，跟我实习怎样当一名受学生和家长欢迎的老师。2014年，青岛大学师范学院的学生吴艳考录为新教师，入职时在信息中这样写道："张老师，因为您的教育，让我的梦想与教育紧紧相连。我愿意像您一样，用'爱'的方式为孩子们传递'爱'的正能量，让他们也像我一样，成为勇敢的'追梦人'！"

我先后带出了多个青岛市、胶州市优秀班集体，被评为"青岛市学生最喜欢的老师""胶州市师德标兵""胶州市三八红旗手""胶州市巾帼建功示范标兵"。2016年12月，《青岛日报》"弘扬社会主义核心价值观·每周人物聚焦"进行了《"老师妈妈"张淑英》的专题报道。胶州电视台播出《胶州先锋》《最美胶州人》做专题片。

勤勉，用专业赢得教师尊严

面对课改，要做一个优秀教师不易，除了迎头而上别无选择。想使自己在专业上更快、更好地成长起来，须时刻保持一种积极向上的心态，踏踏实实地躬下身来勤奋学习，否则什么"创新""超越"根本无从谈起。

刚工作那年，教案是手写的，对照参考书一课课抄写，浪费了好多时间，完全没有自己的思考参与，可想而知实用价值会有多大。不久，上校内的一次研究课，我执教《海底世界》一课，名师的教案，配以生动形象的多媒体课件，可下课后主任说了一句话："借鉴别人固然重要，可你深入钻研过教材吗？你真正关注过学生学得怎样吗？"她的话让我无地自容。

一语惊醒梦中人。正是那次"打击"，让我开始重新审视自己的课堂，认识到学习在备课、上课中的重要性。备课首要的就是钻研教材。钻研每一节家常课，我都当成公开课对待。每一篇新课文，总是朗读上十几遍，凡是拿不准的字词，一一查字词典，没有半点含糊，直到读得生动形象，读出让自己怦然心动的感觉。为了提高朗读水平，我买来中央电视台、广播电台播音员的磁带、CD，反复地听，一句句地模仿。朗读《艾滋病小斗士》，学生听了潸然泪下；朗读《小稻秧脱险记》，学生听了手舞足蹈；朗读《九寨沟》，学生如临其境。

在此基础上，再细细品读课文，读到字里行间，细心琢磨作者锤炼文字的匠心，并深入研读全国著名特级教师孙绍振的《如是解读作品》、闫学的《文本解读》等专业书籍，学习名师钻研教材的智慧。如《燕子》一课，"燕子飞倦了，落在远处的几痕电线上"，为什么不用"根"而用"痕"？一个"痕"字包含着多少意趣！《秋天的怀念》一课，精彩的导课吸引着学生一路披文入情，整堂课情意浓浓，"好好活儿"四个字深深印在学生的心上。《大作家的小老师》一课，为了能准确把握萧伯纳的人物特点，我把学校图书室与本课有关的十几本刊物借来研究，上网搜集萧伯纳的生平、奇闻轶事、名师的教学见解，共计一百四十多页细细品味，设计出了辨析味道浓厚的教案。

钱理群教授说："在一般情况下，学数学的人缺少文学的修养，显不出他有什么缺欠。反过来，一般学语文的人不懂自然科学，好像也没有什么缺欠。但是，到一定高度的时候，就会显出高低了。"工作三年以后，当在上课、评课、写论文遭遇瓶颈期时，我选择了用阅读来弥补自己的短板，并且对阅读进行了分类：必需品，为工作而读；营养品，为成长而读；奢侈品，为爱好而读。品读着一篇篇给人无限启迪和激情的好文章，循着大师清晰的背影，不仅感受到穿越时空的气息，更感悟到太多文化传承的智慧和人性的光芒。我将阅读视为指引教学的恒光，一路收获无数教育教学的妙招法宝，促使我且读且思——今日教育，我须怎样不断地更新更生？我要怎样当老师？我要给学生一个什么样的人生？

叶圣陶先生在《书·读书》一文中提出："读书顶要紧的事情，是把书中的经验化为自身的经验。随时能够'化'，那才是做到'开卷有益'的极致。""化"，是一个极富内涵的教育词汇，就阅读而言，我觉得至少包含教师对自身宇宙的阅读、发现、重建、共享，也就是说教师的内心书房中，需同时安放着儿童阅读的宇宙和教师博读的宇宙，才能在彼此交融中实现灵魂的转化与创生。

我一直坚信，信念具有无比强大的力量，想读就有时间，于是生活中出现了这样"挤"时间阅读的一个个细节：机场过了安检，我读了1个多小时《愿人生从容》；在嘈杂的火车站，《胡适谈读书》从凌晨1点读到3点；从胶州到北京4个半小时动车，读了《欧亨利短篇小说集》全书的三分之二；监考中间休息20分钟，读了《用耳朵阅读》的2篇；外出学习必在飞机场、火车站书店浏览半小时，买《环球人物周刊》《南方人物周刊》。每天午休前，读30分钟人物传记；休产假的5个月里，细读了《四世同堂》《边城》《基度山伯爵》《张学良传》和几本专业书籍，在国家级刊物上发表了4篇教育教学论文，一时在学校传为佳话。对我而言，"爱没有别的愿望，只要成全自己，溶化了自己"。

夜深人静的时候，我常常想，人生太可贵，怎么学习都不为过。阅读就好比往自己智慧的银行里储蓄，实践之时，提取出来，花掉的只是利息，厚实的却是自己。当信息速读，当新闻速朽，我庆幸自己依然有属于自己的书卷情怀、暗香盈袖，依然有与人物神交，与心灵对话的自由，依然有指尖的质感与幸福。时间把所有的一切带走，而读书把时间带走。阅读，让我获得了更高的生命质量，让思想在时间的洪流中变得厚重和深沉，培养起了我弥足珍贵的自由与独立精神！

随着教育教学的思考实践，逐渐形成了我的教育观：过幸福、完整的教育生活，做幸福、有尊严的教师，培养幸福、有文化的孩子。我深信，阅读是儿童成长的"黄金软实力"，而我"化"的教育方式，就是从2009年开始，用自己的读书热情感染和影响身边的孩子，做一名幸福的儿童阅读推广人，与孩子走近大师，品读经典，点亮一盏盏让人长大、使人优秀的灯。

2010年，有幸得到小语界"泰斗"——全国著名特级教师于永正大师的阅读教学指导，并被于老师正式收为弟子。2013年下半年，我成为63个一年级孩子的启蒙老师。面对一群心灵纯净、充满着极强求知欲的孩子，我比任何时候都更加热情饱满，激情四射，并深度探究什么是最好的教育，用怎样的营养"喂养"他们才会成长得更健康、阳光、向上，人生的底子才会充盈着趣味、情致与修养。于是，我们师生共同行走的方式就成了"共读经典"。非常赞同周作人先生关于"儿童教育"的精警论述："我想儿童教育，是应当依了他内外两面的生活的需要，适如其分地供给他，使他生活满足丰富。"正因明了儿童阅读的意义，首先在于丰富当下的生活，因此，我作为负有审视、照料、管理、引导和纠正责任的教育者，遵照"儿童的""优秀的""有一定阅读坡度"的选书原则，下足了功夫遴选、确定"阶梯阅读书单"，阅读大量如《阅读儿童文学》《世界童话史》等专业理论书籍，参考"亲近母语""中国儿童阅读提升计划"等课题组的成熟做法，广泛听取老师们的建议，初步构建起了适合各年龄段儿童阅读的学校课外阅读书目体系。

我最看重"师生共读"这条推进儿童阅读最有效的路径。利用好飞信、微信、QQ三种便捷的沟通工具，使推进儿童阅读变成了63个家庭、63个孩子、至少126位家长共同的持久教育规划和头等大事。教室是最能够使学生静心阅读的理想场所。早晨20分钟，师生诵读唐诗、国学经典《三字经》《弟子规》《朱子家训》；语文课兼容成课外阅读课，两年半时间，我们班的孩子集体熟练背诵了150首唐诗，精读了5本课外阅读读本、借阅了学校图书馆至少300本如《爱丽丝漫游仙境》《勇敢者的游戏》《神鱼驮屈原》等中外儿童文学、绘本佳作；开设了三套"新鲜阅读"课程：一年级"天天新闻早知道"、二年级"历史上的今天"、三年级"一日一名言"《朱子家训》《增广贤文》《中华经典诗文》。你读，我也读，大家都读是一种氛围，孩子们就像进入了一个具有强吸引力的磁场，每个人都感觉阅读才是当下最应该做、最自然的事。班级中的讲台是孩子们最乐于展示、最喜欢竞争的舞台，自己带书上台讲、小组合作表演童话剧……连原本学习力最弱的孩子，也敢上去发表阅读感言，呈现出欣欣向荣的生态。

师生共读，让我和孩子们拥有了共同的生活密码，我的每一堂课，都有无数鲜活的阅读故事在支撑着，课堂上的我们有了可以彼此对接的"底色"，也提升了我的课堂品位和精神气象。家长们口耳相传的是"张淑英带出来的孩子爱读书"，这是我特别引以为傲的一张名片。5年中出示30余节县级以上课外阅读导读、交流公开课、示范课，十多篇教学实录及评析发表。出示青岛市阅读"整本书"指导策略公开课，青岛市教科院小学语文教研员崔志钢老师对不拘一格的开放式课堂和我的学生优秀的语文素养给予了高度评价。

从2012年春天开始，我尝试着与学生一起写苏教版小学语文三年级下册、四年级上册、四年级下册的每一篇习作，一年多时间写了22篇下水文，有19篇在教学杂志、学生作文指导刊物发表。这样一来，明显地感觉到我这经常"下水"的"水鸭"教师在学生心目中的形象和地位，比起从前那些只会动嘴、不肯"下水"的"旱鸭"教师，形象高大和重要多了！因为写过，所以深知每一篇作文的甘苦，指导起学生来就更能切中要害，有的放矢。学生爱听我的作文，爱与我比赛写作文，更爱与我一同展示作文。我的"下水文"与学生一样，都是每周三下午大约一节半的时间完成，属于限时"鲜奶型"作品，学生在放学之前会人手一份拿到作文，当天晚上带回家与家长一同欣赏品评。学生分享的，有教师的作文构思、清晰表达、遣词造句等等，整个过程不在于传授习作本领，而在于唤醒、激励和鼓舞学生习作的热情和对未来成长的期待。学生300多篇作文获奖，百余名学生的作文在报刊发表。

工作十九年中，我参与学校"三环节阅读教学模式"课题研究，全面提升学生的语文素养。《中国教育报》、青岛大学师范学院、青岛市教科院、胶州电视台先后走进我的课堂观摩研讨；青岛教研室召开阅读教学现场会推广了研究成果。参与编写的《小学语文"三环节"阅读教学法》已出版，我在书中提供多个教学课例。创新作文教学——"两课两练四环节习作训练模式"，使全校作文教学步入省时高效的坦途。全国教育科学"十二五"规划教育部重点课题经验会上，我进行了典型经验介绍。教育部举办的作文大赛中，辅导的7名学生获国家级奖励，学校荣获山东省唯一的全国"优秀组织奖"。2011-2017年，作为山东省中小学教师远程研修课程团队专家，指导多地市小学语文教师课程研修，以研发的教学案例为广大教师提供课程研修的示范样本，带动教师专业发展。

行成于思。我敏锐地捕捉教育教学中有价值的信息，教后记，外出学习记，学期结束记，假期休息也记，锤炼了思想，强健了精神，也营养了自己，在《中国教育学刊》《山东教育》等期刊发表论文60余篇。先后到北京、内蒙古、湖北、贵州、四川、湖南、河南、山西等地做教师专业成长、教师和儿童阅读、班主任、小学语文教学、家庭教育培训80余场。2010年，31岁的我被评为山东省特级教师，2016年入选"齐鲁名师建设工程人选"，真真实实地圆了我的职业梦想！

引领，成就最大的人生价值

作为2015年胶州市首届胶州市名师工作室主持人、2017年青岛市小学语文名师工作室主持人，我带领着青岛各市区、胶州城乡多所不同学校的教师开展课题研究。工作室遵循名师成长规律，按照理论与实践相结合、自主与交流相结合、学习与应用相结合的原则，以"教师阅读提升素养的研究""小学班级读书会的构建模式"的课题研究为轴，以教学研究为经，以打造个性教学特色为纬，采用"阅读，垫起智慧高度；磨课，铸造教学精度；沙龙，开掘研究深度；展示，激发成长亮度；共享，拓展资源广度"五项工作策略，以主持人个体的专业成长带动团队及所在区域的共同进步，打造集教育教学、课题研究、教师培训等职能于一体的学习、合作、实践和发展共同体的名师工作室，使工作室在课程建设、教师阅读、儿童阅读推广等领域，研发出具有一定影响力的成果。

胶州市第六实验小学的杨雪老师说道："我们一直被张老师对语文教育的执着所感动，她高尚的教育情怀、深入的学科思考、清晰的专业主张、倾囊相授的胸襟都传递给了我们，我们唯有像她一样用心做教育！"

在胶州市成立四大教研片区时，我先后挑起东片、西片小学语文教研组长的重担，引领8所局属小学、7个乡镇所属小学进行城乡教研深层交流，每学期到农村送课、讲座培训十几节。到李哥庄第二小学执教《走近大师，品读经典》阅读导读课后，链接起了农村孩子与大师的缘分，班里36个孩子主动集体购买《汪曾祺散文集》阅读。

仅2017年，进行志愿服务8次：胶州市级4次，青岛市级1次，山东省定贫困村3次，贵州送教讲座1次，发挥了辐射引领作用。2016年因成绩突出，被评为"全国优秀名师工作室主持人"。

修合无人见，存心有天知。教育不是做给别人看的，带着"每天成长一点"的愿望，我努力让自己保持着充沛的精力和不竭的奋进动力。我清醒地认识到，成长是教师一生追求的一门大学问。成长有快有慢，该慢时不能操之过急，现在正是需要静心沉淀，多些思考的时候。我会持续努力提升自己的学习品质，修炼丰富而安静的成长境界，活出诗意、豁达而优雅的生命状态！

朱宏瑜
ZHU HONG YU

　　青岛四方实验小学英语教师，青岛市优秀教研组组长，青岛市青年文明号号长，市北区名师工作室主持人。从教24年来，获得了山东省特级教师、齐鲁名师、山东省教学能手、青岛市名师、青岛市学科带头人、青岛市优秀教师、青岛市骨干教师、青岛市青年教师优秀专业人才等荣誉称号。

且思且行，走在专业发展的道路上

人有的时候，多一种选择，可能就会多了一种发展的机会。所以我坚信，逆境中更能磨炼优秀的教师。

对学生具体而细微的爱、对教学的严谨与创新、对工作时刻的警醒与反思，都不断提升着我的职业境界，它让我始终能以饱满的激情打败潜伏的倦怠……

孩子在不断地成长，他们的需求也在发生着变化，如果不及时地反思和思考解决不断出现问题的办法，教育就会停滞不前，

教师的发展是一个长期的过程，需要知识学养的长期积淀，需要教学经验的长期积累，需要教育思想的长期凝练。

——朱宏瑜

作为一名非常普通的小学一线教师，我每天都在做着最平常的事情，持续地反思与记录着，在反思时记录，在记录中再次反思，不断探究适合自己个性、能力和知识范围的好课堂，也不断地积累知识、积累能力、积累人生阅历……本文记录了我从教20年来的教学与工作片段，串起了这一路走来的生活印迹，酸甜苦辣，也见证了自身的成长。现在，对我而言，美好的课堂已不再遥不可及，只要足够努力地去追寻，它就在触手可及的前方。有人说，"教师是蜡烛，燃烧了自己，照亮了别人"，但此时此刻的我更想把自己比作白炽灯，照亮了别人，也温暖了自己！

一、做个坚守的教师

完成从学生到教师的角色转变，要有充分的心理准备，敢于担当、勤于思考、勇于创新，用实际行动践行自己的成长。

面对第一批学生——怀疑与担忧

1993年9月1日，我满怀激情地站在洛阳路第二小学一年级（2）班教室的讲台前，迎接我的第一批学生。上课铃响了，但依然有不少家长迟迟不肯离开校园，从窗口不断地往教室里张望，还不时听到他们在低声交谈："好像是个刚分配的老师，这么年轻就带一年级，不知道能不能行？……"失望、疑惑之情溢于言表。说实在的，上学时的我就不是一个能在人前坦然自若、表现自如的人，如今又有这么多家长"围观"，真让我心中多了些许的忐忑。压力，从讲台生涯的第一秒就向我袭来。虽然自己还在实习阶段，但是一年的师范学习成绩门门优秀，父母也都是小学教师，耳濡目染，这些也应该让我此时此刻有足够的信心站稳在讲台上，去胜任教师这份神圣的工作。

尽管在师范学校学过教育教学理论，也早就听妈妈说过班主任身上的担子有多重，对工作的困难有所预期，但真正从一年级带一个属于自己的班级，所遇到的困难还真不少。刚开学几天是入学教育，我和颜悦色、轻言细语反复告诉学生该怎样站、怎样做、怎样举手发言、怎样握笔、怎样注意写字姿势，每个课间也都是亲力亲为地跟着学生站队、活动，可是总有几个学生不注意听讲，不注意活动纪律，总是什么也做不到位。时间久了，就开始朝着学生"凶"了，每天紧绷着脸跟学生说话，说话的嗓门也越来越大，一天下来，心情很糟，嗓子也开始越来越嘶哑了。一年级的孩子可真难调教啊。每天三、四节课，还有诸多的常规工作，让我一回到家里话都不想再多说一句，就只有一个念头，睡觉！

有一天课间，我上完厕所刚刚回到办公室想喝口水准备下节课，就有同事告诉我有一个学生掉进了学校校园的假山喷水池里。水池很浅，不会有什么生命危险，但当时天气已经转凉，孩子浑身都湿透了，冻得瑟瑟发抖，看到这样的情景，我又惊又气，慌乱之中竟无从下手，这时候体育老师和一位老教师上来帮着我脱掉孩子的外衣，然后给孩子裹上大衣，迅速抱着孩子跑到锅炉房让孩子取暖，我这才反应过来跑到校长室，给家长打电话让他们赶快给孩子送衣服过来。本来以为家长来了以后会很生气，哪怕是甩个脸色，我也应该承受，没想到孩子家长除了安慰我就是责怪孩子太调皮，这让刚刚当了不到三个月的新班主任的我感激之情无以表达。谢谢您，家长，谢谢您保护了我的自尊心和作为老师您给予我的应有的尊重，我不会让您和所有的家长失望的！

慢慢地，我学会了观察，学会了反思和总结，身边还有很多的老教师不时地帮助我，让我渐渐明白和孩子们的交往，不仅仅是师道尊严，还应该像妈妈、像大姐姐一样地呵护他们，将心比心，我告诫自己：要学会控制，他们只不过是些刚刚离开妈妈保护的孩子。于是，在我想发火时，总是先让自己冷静一下，想想这样做有用吗，会不会连累其他的孩子，怎样做更有效？让自己的反应滞后一些，反而学生的感应会提前一些，当他们发现自己做错了，知道老师在看着自己时，马上就能调整好状态，我的"火花"也就在此时此刻熄灭了。

几个月下来，孩子们的学习常规已进入正轨，即使我不在身边也能做得很好，课间不需时时跟班，任课老师经常表扬我们班上课纪律好、有礼貌、讲卫生，那一刻，心里就像抹了蜜一样甜，比领导表扬还让我受用。

在教学的第三个年头，我由一位数学、语文双肩挑的年轻班主任老师改行从事了英语教学工作，在那段日子里，我身边的每一个人，都对我的成长给予了很大的帮助和支持，包括我的领导、同事、父母、学生和家长。其实，现在回过头来想想，人有的时候，多一种选择，可能就会多了一种发展的机会。所以我坚信，逆境中更能磨炼优秀的教师。

职业转型——从"头"开始

新学期的第一节英语课讲的是"Hello, how are you? I'm..."课前我根据自己以往的教学经验进行了详细的备课，甚至把我要说的每一句话都写了下来，结果在我的课仅仅上了一半的时候，青岛市教科所的于立平老师就直接把我叫下了讲台，她——让我现场学习应该怎样上好一节英语课。很惭愧，这是我听到的第一节英语课，虽然自己也从事过语文教学，但对于一年级的孩子来说，学习第二语言更应该是在交际中学会交际，兴趣、活动是根本。

所谓近水楼台，青岛市教科所就安家于我们学校的四楼上，有了第一节课的教训，于立平老师就经常出现在我的课堂上，有的时候是不打招呼、不请自来。要认真备好每一节课，是当时领导和老师对我的要求，所承受的压力也是不言而喻的。于老师给予我的耐心指导让我渐渐找回了自信，我像一块干燥的海绵时时处处吸收着水分，平时备课、上课、听课、评课都丝毫不敢懈怠，不敢慵懒。我很幸运，学校里有一流的英语教师师资队伍，有良好的教学传统和校园文化，学校的师徒结对活动解决了我的燃眉之急。刘青老师在当时已经是一位有着丰富教学经验的青年教师，在英语教学上也有了一定的社会影响力。同英语组的孙蔚老师也给了我很多的信心和勇气，我们三个互相帮助、团结一致，这让我迅速地适应了角色转变，调整好状态，全身心应对每天的教学工作。

备课当然极费时间，但若想追寻高效的课堂教学，备课显而易见是最重要的开端。我翻阅课标、研读教材，把上课的每一句话都写下来仔细推敲、反复朗读，生怕有不合适的语法错误，生怕有蹩脚的英语发音。慢慢地，我由被动接受到主动邀请，请于老师和刘青老师到我的课堂，听我的课，恳请她们多多提出宝贵意见。同时我也请求去听刘青老师的课，认真记录，用心体会，反复琢磨，并内化、吸收，应用于自己的课堂。我的努力和诚心打动了于老师，她给我提出了很多很好的意见，非常感激于立平老师和刘青老师对我的帮助，让我平安度过职业转型的适应期。

"你必须要用尽全力，才能在别人看来毫不费力。"正是在这种高压下，我才会在近二十年的教学生涯中不敢懈怠，总是密切关注着教学研究的最新动态，养成了凡事认真专注的习惯，我真的感谢转型时期工作带给我的磨砺。

二、做个心中有爱的教师

苏霍姆林斯基曾经有一个很精彩的比喻："教师就像对待荷叶上的露珠一样，小心翼翼地保护学生的心灵。晶莹透亮的露珠是美丽可爱的，却是十分脆弱的，一不小心，露珠滚落，就会破碎，不复存在，学生的稚嫩的心灵就如同露珠，需要加倍爱护，这种呵护就是爱。"教育无他，唯爱与榜样。

那个微笑，那些思念——感受教育的暖意

那是刚上班的第一年，我们班门口出现了一位高位截瘫的小女孩——小雨（化名），孩子们都眼神怪异地望着这位被妈妈背进来的新同学，而小雨乖巧的眼神怯怯地注视着我，此刻的我，内心涌动着责任感，我坚定地告诉家长，请他们放心，我会尽自己的努力关心和帮助这个对生活和未来充满着憧憬的可爱的小姑娘。

作为班主任，我首先要帮助学生尽快熟悉学校环境，迎接刚刚开始的小学生活。小雨，绝不能把她一个人孤零零地留在教室里，背着她，给她做双腿和双脚自然就成为我工作的一部分，这种亲密无间的肢体接触和温柔细致的呵护让小雨和我之间很快熟悉起来，渐渐地，笑容开始在她的脸上绽放。

不久我就发现，自卑的小雨下课后总是默默地坐在座位上，不愿意和同学们交流。我就安排班里活泼善良的孩子轮流陪伴她。有了朋友的小雨，脸上的笑容也越来越多，听到她银铃般的笑声，我的心暖暖的。

还有一次因为一节公开课，上课的地点安排在实验楼的四楼，小雨悄悄地告诉我她可以自己留在教室里，但从她的眼神中我分明看到了渴望。我笑着告诉她，没关系，我年轻，有的是力气，但那一次也真的让我体会到了什么是腰酸背疼腿抽筋。小雨的爷爷因为小雨的关系学会了推拿，第二天早上非要给我亲自按摩不可，我知道他是想用自己力所能及的方式表达对我的感激，为了表示对爷爷的尊重，我接受了他的谢意，那时的我，内心涌动着一种被信任的快乐和使命感。

我对小雨的特殊关爱也渐渐融化了其他孩子的心。嫌弃她的孩子少了，主动帮助她的孩子多了。班级里只要有活动，孩子们首先考虑到小雨的需要，大家只有一个愿望，让小雨永远成为这个大家庭中最幸福快乐的一员。集体合影中，小雨也总是坐在前排的中间位置，和我紧紧依偎。几年来我一直扶持着她慢慢前行，看着她渐渐成长，真心付出了我的爱心与智慧，也分享着她的喜悦和自信。小雨让我品尝到了初为人师的快乐，感悟到了一个教师的爱心、细心和耐心对一个孩子的健康成长，尤其是心灵的健康成长会产生奇迹般的力量。我从内心里收获着职业幸福感，从更高层次上体会到了自

我价值的实现。

在日复一日的备课、上课、辅导和科研工作中，对学生具体而细微的爱、对教学的严谨与创新、对工作时刻的警醒与反思，都不断提升着我的职业境界，它让我始终能以饱满的激情打败潜伏的倦怠，在每一次备课中积淀新的素材，在每一堂课上鼓起新思想的风帆，在每一个和学生交流的场合传递给他们鼓励和信任的力量。正是这种爱的渗透才使得教育超越单纯的知识传授，而成为一种塑造灵魂、塑造生命的实践。

教师最大的成就是什么？是学生，是看到自己的学生成长进步。工作这么多年，送走了一届又一届的学生，每每收到学生的信件和贺卡，接到学生的电话，看到他们逢年过节发给我的短信或是偶尔有时间在QQ中的留言，内心都充满了感动和感谢，感动于他们对于我的感谢和感恩，感谢于他们曾经与我走过了无数个平凡的日日夜夜，我们有过欢笑，也有过眼泪。

往事并不如烟，我和学生以及他们的父母交流的场景历历在目，转眼他们都已长大成人……

"爱"让我学会与学生一起成长

有个阶段的我认为和学生相处久了已经彼此熟悉，也想当然地认为只要用心教学、无私付出就是学生心目中最好的老师。虽然学生的学习成绩和英语水平一直是我值得骄傲和引以为豪的，但有些学生私底下对我的评价却让我感到震惊，甚至还有点心寒，要知道，这些孩子曾经最喜欢上的就是英语课。我的这帮学生，帮助我重新审视他们，也重新审视了我自己。孩子在不断地成长，他们的需求也在发生着变化，如果不及时地反思和思考解决不断出现问题的办法，教育就会停滞不前，在不知不觉中也会影响师生之间的感情、交流和理解。我教了五年的学生，已经不再是那些什么都不懂，把老师当作神一样崇拜着的小毛头了，他们会对老师另眼相看，会提出自己的观点，甚至还有了一些苛刻。醉后方知酒味浓，为师方知为师难。但作为教师的我们要知道，每一个学生都是一朵小花，一棵小树，需要用爱心去呵护，需要用童心去理解，我相信学生一旦体会到这种爱和尊重，就会"亲其师、信其道"。

雅斯贝尔斯说，"教育意味着一棵树摇动另一棵树，一朵云推动另一朵云，一个灵魂唤醒另一个灵魂。"因此在德行修养的道路上，在爱的征程中，我必须义无反顾。

每天走进课堂，我会高兴地和孩子们打招呼，向他们露出亲切的笑脸，投去友善的目光，我也会毫不吝啬的赞扬他们，Wonderful！I'm proud of you！I'm really happy to hear that！摸着他们的头说，A lovely girl！How clever you are！和他们击掌Give me five！跟他们拥抱；课间，我愿意和他们待在一起谈天说地，讨论"奇闻轶事"，融入他们的世界；随时随地地谈心交流如春风化雨，悄悄地走进他们心里；有时我也会和他们围在一起，做有趣的游戏；我还会用照片记录学习生活，点点滴滴，陪伴他们的成长。真正的修养，不仅是宏观的道德，更有那些细节的温度！蹲下来，理解孩子，共同体验着精神成长的丰盈与收获，因为我不仅仅是一名英语学科教师，更应该成为一名"人师"！

现在的"90后"学生真的是"一人一世界"，学生身上鲜明的个性也给教育带来了巨大的挑战。教师的"我认为"时代已经过去，师生之间应该是一种平等、尊重的关系，教师要谨言慎行，教学要时刻不放松。我们英语教师，一般都是从一年级到六年级的大循环教学，好处是自己一手带起来的学生，知根知底，有利于学习习惯的养成，有助于扎实基础的形成，但是这么大的时间跨度，加之儿童生长发育很快，低、中、高年级的儿童心理状况及其接受能力都有着很大的不同，如果教师执教风格的变化没有跟上学生的发展，势必会给孩子造成"无趣、枯燥"的感受。这次经历，让我更加认清了自己，对"胸中有书，目中有人"这八个字有了更深层次的理解。我感谢我的学生，也感谢我自己，因为我和学生之间一直是"亦师亦友"的关系，才能让学生心无芥蒂地对我袒露心声。

三、做个有特色的教师

教师可以不是名师，但不能没有个性没有特色，努力让自己成为一个有特色的教师，或许是广大普通教师最切实可行的成长之路。我们每个人都有各自的优势，各有所长，这值得我们花一点时间来想一想，看看什么事情是你的擅长。

我从事过双语教学，这正好发扬了我的优势——数学专长，让我开始了自己的特色教学，用英语故事讲数学。我有两方面的经验和实践优势，应该说成长得比其他老师更快些。在这个阶段，虽然有了新的突破和创新，但因受教学环境和纯专业技能方面的制约，在实际教学中可操作性不高。之后，在领导和专家的引领和帮助下，我初步确定了"小学英语故事教学"，故事教学也是一种情境教学，抑或是交往教学，它能以生动活泼的教学形式，吸引学生参与其中，并乐在其中，使兴趣的培养与发展从形式化走向内涵。

让每一位学生都拥有舒展的心灵

今天学习故事《The fox and the grapes》，在讨论完Sour grapes这种酸葡萄心理之后，我让学生又展开了进一步的交流，"If you are the fox，what will you do？"正所谓让学生"把自己的心摆进去"，谈谈自己的所悟所得。于是，孩子们有了自己的想法，如I can throw the stones./I can jump higher./ I can shake the tree...当有一位孩子说，"I can make the friend with the bird."我感觉这个想法特别有思想，就顺势而为，进一步追问了学生："If you want to make the friend with the bird，what will you say？"学生情感的闸门被打开，思想的火炬被点燃，表达得非常精彩，如，"Mr. Bird，you are very beautiful！ I like you very much." "You can fly，but I can't. Can you help me？ Thank you very much！" "Mr. Bird，would you like to make the friend with me？ You are so lovely！" "Mr. Bird，I can't eat those grapes. I'm very sad. Can you help me？"……

英语是一门应用语言，学生通过它可以了解英国的文化，特别是故事中所蕴含的文化差异及所要表现的人文性。在这样的课堂上，教师的引导作用何在？教师主要的作用就是营造一种平等和谐的对话氛围，让每一位学生都拥有舒展的心灵、思考的大脑，然后让感情融会感情，让思想碰撞思想。当然，教师的感情和思想也要参与到学生的感情和思想之中。

创最合适的情境，教生活化的语言

今天我们学习《Ming》这篇对话，教材本身只呈现了两组简单的对话：What can Ming hear？Ming can hear... Can Ming hear... Yes，he can./No，he can't. 教学中我为学生创设了一个饱含丰富意义的故事情境，把书面文字活化为形象、动态、可感的事物，赋予语言生命力，通过引导学生"读图"挖掘故事中所蕴含的情感、态度、价值观等等。

Ming想睡觉，但随着窗外噪音的不断侵扰，Ming由难过、伤心变得愤怒、生气，但当Ming把窗子关上，拉上窗帘，室内变得安静的时候，Ming变得高兴、快乐。教学中我巧妙运用简笔画和粘贴图片等方式为学生创造了一种情境的变化，由吵闹的环境到安静的氛围，由伤心、愤怒到高兴的情绪变化，引导学生从简单的单词、句型到语篇的过渡训练，提高学生的综合语言运用能力，同时也能够吸引学生走进故事、走进生活、走进自己的内心情感世界，进而感受语言的色彩，知识的魅力。

在设计故事情境时，要特别注意在故事情节或人物语言、情感等方面进行适当地发挥，以激发学生的想象力和推理能力，而英语语境的创设与文化、生活的交融能使课堂气氛更加真实和融洽，学生的语言实践活动更加鲜活，也更具个性。

教育是对生命情怀倾诉与关注的过程，是知识的构建与生成的过程，是师生为了未来而共同奋斗的过程。为此我从不敢有丝毫的懈怠，因为我要对得起那些渴望知识的眼睛，那些对我如此信任的心灵。几年来，我将知识、能力和情感融合在一起，打造独具特色的英语课堂，形成鲜明的教学风格和教学文化，不管是"小学英语故事教学法"还是"小学英语主题式情境教学的实践和研究"，以及现在的"小学英语绘本阅读教学研究"，都能让学生在趣味中学习语言，在情境中启发思维，在活动中合作分享，在交流中自主创新，在体验中涵养文化，课堂因我而精彩！

四、做个会思考的教师

法国哲学家帕斯卡尔说："人只不过是一根苇草，是自然界最脆弱的东西，但他是一根有思想的苇草。"成功永远属于善于思考、用心思考的人。走进自己的课堂思考，如何能让小学英语教学回归教育本源，如何能让师生的生命体验在课堂中得到丰盈，如何能让自己的生命价值在从教中得到彰显，我想，我们应该追问英语教学的价值取向，应该着眼英语课程的本质定位，应该造就不可复制的课堂与个性。

真的可以吗？

关于学生的课前预习，最初我也是以导学案为载体，让学生按照导学案的路线图自学，自己寻找解决问题的方法、步骤并填写答案的状态。但慢慢地，我发现导学案只是一种临时性的辅助，绝不是教学中的必备。而且我认为导学案还带有教师的个人主观意志，只不过这种"师控"是隐性的，时间长了，也会使学生产生依赖感，而且这种过度依赖还有可能阻碍学生一系列能力的提升，例如自主能力、质疑能力、联想能力、探索能力、创新能力、独立思考和自我突破的能力等等。

那么这是不是又和我们改革的初衷相违背，所以，我想拥有导学案也是取消导学案的基础，导学案充其量是学生学习过程的指路标，是我们教师进行教学改革中间性的、过渡性的产物，但是不应该长期存在。

从本学期开始，我不再给学生任何的导读提示，只是给出自学步骤，即由学生按照目标的提示，教材的理解在书中用铅笔的不同符号，比如圈示，直线，波浪等完成学习目标，然后再回顾自学收获，写出不明白或感兴趣的话题。这样的"裸学"，能让学生很快地抓住重难点，不受教师所给问题的束缚，从自己的认知起点开始，更能自主地多角度地思考问题和生成问题，甚至还学会了关注细节。

真的可以做得更好！

后来，我又尝试着采用课前的"三彩笔"预习方法。

（1）红色：学生在学习新课文前，根据教师提前下发的重难点，用红笔在书中划出重点词句。

（2）蓝色：蓝笔划出学生自己通过自学解决掉或者能当little teacher讲授的单词或句子。

（3）黑色：铅笔划出预习后没有解决掉的知识，上课学会后，即可用橡皮擦去。

（4）提问题：针对新课文提出两个问题，一个假问题，即答案在课文中有明显呈现的问题；一个真问题，即课文中没有明确答案的问题。要求学生将问题写在书上，表述不出来的问题，学生可根据教师教授的画图方法来解决。

当学生打开书时，会很清楚地发现所学的内容、早已掌握的内容和需要掌握的内容。三种不同颜色的记号，显示出了预习时不同层次学生的重难点，学生们带着各自的问题有针对性地听课，大大提高了自主学习的效率。以文本为依托，通过圈圈查查画画，显现了学生由自主发现问题到解决问题的整个学习过程，对自主复习也起到了帮助作用。

"三彩预习"操作简单方便，减轻了内容较多的预习卡的作业负担，学生能自主接受。

备战山东省教学能手时，我用了近万字记录了当时的过程，有泪水、有欢笑，更有感动和感激。这种齐心合力、众志成城的感觉没尝试过的人很难明白它会有多么美妙，很多人热爱工作也许就是因为这个原因。来自QQ和AM的问候和督促让我时时刻刻感到自己责任的重大，明确自己应该做什么，需要做什么：学习、实践、反思、再学习、再实践、再反思……

用心感悟每一个日子——德州之行

第五天：10月26日

终于要上课了，德州的孩子们，我来了。

……

铃声再次响起，我准时下课，台下响起了掌声，我鞠躬表示感谢。有一位老师快速走上讲台，真诚地对我说了两遍，"老师，你讲得太好了。"

这一刻我顿悟，所有的"不可能"，不过是自己为自己的懒惰和怯懦找的借口，我从来不知道压力大到一定程度时居然可以把人的潜力激发到哪种地步。事实上无数次我都面临崩溃的边缘，只是，忍不住的时候，再忍一下，坚持的确是世界上最伟大的品质。

走下讲台，紧张地看着徐主任，"很好"带着会心一笑，让我如释重负，我想几个月来的"煎熬"在这一刻终于有了最深刻的认识。

反思自己的"煎熬"，我感觉到了自己的胆怯：虽然过去经历过全国、省、市、区的很多课，反响也不错，但那时是"初生牛犊"，人们总是用爱护和欣赏的眼光看自己，而自己也总是能站在改革的前沿，积极进取；如今作为青岛市名师工程的人选，又要代表青岛市参评省教学能手，人们会用什么标准来衡量自己？会用什么眼光来挑剔？近几年一直坚持学习，但因为很少再出公开课，平日里上课对自己的要求和改变是否已经降低，对新理念的贯彻是否能够彻底？两个月来自己把很多精力投入到了山东省远程研修，认真地学习，认真地为其他老师点评作业，认真地帮助老师们，认真得真是有点过了头，居然习惯了在岸上讲解游泳要领，疏于自己下水畅游，除了真的是想尽自己能力帮助别人，其实还有逃避，逃避省能手评选给自己带来的压力。

反思自己的"煎熬"，我切身感受到了新课改对教师的挑战：从某种意义上来说，课改不仅仅变革教学内容和方法，而且也改变着人，改变着教师的角色，改变着学生的生活……这次经历，让我累并感悟着，开始了新的一轮行动，我想我会不断前行的！

一位优秀的教师，不是看他拥有了多少知识，而是要看他是否具有能够运用知识不断学习与创造新知识的能力。硬汉海明威说过，"比别人优秀并无任何高贵之处，真正的高贵在于超越从前的自我。"

五、做个有积淀的教师

机会总是给有准备的人准备的，有一首歌唱得好，没有人可以随随便便成功。

时刻准备着——善待工作中的苦与累

2001年，双语实验教学在青岛市搞得有声有色，作为实验学校之一的四方实验小学迎接着一个又一个全国、省、市教育代表团的参观和学习，随之而来的公开课和比赛课的任务给我带来了巨大的压力，用"食不知味，夜不能寐"来形容虽然有点夸张，但的确是反映出了自己的生活状态，有时睡着了都会在梦境中被不安和焦虑惊醒，不是没有备好课，就是明明写好的教案突然找不到了，真是典型的"公开课综合证"。

我教过数学，而且比较擅长教数学，用英语教数学应该说是发挥了自己的优势，凸显了自己的教学特色。但毕竟数学的专业术语较强，平时我们在生活中接触和应用得较少，因此每一次备课都需要费时费力地查资料、查字典，一遍遍求证准确的数学专用词汇，同时还要考虑孩子的语言水平和接受能力选择最简单的表达方式，然后就是一次次地备课、修改、试讲、反思、改进，尽己所能地让每一次课都能让学生有所收获，让听课老师有所启发，更让自己有所思所悟。承担起各种公开课、比赛课意味着不仅要充分展示最优秀的自己，还要代表学校、代表地区的教学水平，这就要比别人多付出几倍的艰辛和努力，在这些"拼死拼活"的工作中，我不仅仅为团队赢得了荣誉，更多的是为自己获得了一个又一个发展的平台。因此，我非常珍惜每次公开课的准备过程，感恩公开课前大家对我的帮助。每次承担公开课的任务，都会有专家、领导和教师来指导，大家都会善意地提出很多意见，有时甚至是完全相反的意见，我对帮助我的人内心充满感激，这对于我自身来说，不仅仅是炼狱般的煎熬，更能激发潜力，挑战潜能，使我在付出艰辛劳动的同时，收获更多，能力也不断地得以提升。

"台上三分钟，台下十年功。"我们要用"积累"的心态理解"奉献"，用积极的心态对待"多劳"，因为"劳者"必定"多能"。只有不断积累自己的人生经历，只有做好最充分的准备，才能及时抓住我们身边不期而遇的机遇。其实只要认真去做，让过程当中的每一件事情都有做好的意识，才会有最丰厚的回报等待我们。

不断丰富的实践智慧——阔步向前

2000年，我们学校走上了教学改革的最前沿，启动了"品牌创建"的发动会，以此为平台和契机，我把当时自己在'数英'课堂上总结出的教学模式进行了提炼和完善，形成了初步的品牌构想，先后撰写了品牌申报书，品牌创建计划书和品牌阐述报告书这三书，并顺利通过了学校的评选。在创建品牌的过程中，我不断融入一些个性化的内容，譬如课堂纪实、课后反思、案例分析、课件脚本设计、板书设计以及培训学习后整理的一些文献资料和作业等，还有一些发言材料稍加整理和加工就是不错的论文，既可以参加省、市论文评选，还可以作为宝贵的档案资料，可谓一举多得。回过头来看看，档案形成的过程也是一个教师自我发展的过程，只要我们肯做有心人，平日里树立一种档案意识，到了形成档案的时候，只需要精心构思一个好的目录设计，把平日积累的照片、文字资料分门别类稍加规整，就是一本很有价值的教学档案，也就一次比一次得心应手，并且有很多材料和资源可以根据版块的不同重复运用，省时也见效。现在想想，如果当初不以档案的形式把这些宝贵的材料整理出来，很可能这些积淀就会随着时间的流逝而消失殆尽，不会使自己的教学留下这么多精彩的瞬间，可能也就不会一步一个台阶取得现在的教学成绩，收获这么多的教学成果。这一路走来，让我真真切切领悟到了"累是真累，快乐也是真快乐。"

谁也说不清楚你今天所做的事情与你今后的发展有什么必然的联系，因为过程本身就是一种财富。知易行难恒更难，我所说的这些都是平日教学工作的一种积淀，到适当的时候得以升华的结果，智在提炼和总结，贵在坚持和发扬。

当然，一名优秀教师不仅需要默默耕耘来实现自我价值，更需要在与同行的合作与探究中锤炼打磨。作为市北区名师工作室管理者，我积极协助教研员开展工作，许多青年教师在我的指导和帮助下迅速成长为业务骨干，为教育的均衡发展贡献着自己的力量，同时也让我享受着在集体中合作与分享的乐趣。

每当学期总结时，我也会让这些青年教师用随笔的方式记录一下自己的收获和感悟，为新学期的工作奠定基础、确立目标，而这些温暖的建议与评价，也成为我不断前行的动力！

教师是学生的第一环境。教师不断追求精神成长，"第一环境"的质量就高，反之就低。教师精神发展的停止就意味着不能给孩子提供好的生长环境。教师怎么跟孩子说话，怎样帮助他，决定性地影响着学生未来怎么面对这个世界。教师的自我成长是做好教育的关键。

六、做个幸福的教师

我不是一个天资聪颖的人，却能一路走到今天，收获了丰厚的成绩；我不是一个善于表达自我的人，却能面对学生，挥洒自如；我不是一个勇于挑战困难的人，却能面对挫折与失败，敢于承担和及时反思……因为我是一个幸运的人，所以我也一直对在各个方面给予我帮助的领导、专家和老师心存感激，他们无怨无悔、尽己所能地帮助我、栽培我，让我在专业成长的道路上越走越快，让我发自内心地感到："我"很满足，"我"很重要，"我"很幸福。

课堂雪韵

2008年2月24日，开学第一天的第一节课，正好是我的英语课，空中开始漫天飞舞起雪花。虽属北方，但与这样的大雪邂逅，也实属难得。看着窗外飘舞的雪花，即使是成年人的我，也依然抑制不住内心的兴奋。我尚且如此，孩子该是怎样兴奋难耐呢？

此刻孩子们的眼睛齐刷刷地落在我的身上，好像在等待着我说点什么，我看到了他们的期盼。我愿意在时间有限的英语课堂上，留下一个小小的空间把这样美妙的雪花送给孩子们，这就是生活，学习也是生活！

T：What's the weather like today?

Ss：It's snowy.

It's snowing.

It's a little cold.

T：I like snow. How about you? What can you do?

Ss：Me，too.

I like it very much. It's so beautiful.

I can make a snowman.

I can throw the snowball.

……

T：What a lovely day！ Let's enjoy the snow together. Let's go!
　　OK？

Ss：OK！ Yeah！

雪愈发大起来，奔跑在雪中，与那些飞舞的小精灵们亲密接触，任雪花钻入我们的头发、脖颈，冰凉冰凉，可是心却是热的。堆雪人，打雪仗，简单的游戏可以让孩子们尽情欢笑，我为自己这样一个小小的决定带给他们的快乐而感到幸福！

朱永新先生这样说："享受着教育幸福，你就多了一股创造的激情。你会把每一堂课精彩地演绎，你会把每一句话精心地锻造，你会把校园变成追求卓越的教育梦工厂……你会惊奇地发现：幸福从此熙熙攘攘。"

是的，幸福在此刻熙熙攘攘！

第二天，我让学生谈感受，围绕"snow"展开讨论，我看到了每一位学生的小手高高举起，这就是体验，学生有了亲身经历，语言就会变得更加生动和丰富。

下午放学遇到了一位学生的家长，她告诉我说："孩子真的很快乐，就是因为英语课搬到了操场上，让孩子尽情享受了这场雪。一个小小的细节体现了Miss Zhu对学生的关爱和理解，这样的老师哪个孩子会不喜欢？"

教师的发展是一个长期的过程，需要知识学养的长期积淀，需要教学经验的长期积累，需要教育思想的长期凝练。只有充满教育理想，拥有主动发展欲望的教师才能感受其中的快乐与幸福，幸福是来自我们教师自身的内心体验。也可以这样认为，教师的幸福，应该是一种信仰。

苏霍姆林斯基说过"我建议每一位教师都写教育日记。教育日记并不是什么对它提出某些格式要求的官方文献，而是一种个人的随笔记录，在日常工作中就可以进行记录。这些记录是思考和创造的源泉。那种连续记了10年、20年甚至30年的教师日记，是一笔巨大的财富。每一位勤于思考的教师，都有自己的体系、自己的教育学修养。"与教育日记同行，用心去感悟自己的每一个日子，用心去感恩每一次与人相遇，用笔去记录自己的心路历程，用思想不断完善自身的成长……

郑立平
ZHENG LI PING

　　原北京师范大学青岛附属学校教师，全国知名特级教师、知名班主任，教育部国培计划专家、北京师范大学特级教师培训项目专家、关工委青少年发展中心专家、中国教育服务中心专家等。曾获齐鲁名师、全国十佳班主任、山东省首届十佳班主任、山东省首届十大科研名师、全国教育改革创新优秀教师、全国数学奥赛优秀辅导员等众多荣誉称号。已出版《把班级还给学生》《教师必须掌握的教育惩戒艺术》《做一个聪明的班主任》《优秀教师成长之道》等个人著作18部。创办全国（民间）班主任成长研究会，带领全国各地近千名优秀教师一起追寻和创造教育幸福；同时，兼任安徽灵璧心语实验学校、河南信阳淮滨实验学校、山东潍坊昌乐新城中学名誉校长。

像教育家一样工作和生活

　　"教育家"不应该只是一个标签或称号，而应该是一个成长的方向和过程。

　　一个教师如果没有苦过、累过、郁闷过、纠结过、孤独过、委屈过、挣扎过，甚至绝望过、崩溃过，他就不会咂摸出幸福的真滋味。

　　世间非常之景观，常在险远处；心里宏伟之境界，常于孤寂中。

　　"巧干"绝不是投机取巧，而是为了追求更好的教育教学效益的不断改进和完善，是打破思维定式主动地创新求变，是在困难面前的机智化解和智慧超越。

　　主动思考教育问题，并能从平常小事中获得很多感悟，在惯式中寻找突破，在寻常中发现"神奇"，在探索中形成洞见，这才是教育家真正的情怀。

——郑立平

前言

　　教育，就是帮助孩子找到他自己，成为他自己，做最好的自己。而教师生命的意义和价值就在这个相伴成长的过程中，逐渐得到显现，得到升华。

　　不管有没有人欣赏，我们都要开出自己的花，是教育者应有的心态；

做学生的榜样，是最好的教育方法，也是教育者最好的修养；在发展学生的同时，也不断完善和提升自己，是教育者打造幸福人生的必然之路，师生相伴成长才是教育最美的风景。我们应该在教育和引领学生成长和成功的同时，不断提升自己的事业境界和人生品位，并从中体验到人生的快乐和生命的价值。

对于一个平凡的一线教师来说，用这样夸张的一个题目，可能会让很多领导、老师嘲笑。但是，我个人一直以为："教育家"不应该只是遥不可及的星星，而应该是一个个脚踏实地的执着身影；"教育家"不应该只是一个标签或称号，而应该是一个成长的方向和过程；"教育家"不应该是一个僵化的评价标准，而应该活在每一个教育者心中，活在苦辣酸甜交织相融的教育日常生活之中。虽不能至，但心向往之。

我想，每一个有梦想、有追求的教师都应该有这样的梦。追梦的路上，就必然需要我们不断对自我进行审视和反思。回首自己这20多年的成长，或许真的可以给许多年轻教师一点点思考和借鉴。

第一，我特别能吃苦。我是一个地地道道的农民的孩子，一开始也被分配到最偏僻的农村中学。参教27年，25年担任班主任，即使在担任学校中层的10多年里，也一直兼任；在教数学的同时，兼任过除英语之外的几乎所有学科，都全力以赴，取得了较好成绩；和学生一起搬砖推土建校，与同事一起种树养草绿化等等，我承担过从最基层的一线教师事务，到学校的多个管理岗位。我长期在寄宿学校工作，曾经承担过每周近30节课的工作量，曾经连续五六年的正月初五就被安排到校给学生补课，一般情况每天五多点就起床到校陪伴学生，直到晚上10点多才能回家休息。我发表的上百万文字，出版的18本书，几乎都是在夜深人静时完成。在我眼里，教育不是一项工作，它就是我的生活。我想：什么样的生活里也不会只有轻松和欢乐。一个教师如果没有苦过、累过、郁闷过、纠结过、孤独过、委屈过、挣扎过，甚至绝望过、崩溃过，他就不会咂摸出幸福的真滋味。一个人，只有读懂了苦难和伤痛，才可能幸福和成熟。

第二，我特别能坚持。大约是先天性格的关系，我从小就特别执拗；尤其是一些自己认定的事情，大有一种不达目的不罢休的拼劲。只要是我喜欢且能做的事情，我总会想尽各种办法和措施去尝试，去经营，去完善。如果不能把玩出点自己的味道来，我会牵肠挂肚，浑身难受。比如读书，几乎是每个教师上学时的好习惯。而工作之后，面对繁杂的事务，绝大多数人往往纠缠陷于紧张的忙碌之中，读书的教师很少，而真正在坚持用心读书的教师更是少之又少。而我却一直坚持。买书、读书、讲书、写书是我的四大爱好，3000多册藏书是我的巨大财富。世俗中的人们太在意感官的直接刺激，所以往往忽略了内心的宁静与丰盈。世间非常之景观，常在险远处；心里宏伟之境界，常于孤寂中。

为了能多些时间静心读书和思考，对同学好友的聚会邀约我大都百般推辞和逃避，自甘于品味这份幸运的寂寞与孤独，陶醉在自己的幸福园地里与心灵共舞。我知道，现在有些老师排斥读书，可我一直以为：人因读书而高贵，人因思想而伟大；教书的不爱读书，教学的不爱学习，是教育的悲哀，更是导致教师倦怠和平庸的罪魁！

世间之事，因难而废者十之一，因堕而废者十之九。没有比人更高的山，没有比脚更长的路。据说，曾有这样两个小和尚。他们分别住在相邻两座山上的庙里，这两座山之间有一条河，两个和尚每天都会在同一时间下山去挑水，久而久之便成了朋友。不知不觉五年过去了，突然有一天左边这座山的和尚没有下山挑水，右边那座山的和尚心想：他大概睡过头了，就没太在意。哪知第二天，左边那座山的和尚还是没有下山挑水。一个星期过去了，右边那座山的和尚心想：我的朋友可能生病了，我要过去看望他，看看能帮上什么忙。等他看到老友后，大吃一惊，因为他的老友正在庙前打太极拳呢，一点儿也不像一个星期没喝水的样子。他好奇地问：你已经一个星期没下山挑水了，难道你可以不用喝水吗？朋友听后，微微一笑，带他走到庙的后院，指着一口井说：这五年来，我每天都会在做完功课后抽空挖这口井，即使有时很忙，能挖多少算多少。如今，终于让我挖出了水，我就不必再下山挑水，可以有更多的时间练我喜欢的太极拳了。

确实，平庸与优秀的差别，常常就在于是否能拒绝诱惑。能够摒弃喧闹、自寻沉静，充分利用平常的零星时间，坚持发展自己的人，看起来好像有些孤僻或另类，其实这才是大智若愚。因为，珍惜时间，就抓住了生命的根本。我相信：你若盛开，清风自来。在坚持中，我越来越镇静、淡定，在坚持中我越来越忍耐、宽容，在坚持中我越来越自信、丰盈，在坚持中我也越来越知道一个教师应该做些什么、应该往哪里走、应该怎样打造自己的教育人生。

第三，我特别爱创新。我相信，真正优秀的教师都是非常勤奋的。但如果仅仅只是苦干，一般也做不出很好的业绩。在我们的工作和生活中，如果既能"苦干"，又能"巧干"，则一定会不断地收获惊喜。我已经在讲台上"苦做"了27年，但我也是一个非常善于"巧做"的人。当然，这里的"巧"，绝不是投机取巧，而是为了追求更好的教育教学效益的不断改进和完善，是在坚守常规之中的打破思维定式主动地创新求变，是在困难面前的机智化解和智慧超越。

苏霍姆林斯基告诫我们："如果你想成为学生爱戴的教师，那你就要努力做到使你的学生不断地在你身上有新发现，你要像惧怕火焰一样惧怕精神的僵化！"无论是学科教学、班级管理，还是学校管理，每遇到一个问题，或是承担一项任务，我都会积极探索，大胆创新，总爱寻找新的思路和措施，总爱采用新的手段和方法，努力去寻求新的效果和新的体验。比如，为了改革数学课堂，我收集并通读了人教版、北师版、沪教版、苏教版等六套初中数学教材，尝试采用"超前渗透式教学方法""习惯先导式教学策略""阅读法转化后进生""诗意作业"等等教学策略，都取得了非常好的效果；为了促进学生身心健康发展，我先后探索尝试过"两套班委，双轨运行""模糊评价，团队管理""弹性惩戒，契约管理""文化引领，自主管理"等多种有效方法，我在班级中推行的"每个人都是品牌""给班干部颁发聘书""组建手拉手家庭""家校合作委员会"等许多措施，被全国各地很多青年教师借鉴和推广。即使借鉴别人的一些东西，我也绝对不会照搬照抄，而是灵活地化用，在形式和内容上打上我的烙印。我始终以为，真正的奉献绝不是像老黄牛一样只是一味地低着头拉磨，真正的课改也绝不是把几十分钟的课堂可笑地割来割去，而是让自己不断成长、日新月异。因为，只有首先做一颗小太阳，然后才能去点亮更多的人；只有首先做一颗日新月异的小太阳，才能真的喜欢和引领学生成长。

虽然不敢说自己有什么理论见解和思想体系，但循着自己实践和思考的清晰痕迹，心中亦越来越自信且富足。从一味纠结考试分数、名次到倍加在乎教师的教，再到关注学生的学，以及教师如何促成其学习的优化，再到现在越来越注重学生的需求、内心的感受，注重如何唤醒和点燃学生心中对美善事物的欲求。"假如我是学生"，日益成为我思考问题的前提；"学生是否需要""是否有利于学生学习和成长"等问题，逐渐成为我评价教学方法和措施的主要标尺；"生本问题""学生立场"等，慢慢进入我思考、尝试和研究的主线。对课堂教学，我关注学科价值和共情、共识文化场的构建，发表了许多建设性观点和较好的案例，我越来越清醒地认识到，教师的成长在课堂，但制约课堂的因素却大都在课堂外，它们无一例外地指向了教师的专业化成长。"数学学习核心习惯"培养、"人本课堂"构建、"数学教学策略梳理""诗意作业开发"、待进生"三一实验"……在我心中，教育教学早已经不再是一节节的课，而变成了一个个的人。我不是要单纯地讲好课，而是要在学生掌握知识的同时，感受到学科之于生活的价值，从而让学生更加热爱生活和学习，热爱生命和世界。

对学生教育，我深入道德制高点的回归和班级精彩生活的打造，提出了一些独到的观点。我越来越清醒地认识到，要走向优秀，必须实现四个质变：走出"师道尊严"的强权意识，开始和学生平等对话；走下"我为你好"的道德高点，开始与学生合作共赢；走出"管住学生"的简单思维，开始对学生终极关怀；走出"忙碌工作"的职业状态，开始打造精彩教育生活。我在精雕细刻中渗透着教育教学的智慧——"弹性惩戒制""班级牢骚会""班级节日"文化、"德育故事库""班级牢骚会""班级QQ群"……我在创新中追求着管理的人文与和谐。对于教师成长，我的教育恋爱观、快乐工作观、内生成长观、人生规划观、团队行走观、幸福吸引观逐渐在沉淀中丰盈；对于教育，我开始分享自己一些认识和理念……"甘于平凡，不甘平庸"是我在《激情问梦》中的呐喊，曾激励过很多年轻人；"把班级还给学生"是我在《班集体建设与创新艺术》中的追求，被《人民教育》《中国教育报》《中国教师报》等推荐阅读；"问题学生"和"学生问题"的差异与策略，是我在《做一个聪明的班主任》中的发现，是国内比较早地相关论述；"科学惩戒的原则和艺术技巧"是我在《教师必须掌握的教育惩戒艺术》中的构建，一定程度上填补了中小学教育界的一个空白；"好习惯成就好教师"是我在《优秀教师成长之道》中的箴言，让青年教师明白什么才是成长的真正根基；"好教师必须会讲故事"是我在《用故事说话——教师必备的教育素养》中的规劝,告诉青年教师提高自身人文素养的重要意义;"教师不能总处于被动的问题应对中,而应该主动关注学生身心成长的动力激发与过程指导"是我在《学生成长的规划与指导》中的建议;"教书是育人的途径,育人是教书的目的;从教书走向育人是一个教师成长的必然之路"是我在2014年的著作《从教学走向教育》中的论述……在一路辛苦一路欢歌中,我昂首走来;在一路反思一路成长中,我越来越清醒。虽然有些东西非常肤浅,但毕竟是对我长期工作实践的梳理、总结和升华。我能把最简单的教育教学之事上升到理论的高度,也能把理论用于指导我做最基础的实践操作。我能从平凡中看到伟大,我能谦卑恭敬而幸福快乐地用大爱去做小事。我想,教育家必须要有高远的境界,但是它不是靠有意渲染的演说和高喊卓绝的口号;主动思考教育问题,并能从平常小事中获得很多感悟,在惯式中寻找突破,在寻常中发现"神奇",在探索中形成洞见,这才是教育家真正的情怀。

第四,我特别爱做梦。如果说小时候爱做梦,那是非常正常的事。可是,即使早已经进入不惑之年,我依然爱做梦;即使早已经清楚地知道——作为一个教师,自己所能做的事非常有限,能做而又能做好的事更是少之又少,我依然不能阻遏心中的许多梦想。就以2013年为例,1月20日,我拿出自己近5000元的稿费,为全国各地偏远贫穷地区的60名青年教师订阅了《教师博览》《新班主任》等杂志;2月28日,向山东省寿光市台头镇实验小学、牛头小学捐赠个人著作《优秀教师成长之道》等60余册;3月12日,向山东省寿光世纪学校捐赠个人著作《用故事说话——教师必备的教育素养》40册;4月26日,向山东省寿光市田马镇赵庙初中捐赠个人著作《优秀教师成长之道》等50余册;5月18日,率团队山东张玉芝、河北郭淑兰等4名骨干教师到湖北孝感市孝南区和云梦县无偿做公益讲座;6月20日,通过湖北教育杂志社给该省2个贫困地区的教师捐赠个人著作《为师之鉴——教师心头的悔与恨》300册;7月9日,和妻子一起走进湖北省宜昌市远安县等地,无偿进行公益讲座,并与当地教师对话交流;7月18日,安排团队骨干成员天津宋文娟、河南韩素静等8人赶赴河北省张家口市宣化区无偿支教,并捐赠个人著作《用故事说话——教师必备的教育素养》100册;7月27日,经过很长时间的精心组织,主题为"幸福教育生活打造与教师成长规律探析高峰论坛"的民间大型公益教育活动,在河南省郑州市管城区五里堡小学隆重举行。来自山东、广东、贵州、河北、四川、江苏、浙江等20多个省的全国优秀班主任和郑州市管城区、周口市鹿邑县的2000余名骨干班主任老师一起探讨教师成长的路径，一起研究幸福教育生活的创造，一起学习和交流班主任工作经验，享受了一次智慧与心灵的洗礼；10月3日，向贵州省赫章县2个山区小学捐赠个人著作《把班级还给学生》《优秀教师成长之道》等图书100册；10月15日，向贵州省凯里地区丹寨县南皋小学捐赠学生图书80多册，价值达1120元；11月9日，到革命老区湖北省洪湖市和随县无偿做公益讲座；11月18日，率心语团队为安徽省灵璧心语实验学校捐款50000多元建设"教师书屋"……

2013年，在完成了自己在学校承担的教育教学本职工作的同时，给分布全国各地的近百名青年教师回信，详细解答了他们工作和生活中遇到的困惑和问题；利用闲暇空余，认真阅读了《教育机制》《把学校交出来》《新学校十讲》等30多本教育图书；利用夜深人静，完成了两部书稿，记录了10多万字的教育思考与教育故事；帮助张乐华、单海林等3名青年教师出版了他们的学术专著，使他们走上专业成长之路；创立的民间教师成长团队项目顺利获得"第三届全国教育改革创新奖"……

之所以罗列这些，并不是要卖弄和炫耀，只是想证明——一个小小的教师，也完全可以做些力所能及的事！而我们苦苦追求的梦想与幸福之花，就开放在这种充实而快乐的日子里！

我想，优秀的人，并非一定要做出什么轰轰烈烈的事业或惊天动地的成绩，而是能在粗劣中发现伟大，平凡中发现神奇，枯燥中发现乐趣，寻常中发现美好，简单中发现奥秘。我以为，没有幸福的教师不可能有幸福的教育，引领并帮助更多的青年教师热爱并享受教育，是一个优秀教师的真正价值；教育就是点亮心灯，用自己手中的火把点亮更多的希望，让更多的一线教师能够快速地实现专业成长，让更多的人来将教育的火炬幸福地传递，就是一个优秀教师的首要担当。

课堂上，我激情飞扬；课余中，我忙碌奔波。事忙，但是人不忙；人忙，但是心不忙。教育，留给我的不是忙碌，是更加丰富的生活，是更有意义的人生；教育，我不是在忙碌，是继续走在追梦的路——做一支点燃爱与希望的火把，做一个真正的人师！

第五，我特别爱思考。教师是一种智慧型的职业，我特别喜欢审视自己的工作，思考自己工作的意义，思考教育幸福的含义……许多寻常的问题，我都试图去找到更好的解答，在课堂教学、班级管理、教育惩戒、问题学生转化、教师专业成长等许多问题上，我都提出了一些个性的观点，且正在逐渐丰富并努力形成自己的教育理念。我以为，人和动物的根本区别，恰恰就在于内在精神的成长与精神的高贵，而思考永远是我飞翔的翅膀。

当下，很多教师总爱把责任推给环境、制度、领导……可是，却忘记了"吾日三省吾身"的古训，很少思考自己的问题。我想，即使周围一片黑暗，这也不是我们消极倦怠的理由。当一个人既受困于环境，又陷入个人的抱怨之中，他的人生肯定会出问题。"射有似乎君子。失诸正鹄，反求诸其身。"这个时候，我们的确需要有"反求诸己"的思维和决心来重新审视和梳理生命格局，让自己的生活和工作尽快走出悲观僵局，发生积极转向。而这种痛定思痛的毅然转身，是一个教师智慧和成熟的重要标志。这个改变，意味着重新认识自己，重构自己与他人、环境、社会的关系，进而重塑自己。不可否认，制度、环境等肯定有阻碍自身发展的诟病，但作为一个现代社会的教师，作为一个要帮助和引领孩子成长的人，如何在体制困境中尽到自己的本分，如何在日常教育教学生活中保持着人性的尊严，并能利用自己的学识、爱心和道德去传达更多的善意，带给这个社会更多美好的东西，这是必须要澄清和面对的话题。正如鲁迅先生所言，当整个社会道德有问题时，依然不为所动，坚守自己的道德良知的人，就是民族的脊梁。民族的脊梁，或许我们不敢奢望，但是我们永远也不能没有自己的脊梁！

每个人的改变之门，只有自己从里面才能打开。怎么唤醒教师的自我成长意识？无疑，只有改变内存才能真正提升质量，只有不断地学习，不断地吸纳新知识、新技能、新方法，用内在的生长、成熟和完善才能促成其生命的外向绽放。只有思考，才能使教师拥有教书育人的专业尊严；只有思考，才能使教师更像一个文化的传承者和创造者；只有思考，能使教师更像一个有社会责任感和有历史使命感的知识分子。

在成长路上，确实有许多人、许多事给过我们支持、帮助、启迪，甚至让我有一种顿悟的感觉，好像忽然从痴迷中醒悟或者从黑暗中看到曙光。

虽然说自己是带着梦想走上教师和班主任舞台的，但是冷酷的现实很快让我倦怠。曾有很长一段时间，我对班主任工作也是特别烦恼，走进班级烦，见到学生烦，遇到问题烦，完成任务烦……有时，优秀教师的事迹也让我感动；有时，名师专家的报告也令我振奋，但是，真正让我顿悟、让我清醒的，是有一天忽然看到陶行知先生把教育看作"爱人"的论述，因此而陷入深深的反思：极少有人因为喜欢教育，喜欢做班主任，就做了教师，当了班主任，可以说是"先结婚后再恋爱"。从21岁到60岁，我生命中最美好、最宝贵的40年，都要和教育、和教师、和班主任工作相依相伴，如果说这段特殊的"时间"是消极的、痛苦的，那么我的一生也就是灰暗的、苍白的。且不说为了教育事业，为了可爱的学生，就是为了我自己，也应该好好去"爱"呀！只有好好"爱"才能让我身心健康，感受幸福。于是，我开始用爱心和智慧努力追求那些"可能的生活"，喜悦而执着。正是因为"爱"，我的工作渐渐剔除出了忙碌和劳累，取而代之的是"创造"和"幸福"。

工作心态的转变，也使我的思维观念逐渐改变。特别是多年前参加学生的一次宴请，更让我彻底反省。那天，在座的六七个青年几乎都是当年我眼中的"差生"，有的爱打架，有的学习差，有的不听话……可毕业后，有的成为国家干部，有的成为个体老板，其中两个已是资产上亿元的商业精英。真是人生无贵贱，个性无优劣，而且我们任何人都无法预测一个孩子的未来，哪怕是学习再差的孩子！正如同，世界上没有垃圾，只有放错位置的资源。这几个孩子与许多原来引以为豪地考上了所谓名牌大学的孩子在今天的变化发展的强烈对比，几乎颠覆了我固有的教育理念，改变了我整个的教育行走模式。此后，重塑教师形象、重度教育生活、重构教育人生，成了我专业成长的主旋律。

第六，我特别有规划。教学实践告诉我：教育面对的是人，教育的根本任务是育心，靠的不是熟练、精密、高超……再高的课堂技巧，再强的专业技能，再好的管理方法，如果离开了健康的身心、高尚的道德，都将变得毫无意义。教师专业成长的终极目标不是专业技能，而应该是心灵成长。因此，我永远会把强化师德修养摆在自己成长目标的首位，按照自己既定的人生规划，慢慢欣赏，慢慢行走。

我认为，一个不能自我教育、自我培养、自我发展的教师，实际上很难教育、培养和发展别人。人生就是一场漫长的障碍赛，需要不断地跨越自己。现实与梦想之间，必须有一把梯子，这把梯子叫作行动。回想自己的成长，从1990年21岁大学毕业初涉讲台，28岁成为年轻的教导主任，到32岁彻底放弃"官位"念头、专注业务发展，34岁尝试着著书立说、各地讲学，36岁被评为山东省十大创新班主任，38岁被聘为山东省班主任培训工作专家，39岁被评为初中数学齐鲁名师，同年创立全国（民间）班主任成长研究会，发展成涵盖全国28省的四五百名优秀教师、近20多家主流教育媒体关注的民间学术团体；再到40岁成为山东省特级教师、全国十佳班主任，43岁出版自己的第11本教育专著，48岁出版自己的第18本教育教学专著、被评为山东省首届十大教育科研名师……我在一路辛苦一路欢歌中昂首走来。我不知道还要走多远，但我坚信：释放了的心灵，正一步步接近它的蓝天！

下一步，争取在两个方面做出点滴突破。一是个人的专业发展，今后5至10年要对教育教学的重要领域都有所涉猎、关注、思考和探究，在有些个人能把握的问题上做些个性的研究和创新；10到15年内，逐渐形成自己的教育思想，提出一些有一定影响的教育观点和主张。二是团队引领，继续做好全国（民间）班主任成长研究会（心语团队）的各项工作，影响和带动更多的人，带出更多的优秀乃至卓越的教师，努力使之成为教育公益的一道亮丽风景。

学习成长的感悟和内心深处的孤独，使我不断去追求存在的意义。在永不停息的朝圣路上，我渴望有一天能触摸到一种诗意化的人生，也希望自己能给爱我和我爱的人们留下点美好的东西。

教育就是一场修行。在人生的这场修行中，相比失败，我更害怕遗憾。如果你一定要问我，充实而深刻的20多年的教育经历为我带来了什么，我会告诉你：给我的不仅是教育教学专业知识的积累，生活技能的提高，更重要的是培养了我在任何地方、任何岗位都能独立生活、工作和学习的能力，以及任何苦难和诱惑都不能改变我对梦想追求的坚持和从容淡定的心态。而这，足以让我一生优雅而幸福！

左 蕾
ZUO LEI

　　青岛市崂山区麦岛小学语文高级教师。获全国优秀教师、第三期齐鲁名师、首届青岛市名师、青岛市劳动模范、青岛市学科带头人、青岛市教育读书人物、青岛市学生最喜爱的老师、青岛市三八红旗手等荣誉称号。青岛大学外聘导师。在青岛市教师培训中心、青岛大学、青岛海洋大学等地为青岛、新疆、甘肃等地的教师团队进行多次培训。青岛市教育局派往贵州送教团队成员。

慎独、付出、寻找，教师发展的三重境界

真正的知识分子应该具有怀疑精神和批判精神，应该具有社会使命感和国家责任感。

每天的课堂就是我的研究所，教学研究让我觉得自己的每一天都有价值。

对教育有责任担当，对学生有生命关怀，对自己有理想追求。

日记不是为了完成老师的作业，日记是心灵的抚慰，是生活的需要，是生命的召唤……

——左蕾

行到水穷处，坐看云起时——慎独

喜欢唐朝诗人王维的那首《终南别业》——"中岁颇好道，晚家南山陲。兴来每独往，胜事空自知。行到水穷处，坐看云起时。偶然值林叟，谈笑无还期。"欣赏王维在尘俗喧嚣中能坚守自己的信仰，定居南山边陲能兴致勃勃地独赏美景，走到流水的尽头能悠然坐看云起，与偶遇的老翁谈笑能尽情投入忘记一切。看到佛教十三经中有《维摩诘经》，才顿悟王维字"摩诘"的深意。——"心净则佛土净""亦入世亦出世""在入世中出世"正是王维一生的追求。

在纷繁的城市生活中，我尤其向往"坐看云起"的心境。无论我身在何

方，无论我肩负怎样的责任，内心纯净、善待一切，是我永恒的追求。

这样的心境源于我孤独的童年。

一位哲学家曾说："小时候如果没有孤独的经历，长大了很难取得成功。"正如王国维在《人间词话》中阐述的艺术的三种境界中所言——第一重境界："昨夜西风凋碧树，独上高楼，望尽天涯路"。我想"独上高楼"的境界就是——慎独。人在不需要表演的时候才最本真，才会去思考人生的意义。

记得我五岁那年，由于父母工作忙，我常常被反锁在家里。那段日子对我是刻骨铭心的。

现在回忆起来，在自己最最孤独的那段时间确实也激发了我独立的思维，彰显了自己的个性。虽然那段时间看起来是悲惨的，甚至现在的家长没有一位能这样对待自己的孩子，但是对我来说，我安全地渡过了那孤独的一年，在我幼小的心灵中也萌发了对艺术、对家庭、对文学热爱的种子。在以后的日子里我一直对艺术、文学拥有着持久的兴趣。上学后，心灵就不再孤独了，我自己可以找出很多自己喜欢的事情去做，我从小就学会了耐得住寂寞。

卢梭曾说："我独处时从来不感到厌烦，闲聊才是我一辈子忍受不了的事情。"在他看来，一种缺乏交往的生活当然是一种缺陷，一种缺乏独处的生活简直是一种灾难。周国平先生在《朝圣的心路》一书中所言：人类精神创造的历史表明，孤独更重要的价值在于孕育、唤醒和激发了精神的创造力。一般而论，人的天性是不愿忍受长期的孤独，长期的孤独往往是被迫的，然而，正是在被迫的孤独中，有的人创造力意外地得到了发展的机会。一种情形是牢狱之灾，司马迁写《史记》是在狱中完成的，班扬的《天路历程》、陀思妥耶夫斯基《死屋手记》也是在牢狱里酝酿的。另一种情形是疾病，贝多芬耳聋后，反而激发了艺术想象力。太史公说："左丘失明，厥有国语，孙子膑脚，而论兵法。"由于牢狱或疾病把人同纷繁的世俗生活拉开了距离，人因此获得了看世界和人生的一种新的眼光，而这真是孕育杰作的重要条件。

我并不是希望人人都有牢狱或疾病之灾，而是阐述孤独对人的发展的重要性。相反，它让我们心灵宽慰：遇到疾病等人生挫折并不是坏事，也许，它会给予我们很多意想不到的力量！

居高声自远，非是藉秋风——付出

　　王国维在《人间词话》中阐述的艺术的第二重境界："衣带渐宽终不悔，为伊消得人憔悴。"我想，到了"人憔悴、终不悔"的程度，只能证明一点，那就是人想要发展需要巨大的付出，刻苦的努力。

　　在努力付出中，人如何不成长？

　　我是1996年参加工作的，第一届学生是一年级刚进校的小朋友，对小学教育工作一无所知的我和一群天真无邪的孩子在一起，场面是混乱的。我不知道将班级如何打理得井井有条，但是当时的我有这样一个信念，那就是——孩子上课不听讲，是我的错。是我的课没有足够吸引他们的注意力。就是在这样的想法促使下，我拼命地练习讲课的语言，力求生动活泼，我拼命地练习简笔画，制作各种卡片、幻灯片等教具，上课的时候，我变换各种教学手段吸引学生的注意力。就是这样看似单纯的想法，让我在刚刚工作的一年内迅速地成熟起来。很多老师从我班教室经过时，都会被我声情并茂地讲课吸引，忍不住要赞美我，这些鼓励都给了我莫大的力量。

　　可是新教师优质课比武时，学校却安排我讲一节数学课。但是，我心里知道，我喜欢教语文，读到那些饱含感情的课文，我会心潮澎湃，读到慷慨激昂的文章，我会豪情万丈。我深深地喜欢教语文，所以对语文教学就特别留意。课余时间我阅读《小学语文教学》杂志，每一次教研活动我都认真地学，仔细地记，回到班里还把教研员推荐的教学方法和教学设计大胆地进行尝试。当然，我还是认真地准备了一节数学课，在区里获了二等奖。

　　在一次区级教研活动中，听完一堂公开课，老教研员让我们听课的老师自由评课，没有老师举手发言。叫起几个老师来也都说一些冠冕堂皇的话。我这个初生的牛犊实在按捺不住心中的困惑和疑问，我就大胆地举手，说出我认为这节课的不足之处和值得商榷的地方。我清清楚楚地记得那位老教研员老师微笑着，赞许地看着我点了点头。

　　不久，我校承担了一次区片优质课评选活动，很多学校的语文老师都到我们学校来上课，我知道机会难得，就认真地坐在后面听课，那天正好坐在那位老教研员后面。一位老师在讲《小白兔和小灰兔》一文，她一边讲，我一边琢磨。突然，老教研员回头问我："你觉得她的插图怎么样？"我虽然觉得突然，但是，这正是我思考的问题，就坦然地说："这不是看图学文，所以我认为她这节课的图画用得过头了。"老教研员什么也没有说就转过头去了，我也就继续听课。但是下午所有的课结束后，我被叫到了校长室，校长用审视的眼睛看着我说："教研员大力推荐你，说你是教语文的好苗子！"我当时的惊喜无以言表。终于有人发现我适合教语文了。我太感谢那位老教研员了，我不知道他是怎样看我的，我能记得的与他的交流只有以上这两次。从此，我再也没有机会得到这位老教研员的指导，因为他退休了。但是从此，我却真的走上了研究语文教学的道路。

我研究写人的文章怎么讲，我研究童话故事怎么教。1998年，机会来了。青岛市要举行电化教学优质课比赛。各区要先进行选拔。我们区的选拔赛非常严格，每个学校只能报一名教师。我是一个工作不到两年的新教师，这个机会自然不会给我，教导主任请一位优秀的中年教师做准备。然后又对我说："你也准备一节课吧！如果有可能上两节，你就上！"领导这么看重我，让我欣欣鼓舞。

我选择了二年级的《回声》一文。课文讲一只小青蛙在桥洞底下听到有人和他说话，回家告诉妈妈。妈妈告诉他声音的波纹就像水的波纹一样，遇到障碍会返回来，这就是回声的道理。我觉得这篇课文的重难点就是理解妈妈的这段话。而这段话非常适合用电化教学辅助学生理解。因此，我开始了孤军作战。

灯下，我一遍一遍地修改教案和板书设计。周末，我借来摄像机，到公园的小湖边，一块一块地扔石头，看水的波纹是怎样遇到岸边再返回来的，然后用摄像机一遍一遍地录，直到画面清晰为止。我还四处求人，找电脑高手帮我制作声波的反射演示动画。当时学校里都没有电脑，家里更没有，制作3D动画对我来说是一步登天的妄想，但是我做成了。

课准备好了，我平静地等待着。到了比赛那天，不知道我们的教务主任是怎么磨破了嘴皮说服那些评委再听一节，反正，我真的上了，把我自己准备的那节课上给大家看了。结果就是，我成为我们北片9所学校中的获胜选手！在教务主任地大力指导下，我又参加了区级的决赛，以良好的课堂教学和过硬的电教技术成为第一名，并有资格参加青岛市的电化教学优质课比赛。

从1998年参加青岛市电化教学优质课比赛到2008年参加山东省优质课比赛、2014年全国青年教师赛课，亲身经历告诉我自己——机会永远垂青有准备的人。付出才有收获，付出才会成长！

20多年前，我读到台湾作家张晓风的一篇散文《我交给你们一个孩子》，作者在文中极力地表白，她不曾搬迁户口，她不要越区就读，她让孩子读本区内的国民小学而不是某些私立明星小学，她以自己的儿女为赌注来信任——自己国家的教育当局。所以，她发自内心的质问："学校啊，当我把我的孩子交给你，你保证给他怎样的教育？"优秀的文学作品中传递出来的执着的信任让我感受到沉甸甸的责任。所以，当我踏上三尺讲台的时候，我就告诫自己说："我要保证给学生最优质的教育！"

语文能力的最高层次就是表达与写作，我从低年级早期作文开始研究，带着一群刚学会汉语拼音，不会写几个汉字的孩子练习看图写话。我去优秀的学校考察学习，我搜索特级教师的作文课、论文和讲座细细研究。在我初为人师的那几年，实践，学习，反思，再实践，让我在专业领域迅速成长。每一天，我都珍视来到我的教室里的每一个孩子，我要尽我最大的努力保证给他们优质的教育。

上海大学历史系朱学勤教授在《我们需要一场灵魂的拷问》一文中犀利地指出中国知识分子有缺少独立人格意识、缺少正视自己勇气的致命弱点！真正的知识分子应该具有怀疑精神和批判精神，应该具有社会使命感和国家责任感。

是的，当我带着学生真正开始学习作文时，我遇到了三个非常棘手的问题：

（1）作文课上给学生创设很多有趣的游戏活动和情景，学生仍然不会选材。

（2）学生明明有写作的内容，可写出来还是一篇流水账。

（3）教给学生写作的方法和技巧了，作文还是缺少真情实感。

我知道，我应该勇敢地正视这些问题，我要开始真正意义上的独立研究。我去拜访著名特级教师于永正老师，我去聆听薛法根老师作文讲座，我拜读北京大学李白坚教授的《快乐作文》、著名作家肖复兴的《我教儿子学作文》，还有新生代特级教师管建刚老师的《我的作文教学革命》。我苦苦地思索：作文教学中，"写什么"和"怎样写"的指导如何实现同步？

探寻作文教学的流程和环节，我发现作文评价涉及作文的教与学两个方面，并贯穿了教学过程和教学结果两个纬度。其实"怎样写"就蕴含在评价一篇文章优劣的标准中，而作文的评价标准又恰恰是作文教学的目标。作文评价就是连接教与学，连接作文内容和作文技巧的金线。把作文的评价和作文内容、作文技巧融合在一起，就能实现"写什么"和"怎样写"的双赢，甚至还能提高学生自主作文、自我反思和独立修改的能力，从而提高作文教学的效率，真正使学生能在乐于表达的同时还能擅于表达。

"融合"与"评价"两个关键词不断在我脑海闪现，在市教科所组织赴华东师范大学集中培训期间，我如饥似渴地聆听着教授们的真知灼见，对自己的作文教学研究有了更加深刻的思考。王斌华教授的《学生评价夯实双基与培养能力》让我重新审视学生评价的方法和管理。崔允漷教授的《课堂观察》让我对自己的作文指导课研究有了新的思路。胡慧闵教授的《基于学生经验的学习活动设计》对我的作文教学指导产生了极大的影响，她让我对最近发展区理论有了重新的认识。杨向东教授的《学生学业评价的设计》也让我对作文教学评价设计有了豁然开朗的启发。听到张华教授的《人要融合发展》后，我对"融合"这个词汇的理解更广阔，更深刻。在聆听教授讲座的同时，我不断地思索我的作文教学研究，终于找到了一个突破口——"融合评价"，作文教学法的想法就这样诞生了！

之后青岛市教科所的领导老师为我们进行了课题申报书撰写、问卷调查法的研究策略等专业培训，有了如此贴身的指导，我的"'融合评价'小学作文教学策略的研究"成功立项为青岛市"十二五"教育科研教师专项课题。

德国著名的哲学家尼采曾说："通向智慧之路有三个必经的阶段。第一阶段是'合群时期'，崇拜、顺从、仿效随便哪个比自己强的人。第二阶段是'沙漠时刻'束缚最牢固的时候，崇敬之心破碎了，自由的精神茁壮成长，一无牵挂，重估一切价值。第三阶段是'创造时期'，在否定的基础上重新进行肯定，然而这肯定不是出于我之上的某个权威，而仅仅是出于我自己，我就是命运，我手中抓着人类的阄。"在经历了广泛的学习和苦苦的思索后，我似乎柳暗花明，进入了创造时期。

结合"融合评价"的思路，我总结了作文教学模式四个环节：

（1）融合读写结合，自主建构评价标准。

（2）融合指导练笔，自主试用评价标准。

（3）融合独立作文，自主完善评价标准。

（4）融合作文评改，自主巧用评价标准。

有了清晰的思路，作文指导课似乎游刃有余了，但是这种教学模式对学生的作文兴趣提高，写作内容丰富，写作技巧提升，评价思路指导，修改能力培养等方面到底有什么帮助？我怎样用科学的研究方法在作文教学实践中脚踏实地走下去，并得到准确的研究数据，证明我的教学策略的有效性呢？这些都是摆在我面前的新课题。科研之路从来都不是一帆风顺的。

在一年多的时间内，我所教的高年级学生共重点进行了18次作文教学指导，涉及写人、记事、游记、读后感等方面的作文内容。在每次作文指导课上逐步推进有效的融合评价。我的作文教学研究，也经历了摸爬滚打的三个历程——

1. 个性评价标准与共性评价标准融合的实验研究阶段

在这个研究阶段里，我和学生一起摸索提炼出每一篇作文的评价标准，以此为教学目标开展作文指导和评改。几次下来，那些总是重复的诸如"书写工整、没有错字、语句通顺"等常规标准让学生们觉得窒息。于是，我进入了第二个研究阶段。

2. 突出个性评价标准和学生自定评价标准的实验研究阶段

在这个研究阶段，我把发现作文技巧和提炼作文标准的权利全部放给学生，让他们自己制定作文评价标准，学生们的积极性调动起来了，但受知识水平的影响，他们的评价标准往往又轻描淡写、形同虚设。在反复实践中，第三阶段的实验才逐渐成熟起来。

3. 个性评价标准和共性评价标准融合进行的实验阶段

在这个研究阶段里，我和学生经过广泛论证，整理出共性评价标准，统一复印粘贴，它适用于每一篇作文。在作文指导课上，我们针对不同的题材和内容的作文学习和提炼属于某一篇作文独一无二的评价标准，称为——个性评价标准。这量身定做的个性评价标准和打磨提炼出来的共性评价标准相得益彰，对实现学生"作文有兴趣、内容有条理、表达有文采、评价有根据、修改有思路"的目标保驾护航。

三个阶段的"融合评价"作文教学改革实验，效果显著，顺利结题。

在"新人杯"校园文学大赛中，我执教的班级有30人次获奖。我也被评为全国校园文学大赛辅导一等奖。我总结的"融合评价"小学作文教学法被评为区优秀教学法一等奖。我区名师课堂展示中开展了"融合评价"作文教学法推介会，我亲自执教了区公开课——五年级作文指导课《一次难忘的活动》，还指导一名教师用自己的教学法执教了三年级的作文指导课《我喜欢的一种水果》。课后，我介绍了自己科研选题的历程，以及"融合评价"作文教学的四大策略，受到了老师们的广泛认同和好评，带动了全区语文教师的作文研究和教学改革。在山东省当代小学生读书征文活动中，指导学生荣获一等奖。我执教的作文课《场面描写》荣获青岛市读书实践成果精品课例一等奖。

看到取得的成绩，我知道我在通向智慧的道路上走得更加坚实了。不断的进修培训让我有了研究方向。与书为友让我有了豁然开朗的顿悟，有了坚守教育的信念！研究相伴让我发现了教育真谛，走向了智慧的第三阶段——创造时期。

华师大李政涛教授在《构建教师的精神宇宙》一书中写道："如今的教育并不缺少先进的教学方法和教学设备，并不缺少教育思想和教育著作，也不缺少教育学的教授和博导，但唯独缺少灵魂。"我想，做一个有灵魂的教师才能进行有灵魂的教育。在教学实践中遇到问题，想办法解决问题，是一个有灵魂的教师对学生的高度负责，也是一个有灵魂的教师扪心自问，自我成长的必要途径。有灵魂的教师要饱含对学生生命的终极关怀，饱含对教师发展的执着追求，饱含对责任担当的勇往直前……

做一个有灵魂的教师让我感觉浑身充满了力量，也让我进一步思索教育对学生生命的终极关怀到底应该做什么？我的作文教学研究还仅仅停留在知识和技能的层面，而接下来的阅读教学研究让我逐渐触摸到了生命关怀的终极理由。

阅读滋养灵魂，阅读构建灵魂，阅读能了解自我、修炼自我的精神气质，阅读可以让一个人找到幸福。哈佛大学排名第一课程的沙哈尔教授在《幸福的方法》一书中给幸福下了一个简单的定义："幸福是快乐与意义的结合。"如果我能在日复一日的阅读教学中让学生体验幸福的学习过程，学生就会拥有幸福的能力。而幸福的学习过程一定要让学生找到快乐与意义的结合点。那就是学生有自己学习的目标，并在达成目标的过程中付出努力并感到快乐。在课堂实践中我发现：儿童视角的提问就是儿童学习的意义，让他们上台当小老师讲课就会促使学生付出努力并感到快乐。我的《小学高年级基于儿童质疑的阅读教学策略研究》正式启航了！

在教学实验的过程中，我坚持了3个原则。

1. 坚持基于儿童质疑的视角，绝不以教师的分析解读越俎代庖

我收集了基于儿童视角提出的各种问题，分析、归纳整理后调整教学环节，引导学生自己发现解决问题的方法。我珍视学生提出的每一个问题，指导他们在有价值的问题探究中激扬生命。

2. 贯彻生本教育的理念，"充分相信学生、高度尊重学生、全面依靠学生"

让学生当小老师讲课是一个费时费力的过程，从解题思路、课件制作、讲课技巧、反馈评价，我就耐心地陪伴着孩子们慢慢成长。当学生能用3种思路解决同一个问题，当学生找来不同版本的课文对比阅读，当学生晚上10点多不睡觉投入制作课件时，我知道，他们找到了快乐与意义的结合点。

3. 教师要巧妙引导，智慧点拨

这对我来说确实极具挑战性。我不再是课堂上的权威，但我要在课外运筹帷幄；我不再是课堂上的主讲，但我要有专家级的点评和指导；我不再是课堂的主宰，但我要收集各种资料记录孩子们每一课走过的脚印。

每天的课堂就是我的研究所，教学研究让我觉得自己的每一天都有价值。感谢教育科研带给我的力量和成长。澳大利亚著名教育家凯米斯把行动研究分为"技术性行动研究""实践性行动研究"和"解放性行动研究"。我想，经历了一次次课题研究的历练，我从茫然无措，理论基础薄弱的实践性行动研究逐渐进入了自主研究探索的"解放性行动研究"者的行列。

我的研究也从关注教学技巧向关注教育灵魂蜕变。这种蜕变让我清晰地看到了一个教师成长的轨迹——对教育有责任担当，对学生有生命关怀，对自己有理想追求。

未来的我还将继续在通向智慧的之路上坚定地前行，做有灵魂的教师，做有灵魂的教育！

采得百花成蜜后，为谁辛苦为谁甜——寻找

20多年前，当我刚踏上三尺讲台的时候，我就牢记这样一句话：教师的三大法宝——粉笔、黑板、教科书的时代彻底成为了历史。大力推行素质教育成为新时代的主旋律。伴随着2001年新课程改革的脚步，我在教育教学中坚守自己的教育信仰和教育追求，用自己的爱心和智慧一路走来，当我有幸获得全国优秀教师、青岛市劳动模范等一系列荣誉称号的时候，当我成为学生最喜爱的老师的时候，我禁不住要问自己，我在教育教学中绽放魅力的法宝到底是什么？教师发展的第三重境界——蓦然回首，那人却在灯火阑珊处。归结为一个词语，就是——寻找。

粉笔、黑板、教科书，我依然在用，在扬弃的基础上我增加了什么？拥有了什么？细细思量，我寻找到了自己的教师三宝——电脑、相机、课外书。

参加工作第二年，我以新教师的身份参加了区电化教学优质课比赛，获得了第一名。第一名的荣誉效应转瞬即逝，但是它留给我的对电化教学的情结挥之不去。我从此迷上了电脑。我攒够了钱，为自己买了一台电脑，各种教学必备软件我都认真学习，我发现利用多媒体教学，确实能激发学生学习的兴趣，提高学习的效率，尤其是对低年级的学生这一点更为重要。随着执教年级的不断升高，我对语文教学有了更多的领悟。语言文字学习的最高境界是感悟和品味，泛滥地使用电化教学会冲淡语言文字的审美情感，所以近年来我的电脑除了制作必备的教育教学课件外，更多的用途是——写日记。

我是个从小写日记的人，日记陪伴了我的小学，中学，大学……见证了我的少女时代、成长岁月……

全国优秀教师高万祥说："抓学生日记写作的老师功德无量。"

但接新班后，我从不让学生立刻写日记，我做的是——给学生读我的日记。与学生交流日记是非常奇妙的体验。班里发生了打架事件，善后处理的第二天，我给全班学生读自己的日记，告诉她们我的看法、想法和做法，教给学生管理情绪、反省内心；班里产生了好人好事，表扬赞赏后，我把自己写的日记读给学生听，教给学生如何浓缩词句，表露真情；外出培训与学生分别几日，我就把自己每天的见闻和收获发布到班级公共邮箱，让学生了解

我的经历……

我投入地撰写自己的教育日记，我热情地讲述自己的教育日记，学生被我的情怀感染，深深地领悟了——日记不是为了完成老师的作业，日记是心灵的抚慰，是生活的需要，是生命的召唤……

两个月后，当学生开始信服我的时候，就是他们日记起航的时候！从上海、南京学习归来，我给每个孩子送上一份南京的雨花石和上海的棒棒糖，我说，老师想念你们。这件事让他们意外，让他们惊喜。内心的情感体验是强烈的，此时是不吐不快。所以当我提出写日记的要求时，全班学生欢呼雀跃！

从此，日记是那样真真切切地每天记录着孩子们丰富多彩的生活。孩子们在日记中写道：我们最亲爱的左老师，我们眼中"微笑的太阳"！愿这颗"太阳"永远光芒闪耀，永远开心快乐！在学生们的祝福中，我知道，我是学生喜爱的老师！

参加全国中小学生校园文学大赛前，我让学生从自己的日记中选取一篇最满意的素材，写成作文参加比赛。全班有20人次获奖，很多学生都是第一次拿到红彤彤的荣誉证书，激动之情溢于言表。

手捧我的电脑，那里面有近百万字的日记，珍藏着许许多多的故事和回忆。每个学生都是我故事的主角，我的日记因学生而精彩，我的人生同样因学生而精彩！

我的相机是我的第二件宝贝。

我是一个摄影爱好者，每天背着照相机捕捉美丽的画面。我希望自己有一双发现美的眼睛，所以，我不断修炼！学生几乎是我每天摄影的对象。照片也成了我的教学魔杖。

我用照片讲课，指导学生作文。

作文，是语文教学的重点和难点。要指导学生学会"写什么"和"怎样写"，首先要有触动学生心灵的场景和经历。我抓拍的学生在学习活动中的照片，成为指导学生作文的法宝。

秋游组织学生去崂山葡萄园，我用相机记录下这次活动的每一个场面共十几组照片。上作文指导课的时候，先让学生回忆秋游的过程，再利用照片回放，把活动的每一个环节都概括成小标题，然后抛出作文主题——"秋游葡萄园"，让学生根据题目选材。学生把和游览葡萄园无关的"草地午餐、集体捉蚂蚱、挑战大石头、小组做游戏"等内容忍痛割爱后，再指导学生学习哪些详写，哪些略写。利用照片指导作文，让作文散发着生活的气息。学生看照片练观察，选照片学选材，写照片练表达。就这样作文轻巧地走进了学生的心灵深处。

我用照片写评语，引导学生做人。

每到学期末，我都会把一个学期给学生照的照片整理一番，为每个学生精挑细选几张，配上我写的评语送给他们。

一个男孩家庭离异、处世极端，给他拍一张运动会上奔跑拼搏的照片送给他，照片背面写着"翻看一学期的照片，我发现，镜头中捕捉的最多的人物是你！每一张照片上的你都笑容满面、神采飞扬。选来选去，还是想送给你这张照片。看，你在运动场上奋力拼搏，身姿矫健。这份努力的过程让我难忘。真心希望你勇敢面对任何的挫折，靠自己的努力去改变命运。愿你勤奋学习，博览群书，让文学滋养你的心灵，让知识丰富你的人生。"

班里还有个因家庭变故情绪暴躁、每天都忍不住要打人骂人的男孩子，他生日那天，我把所有给他照的精彩瞬间制作成一张贺卡，有他做操的照片，有他跳绳的照片，还有他参加比赛同学们为他加油的照片，配上我真诚的祝福送给他，男孩子激动得说不出话来，第二天，他用家里最漂亮的小盘子盛着一块生日蛋糕送到我的办公室，什么也不说，放下就跑了。看着那块漂亮的蛋糕，我知道我是他喜欢的老师，亲其师，信其道，我一定有机会改变他！

学习困难、成绩落后的学生，给他拍一张专心读课外书的照片；调皮捣蛋、鲁莽妄言的学生，给他拍一张认真研究手工制作的照片；语文偏科、学习浮躁的学生，给他拍一张艺术节演出的照片……在我的镜头中，学生是那样朝气蓬勃，那样活泼可爱，那样积极向上，我要告诉学生，人无完人，但是每个人都有自己的优势，哪怕只有一点也是老师眼中的小明星！

照片中传达了我对学生的爱和关注，照片中蕴含着我的教学策略和方法，照片中洋溢着文学的语感和精髓……

我的第三件法宝是——课外书。

每年的4月23日"世界读书日"，我都为孩子们每人准备一个精美的书签，当天的语文课也成为自由阅读课！

学校的图书馆里同一样书最多有5本，大家循环阅读，很长时间才会有共同语言，才能彼此交流。所以，我非常希望全班40多个孩子能同时阅读一本书。第一次为学生们购买了45本曹文轩纯美儿童小说《草房子》，当每个孩子都手捧一本《草房子》静心阅读的时候，我首先被教室里阅读的气氛深深陶醉了。我发现孩子们在阅读的时候是那么美，眼神那么专注，表情那么放松，还会有吃手指、憨笑的孩子，我用我的照相机捕捉了很多阅读的精彩画面。

一本《草房子》读下来，孩子们拥有了很多共同的精神财富。他们一起讨论纸月的未来。一起辩论桑桑的恶作剧带给秃鹤什么？一起叹息杜小康的家道中落……他们摘抄了自己最最喜欢的小说片段，为小说配插图，还为插图写题图诗……

一本小说的价值有多高？那是学生文学素养和心灵滋养的双丰收！

现在在我的个人资产里，有一部分就是我为学生们买的各类经典儿童小说。当然还有学生们获得的各类获奖证书，以及学生对我满满的喜爱。

我对学生的关爱，我对语文教学的喜爱，我对教育工作的执着，是我，一个普普通通的语文老师坚守的教育信仰和教育追求！

慎独、付出、寻找……让我坚守灵魂的安宁，全心投入，寻找有灵魂的教育！

高 翔

GAO XIANG

　　青岛第一中学物理教师。山东省正高级教师，山东省特级教师和山东省第二届齐鲁名师。泰安市第七届和第九届专业技术拔尖人才，2015年荣膺青岛市第十一届专业技术拔尖人才。长期从事学校课程管理和学校教科研工作，致力于教师专业化发展的实证性研究，提出并实践了"分层次管理，差异性评价"的教学管理思想。

　　参与和主持了多项山东省教育规划重点课题和中国教育学会规划课题的研究，部分研究成果先后刊发在《教师教育研究》《中国教育学刊》《教育理论与实践》《中小学教师培训》《教学月刊》《中小学管理》和《当代教育科学》等20多种中文核心期刊上，7篇文稿全文被中国人民大学书报资料中心全文转载，荣获山东省第二届和第三届教学成果奖。

向着阳光奔跑

当你经历一些生活的波折、一些难以言说的体验，沉淀下来一些思考时，要比圣贤哲人的说教对你更能产生发展的触动……

体育不只是一门课程，而应该是一种颐养心性、发展人体质挖掘人潜能的一门修身活动。

尝试性实践，勇于创新，不断反思和总结，借助于专业引领推进自我的实践经验，这就是以研究的形态推进工作发展的必要，也是最佳的形式。

如果将工作压力转化成一种发展的机会，一种实现与高层次专业对话的平台，能够推动自我专业有效提高的机会的话，工作的压力就成为一种有积极意义的生活方式。

——高翔

我的教育历程

我的教育信条一：经历是一种财富，它比认知和外在经验赋予人的内心体验更为深刻，尤其是在成长过程中因自尊的需求而产生的自省自查而产生的发展动力要比外界胁迫下的要求更能推动人的进取心。

人的成长就像认知的形成一样，必须经由探究获得体验，赋予内心一种真切的感受才会唤醒人的求知欲望，当求知的结果能带给人一种精神或者心理的愉悦时就会源源不断地激发人产生发展动力。当我们刚入职，处于懵懵懂懂，对未来还没有明确的发展意愿时，我们只是听从周围的要求或者领导的安排，以一种跟随性的方式进入教师这一职业，当我们一件接着一件完成任务时，我们获得了领导的认可和同伴的赞誉，这也奠定了我们继续前行的信心。至于担负的这项工作有多大的意义，是否神圣，我们无暇顾及，只是在任务驱动下不断地前进，这也让我们增加了对这份工作的体悟。尤其是面对那些重要的任务，我们在工作中不断探索和寻求解决问题的办法，这种体验或许是明确目的下，也或许是未知目标下的发散性探究，无论哪种探究都能赋予人积极意义的心理体验。刚入职时，学校和上一级的要求就是行动的纲领。按照领导的要求以昂扬的姿态，富有激情地去工作，不但能高质量地完成任务，而且能深得领导的欣赏，并能获得周边同伴积极的帮助，无论对于工作还是对于自我都是一种幸福。

当经由这些物理事实时，人们也就具备了充分的感知，并通过抽象形成具有事实价值和意义的表象，认知的形成才具有生动的意义，才能实现真实的建构。在体验探究中即便是实验未能获得科学的数据，但在求证中的思考和过程带来的体验要比知识的直接呈现更有价值和意义！人生何尝不是？当你经历一些生活的波折、一些难以言说的体验，沉淀下来一些思考时，要比圣贤哲人的说教对你更能产生发展的触动，我的成长就应验了这一论断……

回顾20多年的教育生活，从工作性质的分类上说，真切触动我的教育情节是班主任工作，让我对教育教学产生浓厚研究兴趣，并能以一种研究的姿态审视和从事我的教育研究专业生活的是14年的学校科研管理和课程管理工作。从关键事件的角度审视，如果说我能对教育有一些理解并能坚守自己教育信仰的话，是经历七年炼狱般生活的第二批齐鲁名师培养工程和参加的各种教育教学评比。塑造我的品格，在工作和生活中能像骆驼一样耐住寂寞朝着既定目标前行的事件是我在新疆静心支教的两年岁月。这些关键事件中的人和经历构成了我人生画卷的着力点。

虽然忙碌的身影和一些疲惫倦容难以掩饰劳作的艰辛，天命之年回顾这些往事，尤其回顾那些经历的事件和深切交往的"贵人"，总感到丝丝的歉意和愧疚……也正是如此的多样化学校工作的角色才让我有了这么多发展和表现自我的机会，也正是这么多的经历和触动我内心的关键事件，才让我坚守着教学研究和课堂教学实践并重的路径行走到今天。回顾这些经历，我由衷地感谢那些经历，那些在我担任这些角色，从事这些工作时给我帮助和指导并呵护我成长的领导、师长和同伴……

我的班主任管理历程

我的教育信条二：公平和公正是你让学生信服的最大原因，不因认知的强弱而评判学生是内心是否拥有善的唯一凭证。教育没有那么多玄虚和深奥的道理，只是用一颗真实的心期待另一颗心靠近你并偎依你……

相信所有的教师在一入职时就学习并实践着"两脚舞蹈"的生活，一是从事自己的专业教学，另一个是从事班级管理。前者是用心一辈子都无法谈及至美至善的事业，它是一个穷其心力一生为之奋斗的学科事业，它需要潜心和静心，穷其一生都为之奋斗的事业。为了站稳讲台，为了赢得学科的自尊，你就要朝着一个方向不停地奔跑。而班级管理工作则是一个用生命舞蹈，用心灵去启迪和善待的事业，它是教育的终极目的。学富五车只是说明你是一个经师，只有将自己的性向、道德价值体系融入宣讲和示范的事例中，引导着学生和你一样，用一种主流的价值观评判这个世界，具体到行动中就是用一种标准规约着未成年孩子产生唯美向善的行为。孩子群体的行为必须合乎民族、国家和社稷与苍生的利益，从大的方面讲，这是践行党的教育路线方针，从小处着眼就是人生的信条。我们信奉的教育价值体现在教育效能上就是竭力培养一个社会属性——利他性，自然属性——利己并悦纳外部世界，身心和谐与统一的人，这就是我们担负的教育责任！

1993-2002年担任了三次循环的班主任工作，这个九年既是我亦师亦友和学生打成一片培养"亲学生"的时期，也是通过情感弥补我专业稚嫩而赢得教育和学科教学双丰收的发展期。自己的喜好，不自觉地影响着所带班的学生。在宁阳一中那个教学文化厚重，素质发展较为全面的学校，一年两次的学生运动会后必是教职工运动会，一年两次代表教育行业的篮球比赛使得教工篮球队经常和学校学生篮球队进行比赛，激情与速度，技术与艺术成为学校靓丽的风景。也正是这样，我带的班级的学风和班风成为个性鲜明而又占据前卫的班级。多年后我在想，体育不只是一门课程，而应该是一种颐养心性、发展人体质挖掘人潜能的一门修身活动。忘不了为迎接冬季长跑比赛提高身体耐力而早早去跑步，跑完5千米后再去学生宿舍叫早，学生们看着朔风中的我早已大汗淋漓，那种敬佩使得早操的班级口号地动山摇。

　　双周一次的班级周报，我一定在每一期上都要撰写一点人生絮语的文稿，既是引领班级文化的发展也是和学生们进行文笔的对话。班级懒惰下笔的学生逐渐减少。双周一次的班级论坛，针对一个话题进行正反双方的辩论，这使得我的班级有了更多的百家论坛的感觉。一月一次班级生活改善的就餐，我从菜市场上购买豆腐皮和白菜，支付学校伙房加工费，我和全班学生一样端着搪瓷缸子从生活委员那儿打菜，和学生一起就餐的情景我始终忘不掉……每年野外踏青，我带着全班学生一同骑自行车，顺着大汶河河道东行，那鹅黄的柳林和欢声笑语成为永远抹不去的记忆。各组的学生们用石块支起锅，捡来的树枝燃烧起的火苗舔着锅底，学生们烧鸡蛋汤，分组就餐，在汶河堤下的欢歌笑语成为永远的回忆。

　　在西天山深处援疆支教的日子里，担任三个班的物理教学，兼补习班的班主任，同时也兼任学校教科室主任，给支教单位创办了校刊《园丁论坛》和教研活动简报。班级管理是一个身心都要动起来的活，而且要真心和学生交流。由于大多数学生家在牧区，有的是临近县，距家大都在一二百千米外。交通不便，夏天的暴雨和雪融水形成的山洪，入冬后的暴雪，阻隔交通。很多学生往往一学期才回一次家。正是这种奇读的生活，养成了学生坚韧但又倔强和相对封闭的性格。既要关注高三的备考复习，又要通过合适的方式走进学生的内心，心理的疏导和引导成为班级管理最大的课题。除了办理班级周报，每月坚持用班费来改善学生的生活外，再就是要挑灯夜战选编文稿和帮助支教单位的教师修改科研文稿。两年的支教，给受援单位办理了18期《园丁论坛》，2002年的高考成绩取得伊犁哈萨克自治州第二名的骄人成绩。那一年也被评为优秀援疆教师，获得伊犁州高考先进个人荣誉称号。

　　尽管不同时期学生的特征存在差异，但反思班级管理工作，秉承爱满天下的心你就能赢得学生。只要你用心爱学生，用一颗仁爱之心关照着班级中所有的学生，不因他的认知成绩好坏而盲目评判他今后的发展。用一颗公正的心对待所有有待发展的学生，这种微不足道的善就是真实的教育。无论我们年龄多大，只要我们降低与学生对话的心理起点，我们就能赢得学生的真心回报，包括他会用真实的心迹表露自己的所思和所想。岁月馈赠了我们阅历，但不应当掩饰真实的情感！

我的研究性管理历程

我的教育信条三：深刻理解学校秉承的教育理念，基于岗位的职责以研究的姿态审视工作中出现的问题，学习与借鉴，不停地研读和深入地思考，将岗位工作作为实验进行尝试、反思和总结的时候，你不仅推进了工作的创新，而且收获到了意想不到的思想，这就是岗位的角色意识推动了自我工作效能的提高。

擅长并喜欢班主任工作的我，竟然被学校安排在从事物理教学的同时兼任学校教科室副主任，和数学特级教师程若礼老师对面办公我忐忑不安地搬进了教科室。学校办公室转交给我"深入阅读写出感受"的文稿一篇接着一篇，学校给科室订购的书籍、杂志和报纸要我不断整理归类，校委会上学校安排的让我给大家汇报近期教育教学研究的相关信息，这种任务让我在备课上课之余成为真实的大忙人。围绕科研建设、师资队伍发展、教育科研评价的建议、发言和规范的文本制度的建设问题也就开始安排我涉足这项工作。好在没有"科班"条条框框的约束，无论写到什么程度都会得到魏校长善意的笑容。在名师辈出的宁阳一中，我就以这种无畏的心态开始了我对学校教育科研管理、教研组建设和师资队伍建设管理与评价的工作。

2004年山东省作为首批试点的四个省份之一进入高中课程改革，能否站在课程改革的前沿规划学校的课程方案，如何基于学校创新性地进行课程实践，通过课程的设计、课程的研发和设置、课程的有效评价推进学校课程建设，这是亟待解决的问题。

为了推进课程建设，促进学校课程实施能力，学校将教科室改成了课程处，课程统领下的学校课程建设、教育和教学文化的发展自然也就落在了这一处室的身上。深入阅读学术期刊、报纸和课程建设的文稿，深入调研师生的需求，基于当下观察国内外先进高中对课程建设的行动，加强和课程建设先进学校的联系，这也使得我们学校快速地站在了山东省课程改革示范校的前列，2006年我们就成为山东省课程改革重点项目十大示范校之一。从课程实践中归纳整理，在实践中尝试创新，在实践后反思性总结，借助理论的指导不断提高课程实践的能力。一次次的研讨和反思性总结，一次次的观摩和深度交流，一次次的调研和尝试性的改革，使得我对课程蕴含的理解越来越深刻。也正是这些深刻的思考和尝试性的改良，使得我校和我个人获得了高度的认可和尊重，也正是这种对学校课程建设实践路径的寻找和竭力推进师资队伍建设打造新型教研组团队文化的诉求才使得我的实践创新有了更多的动力。课程改革的8年，使得我的课程理论认知和课程实践能力获得一定的提升。也正是在这8年时间里，近30多篇关于学校课程管理与评价、教研组团队文化建设和组织形态与评价的成果、如何推进教师专业分层次发展的学术文稿在众多学术杂志发表。

当学校课程研发、设置和评价成为教学的习惯时，课程建设的工作也就由教务处和年级来承担课程的管理了。学校将课程处改成了教育科学研究所，我的工作职能也就聚焦在学校科研发展与评价的管理上来。来到新的地域，我也为工作过的学校从顶层设计的角度对学校教研组管理与评价、学校教育科研管理与评价、科研成果的认定与奖励、教师专业发展述评和以教学评比如何推进师资队伍建设的问题进行了高端设计。

回顾学校管理的历程，我在不同的时期都承担着改革旗手的重任，我始终坚信：任务就是使命，要求就是目标。学校的尊敬、领导的信任和同事的帮助是我无怨无悔勇于向前奔跑的最大理由。聚焦于教育教学中的问题实施研究，为满足工作的胜任力不断寻求解决问题的办法，尝试性实践，勇于创新，不断反思和总结，借助专业引领推进自我的实践经验，这就是以研究的形态推进工作发展的必要，也是最佳的形式。如果我们只是将之分职责作为科层结构下安排的工作，我们就会按部就班，依照领导的指示照章办事，不会出差错但也绝对不会出现新思维。当你将领导托付给的工作作为一种自我需求并要展现教育个性的舞台时，你会收获诸多的幸福。

年轻时义无反顾投身于学校制度和文化的重建工作，以课程改革和教育实践为切入点，通过课程文化的重建和教学改革来诠释教育信念，虽然身体疲倦但每次赢得校长和上级领导的褒奖，总感到还有使不完的劲！我在想，领导的信任和同仁的支持，就是最好的工作环境。在这种环境之下，人才会将工作视为生活密不可分的一部分。因此说学校管理者采取扁平化管理，将学校托付给每一位教师时，不仅仅降低管理的成本，而且让每一位教师都有了校长的角色意识，学校的托付管理才能赢得全校教师的回应，这或许就是管理的期待和期待中的回应！

对待工作上的压力要辩证而积极地看待，压力固然让人感到心理困顿甚至走向消极，但如果将工作压力转化成一种发展的机会，一种实现与高层次专业对话的平台，能够推动自我专业有效提高的机会的话，工作的压力就成为一种有积极意义的生活方式。我的感言是"工作好像是给学校做的，实质上是在给自己创造发展的机会！重担本身就是一种信任，尝试着挑，你不仅分担了学校的忧愁，同时也争取了多余发展的机遇！"

我的学科教学研究历程

我的教育信条四：你有无学科的定力不是看你的学习经历，更不是看你持有了什么级别称号的头衔，你的教学实绩、你的人本性课堂教学过程都体现了你的教学价值。所谓的教育理想具体到学科教学上就是你对学科的理解有无真实的洞悉和明察。你是否站在学科教学发展的前沿，思考并解决了当下普遍存在的问题，对学科问题的论述和观点是否引领了一个学科的发展。

如果说教育科研使得我的课程观和教学观念有所提升的话，真正让我站住脚的是我的物理教学和物理教学研究。教学实绩使我赢得了学生和家长的信赖，我对物理教学的艺术化追求使得我的课堂成为学生的模仿。我对物理问题的深入思考和归类分析与整理，使得我的物理教学同伴把我视为挚友，敞开心扉的论证和研讨使得我们团队不断发展。回顾我的物理教育生活，在不同时期的教育事件影响了我。

从教12年后，自认为对高中物理教材体系熟透于心中，再加上连续几年高三备考复习成绩斐然，自认为也算是学科组的骨干了。教学的重点放在如何选择更好新颖的物理试题和如何围绕考点做高效的课堂训练，对概念进阶下物理概念建立的关系和物理规律的来龙去脉和使用范围的界定也就认为小事一桩了。这种心境自然也就使得我有了一些骄傲。

教研员谢老师来我校听课，作为老师辈分的谢老师点名要听我这节《原子物理》单元复习课。我设计了微教学专题，精心做了准备。课堂教学流程认为完美，学生课堂教学的表现和当堂检测也赢得了谢老师会意的笑容。可在单独给我交流时谢老师提出了三个学科知识的问题。

1. 卢瑟福如何基于"绝大多数""少数"和"极少数"这种描述建立原子核的核式结构模型的？他的数学依据是什么？如何让学生在头脑中建构？怎样才能呈现科学观察如何建构合适的物理模型，在这一认知点的培养上如何实施？

2. 电势能这一物理量到底是谁的电势能？你如何将高中物理中涉及的势能进行有效的归纳和比对？系统的还是单体的？如何阐述势能 E（F，r）的决定因素？怎样讲述才能让学生容易理解能量为负值？如何解读电子跃迁规律呈现量子化？

面对谢老师的问题，我只是支支吾吾地，没有从正面更没有圆满地回答老师提出的问题。尽管老师说是用一个较高的标准要求我，提出任教物理学科只有不断学习，深入思考教学中的每一个问题，才能站稳讲台，做到货真价实的物理教学者！

听评我的课让我记住了知识的严谨和逻辑的缜密，让我感受到了科学方法论只有在具体可微的认知形成中才是教育的渠道。学无止境，欣然！

当我入选第二批齐鲁名师建设工程人员的时候，我的物理教学在鲁西南区域内已经小有名气了。泰安市学科带头人和泰山名师的桂冠已经戴在了我的头上。在高三备考复习中的成绩也成为学校表彰的对象，职称评定已经到头。这种小富即满的心态也着实让我有种幸福的感觉。可在这一段时间，我遇到了对我一生影响都很大的齐健老师。

自跟随创新教育团队以来，围绕课程建设、师资队伍发展和课堂教学改革与评价改革项目，跟着团队进行了长达十年的实践性研究，成为齐健老师麾下得力的干将。在2009年第二届齐鲁名师启动会议上，晚上我陪着齐老师散步，还是像往常一样，对我近期读书情况、教育教学思考的问题和教育成果的呈现进行了盘点式的问话。齐老师话锋一转问我，我怎么鲜听到你对高中物理课程体系的见解和对高中物理课堂教学模式建构的观点呢？漆黑的夜借着微弱的灯光我看到的是齐老师如炬的目光，我哪儿有这些高论呢？我只是备考复习，赢得最好的高考和统考成绩而已，哪有这种思考？同时我也真切感受到，学校布置安排的各种任务，忙于各种公文式的文字，除此之外即便是能看点书，记录电火花也只是课程建设和学校如何推进师资队伍发展的事情。角位意识使得我在科层结构上不得不站好位，思考一些岗位方面学校校长考虑的事情，在学科上的深度研究和思考比较少。虽然我能拥有一些比别人多的评比机会，但这无法掩饰我在学科上潜心研究的浅薄，我没有回答。齐老师说："无论走到哪儿你都是一名学科教师，你只有深入的思考，对学科问题有清楚的思考和厘定，你才能有学科的话语权，才会引领一个学校一个地域的学科发展。你的名师称号才货真价实！"

那次培训会，或许是寒风灌肚，或许是齐老师的话真切地触痛了我，半夜了起来拉肚子害了病，第二天的会议上我吃了些药，减缓了阵痛，但是三天的会议让我开始检点自己的学科修养到底是多少？这也让我真真切切地记住了齐老师的话：你的本职是一名高中物理教师！

或许应验了张志勇副厅长在第二期齐鲁名师开班典礼上的话："自此，你们将进入炼狱般的生活！"第二期齐鲁名师培养工程建设人员的培养期，处于山东省深化素质教育，规范办学行为的时期，深化教育改革，回归教育的本源办真事的教育。畅谈科学，论及课程改革，从课堂建设的角度定位教师专业发展的实践路径，等等一切让人感受并逐渐靠近真实教育的脉络。齐鲁名师建设工程人选的成员，也在这种深化素质教育改革的背景下担负着学科建设的作用。责任的使然使得我们不断研读学习论，深入阅读物理课程论和教学论，同时还要继续围绕高三备考复习做深入的研究。我的问题来源于我的课堂和备课中，主要是课堂上那些动态生成的问题和学生困惑的地方，其次是我在知识的系统化和问题的分类处理中，对不同层次问题的认知结构分析与追问形成的思考。再其次是在教学前进行预设性分析时，出于对学生的学习心理和认知结构的分析与思考形成的问题。基于上述问题，回归到物理课程的结构分析时，就形成了专题性的问题链，这些问题促使我不断地深入思考，对上述问题的思辨形成了我的研究成果。也正是这种积极意义的思考和探索使得我对物理学科和教学中的问题产生了专题性的探索。当我借助于理论的研修把我的认识和经验进行提升的时候，无疑也就提高了我的认知。

20多年来，我在《中学物理教学参考》这一中文核心期刊杂志上发表了17篇学术论文，7个版面的就4篇。被人大报刊资料复印中心《中学物理教与学》全文转载9篇。除此之外，我陆续在《教学月刊》《物理教学与探讨》《中学生数理化》《中学理科教学参考》等杂志上刊发了30多篇物理学科教学研究成果。2016年我和我的团队承担的《关于标准下物理教学设计研究》荣获青岛市教学成果二等奖，2017年我和团队申报的《基于核心素养提升的物理课程开发与教学设计研究》被中国教育学会评审为十三五规划课题。我自从2009以来就担任山东省高中物理远程研修学科指导专家，到2017年已有9年。多次参加曲阜师范大学物理系硕士生论文答辩评委，工作的成效和对物理学科执着的态度以及浅显的研究赢得了曲阜师范大学物理系的信任，2017年被曲阜师范大学物理系聘任为硕士生导师。

深度的研究使我在物理学科上有了自信的话语，反思性的教学实践使我有了更多的研究自信，丰厚的学科素养让我更加坚定地行走在学科教学研究的路上……这或许是研究赋予我的自信，实绩馈赠给我的幸福！

结语：我对未来教育生活的期盼

教育信条：真心愿意做的事情再累也感到有一种存在感和价值感，面对多彩的世界，你选择一种胜任和喜欢的色彩，你的世界就是最美丽的，因此说合适的就是最好的！潜心做学问，认真做事情，用善心关爱和提携那些上进的青年人，为后来者立言树德，既是为自己立碑，更是昭示教育发展的要义。作为教师不期望有大喜大悲，唯有平和的心态去做自己能胜任和热爱的事情，与己与社会这都是一种善！

出于对理想教育的期盼和对领军人物的敬重，中年以后工作的地域发生了变迁，用心教书，用心做教育，深入研究学生的学习心理和学科教学的特征，使得我的物理课堂教学多一些学科方法论和思想情感，能激发学生实事求是、尊重规律的思想意识，这就是对物理教学最大的善。不想期望有多大的惊天动地，只求我的物理教学能最大限度赢得学生的喜欢和家长的信赖。帮助每一位孩子喜欢和走进物理，他们能在我的课堂有一种愉悦，能有一定的收获，能在未来的成长中感受并领会到物理学习赋予的美感和方法的指导，这就是教学生活最大的幸福。

学校的信任、同事的抬爱和环境的包容是一个人走向成功的外在环境。2016-2017年，青岛一中让我担任直升班的高三物理教学时还兼任该年级的认知优秀生的提高和培养。在繁忙的高三物理教学后，还要依据物理模型和考点的地位选编典型问题，组合形成逻辑性和层次性的讲义。微薄的报酬虽然难以和这份复杂的工作相对应，但是学校和年级的信任使得我义无反顾。

2017级高一新生又面临迟迟未出台的新高考方案，新的课程标准和教学要求还没有出台，使用老教材却依据未能出台的新教学要求实施教学，对教学而言无疑是一种压力。我和我们的团队加强学科研究，实施课例先行，精心选编，实施教材的二次开发，这种相互的支持和信赖，降低了工作的负担，使得我们的工作快乐且收获着成功。

这一年，我被学校举荐参评青岛市创新能手的评选，喜获殊荣。同年，我又被青岛市教育局选聘为第二届名师工作室主持人，通过愿景的协商和工作目标的研制，我们团队实施的项目领衔制管理。在个人发展的同时，带动了团队成员的成长。这一年，我的科研成果《教师成长：凝聚互助的力量》由北京师范大学出版社出版。

教学成就了我的人生，我也因为工作感受到自我的价值而感到生活的幸福，相辅相成，我对我的选择无怨无悔……

郝敬宏

HAO JING HONG

　　青岛二中语文教师。山东省特级教师，山东省齐鲁名师，山东省优秀教师，青岛市拔尖人才，教育部"一师一优课"评审专家，全国优秀语文教师，中国新锐教师，全国中语会创新写作课堂教学一等奖，山东省暑期研修省级专家，山东省首届师范类毕业生技能大赛评委，首届"济宁市名师"，市级教学能手，市级师德标兵，市级教学工作先进个人。连续三年受中央人民广播电台"中国之声"栏目邀请，点评山东省高考作文，有140多篇论文公开发表于《中国教师》《中国教育报》《中国信息化教学》《语文教学通讯》《中学语文教学》《语文报》《班主任》等报纸杂志，所带青岛二中辩论队多次获得国际中学生辩论、全国中学生辩论冠军，连续四年主办青岛二中山海杯国际辩论赛，所带学生有多人考入耶鲁大学、北京大学、清华大学、上海交大、复旦等名校。

立功、立论、立言，名师成长三阶段

这个世上从来不缺少任何一个职业，缺少的只是把这个职业做到极致的人。

一个人，存在于这个世上，你就是你，做好自己的，形成自己独特的教育思想，你就是万山之中让人一样可以仰视的山峰之一。

我的课程是有生命的！因为我教的是课程而不是教材，是对教材的再创造，而这就是课程的生命。

——郝敬宏

《左传·襄公二十四年》中叔孙豹曾说过这样一句话："太上有立德，其次有立功，其次有立言，虽久不废，此之谓三不朽。"这是叔孙豹心中的成功三境界，如果今天把它套用在我自己的名师成长之路上来说，我认为可以微做一点变动、微调一下顺序。

刚参加工作之时，一个青年教师首先要想着做出成绩，这就是立功；当你有了一定的实践经验之后，你要多学习理论，让你的教学实践在一定的理论指导之下，这时你就要立论；当你把理论与实践结合起来，却发现许多理论并不一定完全适合于你之时，你就要打造自己独特的教育思想，这就是立言。三个境界达到了，我们就可以在回忆自己多年的从教经历时像保尔·柯察金那样做到无怨无悔了。

山重水复勤为径，柳暗花明又一村——立功时要勤

宋代诗人陆游在《游山西村》中曾有感慨："山重水复疑无路，柳暗花明又一村。"陆放翁用精炼的诗句启示我们：人生难免会有山重水复、茫然无向之时，身处忙乱之时不要放弃，坚持走下去，人生总会有柳暗花明的又一村美好景象。

记得1997年我刚参加工作之时，实际上是满怀着失落不愿走上教学岗位的。1993年高考，我的高考成绩超出中国公安大学当年的录取线近15分，却因体检有点色弱的问题划档进入了烟台师范学院，四年里，我听着中文系的课，却自学着中国人民大学的法律课程，但是却因考研前的不自信临时调整报考浙江师大的中国古代文学批评史专业，最终考研失败。一个对军事院校念念不忘的心又如何放得下那当初的一份执念，所以即使在工作多年后，市里多次招考公务员，我都曾迷乱过，有许多次我都填下了表格，做好了离开教育行业的准备。可以说，年轻时，谁都曾有过各种各样的想法，那种在别人危难之时挺身而出、备受别人尊敬和仰慕的警察梦想即使到现在，你要告诉我可以实现的话，我的心依然会怦然一动。

但是我最庆幸自己的是，我这个人无论做什么事，都有一份勤奋的心，绝不会因为心中有理想，就荒废脚下的路。

所以年轻时做工作，我从来都是最勤奋的那一个。我可以每天早上第一个来到教室，站在教室门前等待早读开始的学生，让他们知道没有什么困难不可以克服；我可以一周六天晚上来教室看他们晚自习，用行动让学生明白学习就是要像老师这样坚持；我的课本上、教案上写的字比他们的要多、要细；我的时间观念比他们更强、更准时；我要他们做的题，我一定要做上一遍两遍；我要求他们背诵的内容我一定会在他们之前背得滚瓜烂熟。

记得1999年元旦，是我结婚的日子。那年，我正带着高三，一个班的班主任，再加三个班的语文，又适逢学校首届艺术节元旦开幕，学校安排我承担主要工作的策划，所以我一直忙到12月31日下午，才去给校长请假，告诉他明天就是我结婚的日子，因为没有时间安排，就把婚礼安排在了老家，我现在必须赶回老家去。校长当时非常惊讶，他无法想象一个明天就要在百里

之外的老家结婚的人，上午还在学校工作。于是他立即就准了假。我老家在菏泽，那时交通条件并不好，当我与妻子两个人换了两次车，晚上10点多赶到老家时，院子里全都是人，做婚宴的、帮忙的人都在那里站着，明天就是结婚日了，新郎与新娘现在还没有回来，大家谁都不知道下一步应怎么办，那时还没有手机，家里人联系不上我，只知道我们回来，但何时回来怎么回来都不知。所以见到我们之后，父亲的第一句话就是强烈的不满与生气："到底是你们结婚还是别人结婚？你们这么晚才回来！"我赶紧给父亲解释学校工作忙，明天就是大喜的日子了，别因为这闹得大家都不高兴。婚礼后的第二天，我们来不及回趟娘家，来不及走走亲戚，就乘公交车赶回了单位。

现在想一想，整个婚礼，我们只请了两天假，其他的时间都用在了工作上。这一切最愧对的是妻子，但是妻子从来没有抱怨过，因为她也是一名教师，她理解我的一切，也支持我的一切。

所以，鸡鸣天未亮之时，我都可以毫无牵挂地起床，赶在学生未到教室之前站在教室门前；每一个正午之后的劳苦倦极回家之时，我都可以吃到一份可口的饭菜，填充自己还要奋战一个下午的身体；每一个华灯已上、暮色渐浓之时，我都可以不用刷碗不用整理家务就匆匆来到教室，守护着班里六十多个学生，整理着明天上课的教案。

世间何物催人进，半是鸡声半马蹄。就是在这鸡声和马蹄的催促下，就是在这一个个的勤奋与钻研之中，十年来，我从一个普通的语文教师和班主任干起，不断追求进步，不断取得优异的成绩。1997至今我连续十几年带班主任，2000-2002年我连续三年带高三毕业班，2004年担任高三年级主任，当年学校高考本科录取率达到全市同类学校第一名。2004年我被评为济宁市师德标兵、济宁市优秀教师，2005后我被评为全国创新写作优质课一等奖，2006年，我以讲课第一名的好成绩被评为济宁市首届杏坛名师，2007年9月，我被评为山东省优秀教师，2009年9月，我被评为山东省第二届齐鲁名师。2010年，我被评为山东省第七批特级教师。

所以说这个世上从来不缺少任何一个职业，缺少的只是把这个职业做到极致的人。我没有什么教师的天分，甚至都没有一辈子从教的志愿，但是我勤奋，只要自己做了这样一份工作，就想着把这份工作做好，所以就是这样一份勤奋让我完成了人生的第一个境界——立功。

昨夜西风凋碧树，登高望尽天涯路——立德时要多学习

成为齐鲁名师之后的几年是我进步较快的几年。如果说年轻时的成功靠的是勤奋与努力，靠的是大量的实践积累，那么到了一定的阶段之后，人就会陷入一种可怕的经验主义和无边的盲目主义。所以感谢山东省齐鲁名师工程，让我有幸在这个工程中结识了一大批有志向、有思想、有经历、有成绩的前辈，是他们让我登高望远，是他们让我在人生西风凋碧树的秋天，没有循环地走入职业生涯的残冬，而是秋后逢生，迎来了人生的又一个播种、收获。

济宁师院附中的朱则光老师，当年在最艰难的微山乡下教学，读了于漪老师的《用语言粘住学生》之后，发誓要锤炼自己的教学语言，于是用了将尽一个月的工资买了一个MP3，把自己每堂上课的声音都录下来，下班时骑着自行车一遍遍地回放自己的上课实录。

汶上一中的侯典军老师，人生已过不惑之年，却勇担重任，到了新单位之后又是一腔热情与激情，就像当年研究教学工作一样研究学校的管理，李希贵《为了自由呼吸的教育》他读了不知几遍，一年的时间便把一个后进的学校打造成当地名校，为此他光荣地成为2008年奥运传递火炬手。

还有省实验的钟红军老师、淄博实验的邵淑红老师……

那时的我，几乎是第二届齐鲁名师中年龄最小的，在教育理论的高度与读书的数量上，我也总觉着我是最低最少的，所以我以小辈的身份与眼光，打量着这样一个高山仰止的群体，聆听着他们的事迹与思想，并默默地记下他们无意中提到的任何一本书与文章。

至今我还清楚地记得我第一次打开《窗边的小豆豆》一书时的惊奇，我第一次知道这个世界上还有这样一种教育，为了一个弱者甚至可以改变学校的运动会规则，我第一次触摸到教育原来是为了适应学生的理论与实践。虽然那是书上描写的，虽然我有点怀疑那是真的。直到我读了《为了自由呼吸的教育》我才相信在这个世上还真的有人为了教育的理想而去实践。

所以我开始大量地阅读教育书籍，《教育中的心理学》《陶行知论生活教育》《生命化教学》《我是这样教作文的》，书很杂，有纯理论的，也有偏重于实践的，但是我都有阅读，不知从什么时候开始，每次出差在外，我开

始形成买书的习惯，比如华东师范大学培训，"大夏书系"我买了十几本，读书已经成了出差在外的必备任务以及出差路上最大的消遣。而书中的每一个理论与做法，我也开始有意识地运用在自己的课堂中。比如《教育中的心理学》告诉我们学生注意力主要集中在开始与结尾时，识记性的内容要尽可能安排在一节课的开始与结尾时，而大量的思考性的、能力性的内容就可以安排在中间，于是我开始改变课堂结构，把教师的教与总结尽可能安排在开始与结尾时，中间时间就是学生的舞台。比如《陶行知论生活教育》中"生活即教育"的观点让我开始重新审视语文课堂与生活的关联，大量的生活情景开始走入课堂，课堂的触觉也开始延伸到生活中，学生的眼界也开始关注起生活。比如管振刚老师在《我是这样教作文的》提出生活情景写作化，于是生活开始走入学生的笔下，学生开始关注于身边的人、事、物，真情真理真趣开始在文章中出现。

凡此种种，有成功的尝试，也有失败后的总结，更有不断的收获与欣喜。

而无数次与同行的交流，更是无数次会议外的意外惊喜。

记得齐鲁名师中期考核学习时，我提出了"生命、生活、生长"的教育理论，但是我的汇报却只有大量的实践与认识，却找不到理论的支撑。晚上与诸城实验中学的一位办公室主任住在一起，他当时在教育部借调，我说你接触的人多，接受的理论也多，能不能听听我的想法，给我判断一下是一种什么思想在贯穿。他欣然答应，于是我就聊起了我的教育教学实践，他就一直在听我聊，当我讲了大量的教育教学故事之后，他非常赞赏，但是却又非常谨慎地给我推荐云南省教育厅厅长罗崇敏的"三生"教育，让我好好研究研究他的教育理论。就如同在大海中抓住了一根稻草一样，我立即就上网找寻了罗厅长的许多讲话，发现虽然有些许的不同，但相通之处却有着许多相似。

这些许多的相似，让我突然间对自己这么多年的尝试与学习有了信心，于是再出差再买书就开始有了侧重，比如张文质老师的《生命化教育的责任与梦想》，江苏泰州董旭午老师的《让语文回家——我的生活化教学理想》开始进入我的视野，阅读开始由"泛"变"专"，我终于发现这个世上原来还有这么多人，和我一样在关注着语文与生活的关系，关注着学生的生活，关注着生命在生活中的更好发展。

随着读书由泛而精，我的教育教学实践就像是开了一扇窗，有了目标，有了指导。许多下意识的行为，许多百思找不到方法的难题便开始有了意识，有了思考的方向，于是便有了更多的方法。

于是人生便开始进入了第三种境界。

识得庐山真面目，只缘特立万山中——立言时要多思考

随着阅读与实践的加深，我开始发现，这时的我成不了别人，别人也很难成为我，别人许多成功的做法到了我的课堂上效果可能会打折，而我的一些经验我感觉特别好，别人却并没有像我那样兴奋。这时我突然发现：一个人，存在于这个世上，你就是你，做好自己的，形成自己独特的教育思想，你就是万山之中让人一样可以仰视的山峰之一。

于是我开始想着把自己的教育思想总结成一本书。

这种想法的萌芽是在无数次的确信自己的教育教学特色之后，这种想法的冲动也发生在身边无数人无数因缘巧合的催化之后。

首先是我们青岛二中的孙先亮校长，他是一位在青岛乃至全国都有很大影响力的中学校长。2012年暑假过后，我帮他校对他的专著《教育，为了生命的激扬》，这期间就有了许多的交流，从交流中我得知，就是这样一位校长，一个代表着学校与社会方方面面打交道的领导，却在2012年的暑假中，推掉了繁杂的应酬，把自己关在家里，整整一个月的时间，把自己这些年当校长的一些思考用教育故事的方式完整地呈现了出来。

那时我就想，一位校长，比我们平时要考虑的事情多许多，比我们平时身不由己的情况也要多许多，但是他却有毅力把自己的故事写一本书，那么作为教师的我呢？

2013年秋天，孙校长的书正式出版，并且获得了青岛市教育出版基金的赞助，在出席孙校长赠书仪式上，我才知道，与孙校长同时出书的还有我们学校的于世章老师，他是一位数学教师，与我是同乡，因此他也把他的书《在学生的心灵中旅行》赠给了我一本，起初我并没有太在意，但是当我阅读完全书后，我突然觉着有一种感动，一位数学教师，却能够写出如此优美

的文字，能够如此流畅地表达出自己的思想，真的是让我想不到！

后来与于老师一起出直升生面试试题，同住一个房间，交流多了，才了解到于老师每每都是利用办公室的其他老师去食堂吃饭的那一会安静时间，来写自己的东西！把别人吃饭的时间都用在写作上，又怎能写不出好的著作！

也就是从那时起，我开始了自己第二本教育专著的动笔！

今年年初，办公室的王剑主任问我，你的书写得怎么样了？我当时就很奇怪，我写书的事并没有给别人说，王主任怎么知道？

王主任是我来二中后接触最多的领导之一，无论是当初引进我来二中，还是来二中后办理一切手续，我都能感到王主任对我的信任与支持。记得有一次她把我的申报材料返给我时说，市局里一位领导看了我的第一本专著后很喜欢，就给我留下了。所以她鼓励我再写一本书，我想她是相信我会再写一本所以才这样发问的。

由于早年的许多教育行为我都以教育故事的方式书写在我的教育博客上，所以当一种思想的主线确立好后，再把这些碎片式的教育故事连在一起就有了一种一线穿珠的感觉，而且当初那些自发性教育故事的目的也往往会因为现有的教育思想的清晰而变得更加条理、更加理性。

这时我才突然发现，我已经成为一个教育学医生，我把我过去的所有教育行为都放在了手术台上，放在了显微镜下，开始用一种近似于解剖式地观察，反思、梳理着自我的教育改革。

这可以说是我这一年最大的一种提升。

接下来，思想体系的构建、文章框架结构的确立就成了第二个需要解决的问题，在这里我要真心地感谢我们教科所的刘永洁老师。因为最初的想法是基于学科教学，但是在与刘老师的多次交谈中，刘老师给了我许多很好的建议，她建议我把书稿的体系由课堂延伸到课程建设、延到教育管理，这样就可以更加全面地呈现自己的教育思想，因为一本书的价值就在于它的思想。刘老师的话让我对这本书的定位有了更明确的认识，接下来，便是更加刻苦地写作。

12月份，学校要我为二中全体教师做一个思想者论坛，于是我就把论坛报告的名字定为"教育，为了生命的自主延展"。那一天青岛二中二百多名教职工、《教育文摘》的主编青岛教育学会的王言吉老师以及来自临沂八中、德州二中、贵州安顺中学的领导听取了我的这次报告。会后王言吉老师用《昆体良教育论著选》的一句话来概括我的这次报告："你所完成的不是一把刀子的职责，而是一块磨刀石的职责，你在培养学生上取得的成功，较之他们以后的成功更伟大。因为你的课程是有生命的！"

我的课程是有生命的！因为我教的是课程而不是教材，是对教材的再创造，而这就是课程的生命。后来在与王老师的多次来往交谈中，我对这本书的价值有了更加坚定的认识。

当书稿写到十三万字的时候，我就把它寄给了省教研室的王景华主任，想请他帮我把把关，写一篇序。当我把书稿寄给王主任时，他正在外地出差，接到我的电话与书稿后，很认真地阅读了全书，并且电话与我进行了沟通，表达了他对这本书的看法，还认认真真地写了一篇序，书稿与序寄来时，王主任还亲自打来电话，问我收到了没有，当我看着书稿上修改的文字以及序文时，我能想象出王主任在房间里看我书稿的情形！在这里真的要说上一句："谢谢！谢谢王主任的信任与支持！"

2014年，我的第二本教育专著《语文，为了生命的自由延展》由中国文史出版社正式出版，同年被青岛市教科所评为青岛市教育出版专项基金资助书目。截至2015年，我公开发表的论文已有140多篇，我的课堂教学被《中国教育报》《上海教育》等报道，我开设的辩论课程培养出来的学生开始拿到一个个的国际大奖。我被搜孤教育评为2014年度中国新锐教师，与北京十一中李希贵、贵州大学校长郑强等人同台领奖，又被中央电教馆聘为教育部"一师一优课"部级专家。也是在这一年，我被评为青岛市拔尖人才，山东省齐鲁名师届终考核也顺利通过，被授予山东省第二届齐鲁名师称号。

"为天地立心，为生民立命，为往圣继绝学，为万世开太平"，张载这四句话被当代哲学家冯友兰概括为"横渠四句"。我没有张载这么高的理想，我只愿在自己的工作岗位上做一点实实在在的工作，在闲暇之时总结一下自己真实的工作感受，权当是对自己20多年的教育做一总结，也算是对46岁人生的一种回顾，更是对未来人生的一种新期盼。

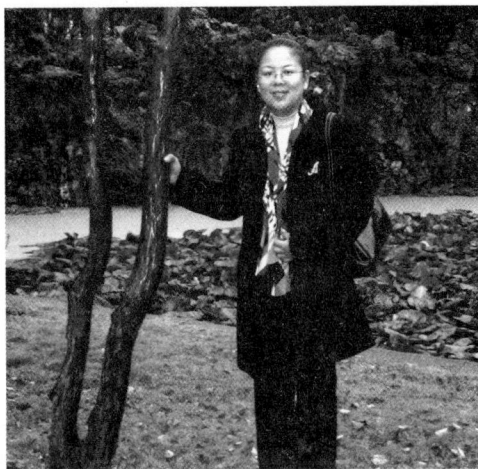

刘 翠
LIU CUI

　　青岛第三十九中学高中化学教师，正高级教师。被评为山东省特级教师，山东省教学能手，青岛市拔尖人才，全国优秀学科带头人，青岛名师，青岛名师工作室主持人，青岛市学科带头人，青岛市中小学学科带头人，青岛市青年教师优秀专业人才、青岛市三八红旗手标兵、青岛市"工人先锋"、山东省远程研修优秀指导教师，青岛市第十二次党代会党代表，青岛市2016年度领导力教师。荣获山东省优质课比赛一等奖、山东省中小学教育科研优秀成果一等奖，山东省第三批齐鲁名师。在核心期刊发表论文26篇，主持并完成省级课题两项，出版专著《我的教育梦想》，主编校本教材《化学校本教材的开发与实施》。指导学生五十余人获中国化学奥林匹克竞赛全国二等奖，省级一、二、三等奖。

追寻教育梦想

办法总比困难多，只要用心，就没有解决不了的难题。

老师不仅要给予，更要学会为学生搭好舞台；老师不仅要传授，更要学会为学生喝彩，让他们的潜力发挥出来。

知识与技能在合作中获得，情感、态度、价值观在合作中培养，是一种行之有效的学习方式。

——刘翠

几十年前，在石炭坞小学简陋的教室里，第一排坐着一个小男孩，怎么努力也看不到黑板上的字，每个老师都会把板书单独写一份给他，这个小孩成绩一直是第一名。可是家里太穷了，四个弟弟妹妹要上学，他只好辍学挣钱养家，老师们数十次的家访，无力帮他重返课堂……

这个小男孩就是我父亲，小时候时常会听父亲讲起他上学的故事，让我对教师这个职业产生了崇敬之情。今天，我也有了机会，来讲讲自己的教育梦……

"名师"之路初成长：从"讲好"到"讲精"

1990年，我高考志愿全部填写了师范院校，曾经轰动淄博一中。大学毕业后，我如愿成为一名教师。走上三尺讲台的第一天，我希望自己能够成为一名受学生喜欢的好老师。

刚入职时，我在曲阜师范大学附属中学承担3个高三班的化学课，同时担任1个班的班主任。那时候的我想，成为让学生喜欢的好老师，除了要和蔼可亲之外，专业教师首先要做到的就应该是让学生"听懂学会"，否则，作为老师的我，只能面对一张张困惑的小脸。

开始几年的授课过程很顺利，我和学生们成了无话不谈的好朋友，学生们也从来没有向我提出过超出自己解答能力的问题。直到三年后的一天……

记得那是我在曲阜师范大学附中工作的第三年，第一次讲化学反应原理中的等效平衡。下课之后，好多学生围了上来，苦闷的表情让我心里很痛，明明我已经很努力地说清楚了，为什么学生还不明白？是不是我水平有问题啊？

整个晚上我都在想这个问题，第二天早上顶着一对熊猫眼迈进教室之前，突然有个想法跳出来，用理论说学生不明白，如果画图呢？

那天走上讲台以后，我跟学生说，"条条大路通罗马，今天咱换种思路认识等效平衡……"一节课结束，一个个拧着的小眉头解开了，我也明白了——想要"讲明白"，就要教师多思多想，而不能安于平淡。办法总比困难多，只要用心，就没有解决不了的难题。

那一段摸索前行的教学时光，有困难也有欢乐。最难忘的是备战省教学能手比赛的那一段日子。那时爱人在南开大学攻读博士学位，孩子刚4岁，那段时间非常忙碌，需要准备3课时，要考虑学情，要体现教育教学理念，要准备分组实验用品，要展示最好的自己……近一个月的时间，我总是第一个到校，最后一个离开。从准备材料开始，填表、整理原件、复印、上交、修改、再提交，我不断梳理自己的成长足迹，教学的每一天都在繁忙与快乐中度过。

"一分耕耘一分收获"，参赛课在观课老师的掌声中圆满结束，这次参赛让我更加明白了作为一名专业化学老师，不仅要把课"讲好"，更要"讲精"。

在领导和同事们的帮助下，我先后被评为学校、曲阜市、济宁市和曲师大优秀教师、优秀班主任；经层层选拔，先后获得曲阜市和济宁市教学能手，2003年获山东省教学能手，那时我32岁；2004年高考中我所带的班级在高考中获济宁市理综类第一名的优异成绩。"年轻就是财富"。我很庆幸我的财富没有被浪费，每天的生活被听课、备课、上课、批作业塞得满满，偶尔放松一下就是和学生聊天。周末时常有学生赖着品尝我的厨艺，我无暇去想什么人生烦恼，每天都在简单快乐地生活着。

2006年春天，由于爱人工作调动，我调入青岛科技大学工作，从中学教师到大学讲师，跳出辛苦劳累的中学教学"苦海"，从此再也无须计较分数，再也不用与难缠的学生斗智斗勇。没想到是，离开了基础教育舞台的五个月里，让别人万分羡慕的我却吃不好睡不香。我常常想起在中学度过的12个年头，想起离开曲阜时很多学生自发跑到火车站为我送行。

就这样，我做出一个让所有人大吃一惊的决定：重返中学工作。因为，那是我魂牵梦萦的地方，是我安身立命的根本所在。我最喜欢的一句话是："得天下英才而教之，乃人生一大乐事"。对我而言，只要站到讲台上，一切的烦恼都会烟消云散，我就是为那片并不宽阔的三尺讲台而生。

"名师"之路再探索：学会为学生喝彩

著名特级教师孙双金曾经说过："我认为一堂好课应上得学生'小脸通红，小眼发光，小手直举，小嘴常开'，这是充满生命活力的具体体现。"很长时间里我都觉得这样的课堂描述未免过于夸张，和实际的课堂有很大差距。直到我自己真的也经历过了一次这样的课堂。

2008年的12月12日，这一天，我要为青岛市所有高三化学教师开设公开课，所讲内容是"物质结构和元素周期律的习题课"。通过课前的精心准备，课堂顺利进行，尽管这部分内容比较难，但学生表现很好，远远超出我的想象。在讲到第二部分内容时，我突发奇想，可不可以放手让学生去讨论，培养一下学生的合作意识，不完整的部分由我补充？

说干就干。我当堂布置任务——元素推断突破口四个方面由四个小组分工完成，每个小组推荐代表汇报结果，其他学生再进行补充。

五分钟讨论后，前三个问题的处理都和我预想的一样，我总能给学生以适当补充，看到学生恍然大悟的样子，自我感觉好极了，默默地为自己的

"博学"而自豪。轮到第四组了，只见王琨同学站起来发言："我们小组讨论的突破口是一些化合物的重要用途。我们想到的有：（1）氧化物是造成温室效应的主要气体的元素：碳；（2）氧化物是光化学烟雾的罪魁祸首的元素：氮；（3）氧化物是酸雨的罪魁祸首的元素：硫；（4）氢化物可用于做制冷剂的元素：氮；（5）氧化物可用作耐火材料的金属元素……"

她一口气说出了19个突破口！有一些连我都没想到。我情不自禁地为学生的出色表现鼓掌，课堂上的其他学生也跟着报以热烈的掌声，这节课的效果就不用再说了。

这节课的成功，让我的教学理念进一步"升级换代"——即使再博学的老师，也有有限的时候。老师不仅要给予，更要学会为学生搭好舞台；老师不仅要传授，更要学会为学生喝彩，让他们的潜力发挥出来。只有真正把课堂还给学生，才能更好地体现教师的主导地位和学生的主体地位。

"名师"之路再升级：适应新课改，探索教学模式创新

我一直认为，化学课最大的特点是从微观层次认识物质，以符号形式描述物质，在不同层面创造物质。而影响学生对化学这门课是否感兴趣、是否愿意学好的主要因素是化学实验的开展情况、能否解决生活中的问题以及化学教师本身的魅力。

刚大学毕业时，我给自己提出的要求就是每节课必须脱稿，努力保持课堂教学的流畅，多数采用的是灌输法，也会试着有所创新，比如让学生参与演示实验等，但还是不敢大胆放手学生探究。随着教学的深入，我开始不满足自己的创新意识和创新能力，工作之余，主动研究起认知心理学，学习教育理论知识。

不断深入的理论学习让我越来越发现，灌输式教学最简单、最容易操作，效果也因此受限；而探究式学习、合作学习，才是学生更喜欢的、更高效的方式。

明代学者顾炎武说："独学无友，则孤陋而难成；久处一方，则习染而不自觉。"交往与合作是现代社会的需要，是人的素质发展不可缺少的因素。

而合作学习就是把学习看作主体内部需要的过程，在合作学习小组中，小组成员之间相互交流、相互尊重，既充满温情和友爱，又像课外活动一样充满互助和竞赛；通过提供帮助满足了自己影响别人的需要，同时又通过互相关心满足了归属的需要。这种学习方式适合中学生的学习特点，因为他们喜欢在一起交流和讨论问题，用共同的视角观察事物，用共同的方式探究新知。知识与技能在合作中获得，情感、态度、价值观在合作中培养，是一种行之有效的学习方式。

作为新课程倡导的三大学习方式之一，小组合作学习是课改中学习方式变革的一个特征。维果茨基针对活动的形式及转化提出个体决定论，认为所有的活动形式（尤其是对象—实践活动），其最初的和真正的主体是集体主体，只有加入多样化的集体形式的活动中去，个体才能获得对自己活动的自觉调节形式。

在这些先进理论的指导下，我开始了更大胆的尝试——在高考复习的大环境中开展合作学习，这不仅是高三学生人格健康发展的需要，也是缓解高考压力、疏导学生心理的有效途径。没想到，这样的尝试效果非常好。事实证明，在高三复习阶段，学生对个体学习活动的自我监控和调节是决定复习效果的关键因素，而合作学习则是融合集体活动和个体活动的最佳舞台。通过学生自主的内化活动，实现知识和技能的获得，不断更新自我，不断吸取新知识，有利于提高学生的创新意识和实践能力，促进学生素质的全面发展。

"名师"之路有借力：教学研究三部曲

随着自己获得的荣誉越来越多，来向我请教的同事、同行也越来越多，他们问得最多的问题就是，我是怎样一步步走过来的。其实，除了教学实践中的不断创新和探索，读书和研究，也是我汲取力量的重要来源。

课余的时间里，除了备课，我更多地花在了阅读和思考如何教授学生上，一次我读到一本《多元智能理论》，受到该理论影响，我突然明白只用知识掌握情况评价学生是远远不够的，作为教师应该尊重学生的差异，开发多维的评价方式。之后我参加青岛市首批名师培养工程，与专家面对面交流，走进发达地区观摩教育教学工作，也逐渐反思自己的教学工作，渐渐地我形成了自己的教学研究三部曲。

第一部，研读打基础。读教育名著、读教育经典、读名师课堂、读学生学情。课堂上以讲述为主，对教育的认知重在知识的教学。

第二部，内省找问题。对自己的日常教育教学工作进行总结、反思，不断改进，不断调整，不断提升。课堂教学有所变化，关注学生的差异，试着采用启发式、探究式教学，以学生为本，突出教师主导地位。

第三部，提升出成果。积极改变教学理念，形成自己的教学风格，发挥辐射带动作用，帮助青年教师成长。真正做到把课堂还给学生，做好课堂的参与者，课堂教学以问题组教学、板块式教学为主，以小组合作的方式推进，给学生展示的机会，教师参与课堂的讨论，采用生生互评、师生互评等课堂评价。

苏霍姆林斯基曾经说过："人的内心里有一种根深蒂固的需要——总想感到自己是发现者、研究者、探寻者。在儿童的精神世界中，这种需求特别强烈。但如果不向这种需求提供养料，即不积极接触事实和现象，缺乏认识的乐趣，这种需求就会逐渐消失，求知兴趣也与之一道熄灭。"在我看来优质的中学教育应该是培养全面发展的人，为学生的一生幸福奠基。而中学专业教师最应该给学生学科思想、思维方式和科学方法。

现在，从教20多年的我有了自己对于专业课堂比较成熟的认识，那就是：一堂理想的化学课，教师的教学设计应符合学生的认知规律，教师是课堂的参与者，是平等中的首席，不再是课堂的指挥者角色；学生是课堂的主角，在做中学，充分发挥自身的主动性和能动性，探索意识强烈；教学的效果以是否能引发学生深层次的思考和探究的愿望来衡量。

"名师"是荣誉更是责任：陪伴学生是我的天职

2014年，我成为青岛市首批名师工作室主持人。与其说是一项荣誉，我觉得更是一份责任，我的工作室成员由青岛市初、高中的8名优秀骨干教师组成。举行城乡交流，名师帮教，读书交流等一系列活动，充分发挥名师在课堂教学、课改实验、课题研究、师资培养等方面的示范、指导和引领作用。我们给全市的高三学子做化学微视频，研究并出版了校本教材《化学校本课程的开发与实施》。多名成员成为青岛市化学教学的骨干……随着课程改革的推进，我成为学校生涯规划指导研究室的负责人，除了化学教学、班主任工作之外，我又有了新的任务。我和我的同事一起成长，一起为学校的发展，为教育事业不懈努力着。2015年学校成为全国首批生涯教育示范基地，国家级重点课题也在深入研究中。

多年的教学工作中，我还是一名班主任，更多关注班里每位学生的身心健康。

我所带的班里有一名父母离异的女生，由于长时间独自生活，她的性格非常孤僻，在班级从来不与同学说话，脸上也几乎没有喜怒哀乐的表情。孩子曾经跟我说：从她爸爸妈妈离婚的那天起，她就像小刺猬一样，把自己包裹起来，不跟别的同学玩，没有朋友。我几乎每晚都打电话跟她交流，关心她的一日三餐，跟她谈行为习惯，谈学习，谈理想，谈人生……渐渐地，这位女生有了笑容，也开始与同学开玩笑，一切都在向好的方向发展。可是，半年后，这位女生又出现了早恋倾向，我像对待自己孩子般给她温暖，用朋友的宽容给她力量，用真心与她沟通交流，让这位女生领悟到了真爱的滋味，洗去了心中的阴霾，走上了灿烂的人生之路。

每次开家长会，我总是很耐心地回答每一个家长提出的问题，与家长共同商讨帮助学生进步的良策。多年前，儿子还小，每次我都是让他在办公室里等我开完家长会。有一次，当我送走最后一位家长拖着疲惫不堪的身躯回到办公室，看到儿子已经趴在桌上睡着了。尽管泪水在眼里打转，但还是坚持再坐一个小时的车回家。

做班主任工作的这些年，从学生口中的"翠姐"到"翠姨"，几度春秋，几度风雨，我和学生一起成长，岁月带走了青春年华，却带不走我对学生的拳拳之心、对教育事业的眷眷之情。

每当毕业的学生离校时抢着给我献花、跟我拥抱。"老师，谢谢您！"朴素的语言表达着学生发自内心的感激。那一刻为学生而付出的所有的辛苦都融化了，融化成了泪水。

　　能有今天的成绩，得益于青岛市教育局、青岛39中提供的平台，得益于同事的帮助，得益于学生的认可，我因此怀着感恩的心，继续努力——努力做好学生锤炼品格的引路人，学生学习知识的引路人，学生创新思维的引路人，学生奉献祖国的引路人。

周汝宁
ZHOU RU NING

　　青岛第六中学高中英语教师。1998年破格晋升中学高级教师，现为全国优秀外语教师、山东省特级教师、齐鲁名师、山东省教育学会理事、山东省中小学教师远程研修课程专家。构建以情感陶冶为特征的教师教学风格，在不断的实践中，撰写的《以情感陶冶为特征的教师教学风格构建研究》《抓住"关键细节"，展开个性化学生的教育》等多篇论文在国家级期刊发表。2013年出版专著《塑造心灵——情感陶冶过程探究》。

秉烛丹心育优才，俯身一线精教学

当教师，要先立志。

做一名优秀的教师，要找到适合自己的教学风格，将每一堂课调配成富有自己特色的美味佳肴。

在积累了课堂教学经验，找到了属于自己教学风格的同时，也不要忘了总结自己每堂课的教育心得、教学理论，提升自己写论文的功底，积累写论文的素材。

年轻教师想成长为名师，绝不是一蹴而就，更多的是厚积薄发，长期积累。

——周汝宁

回首30多年的一线教学岁月，那些发生在我与学生、我与家庭、我与自己之间的故事，都丰盈饱满。在成为一名教师这个决定面前，我从未后悔过。我来自教师世家，父亲和母亲都是老师，受益于这样氛围的耳濡目染，让我笃定教师这份职业，将立德树人奉为自己毕生的使命。我们这批20世纪80年代开始从教的老教师，现在想想，还真是个倔脾气，认准了一件事就一定把它做好做实。这也是我想告诉年轻教师的：当教师，要先立志。

在30多年的工作实践中，我对于教育的认识在不断深入。在我看来，教学相长是一句至理名言。在教育工作的过程中，在一定的教育思想指导下，围绕一种具体的教育活动实践，会形成一种相对稳定的模式，即赋予教师一定独到之处的教学风格。而在这种风格的指导下，加一点情感的作料，教师会得到另一个层次的提升。这是我想告诉年轻教师的另一件事：做一名优秀的教师，要找到适合自己的教学风格，将每一堂课调配成富有自己特色的美味佳肴。

回顾自己的成长历程，我在追寻一个个登攀的点，一次次提升的台阶。

老师可不单单是教书匠，小讲台也有大的追求

父亲和母亲都是教师，对于教育，他们执着并有些较真。对于学生、对于国家、社会，他们有着一颗秉烛丹心。正是父母的这份从教的执着，把秉烛丹心也印在了我的胸膛。父亲是我心目中的教育家，年轻时，父亲编写的教材送出版社前，我负责誊抄最后一稿。母亲出公开课前通宵备课，教案我至今都能背出好几段。"你要能成为市教学能手，还真是圆了我们的梦啊。"母亲这样说。父母的教导，以及殷切期盼，让我在刚入职时就笃定了一个想法：我要做个有追求的老师，不做普普通通的教书匠。

小讲台也有大的追求。从开始站在讲台的那一刻到即将退休的现在，我都在一线教学中奋斗。看着一届届学生从我手中接过人生的接力棒，看着我的每一个教学念头成为成功的教学理念，那种成就感比蜜还甜。如何精研教学？我还真有点自己的小妙招。说课是我的强项，也是我最乐意去探索的事儿。一走上讲台，我总能把课讲得活灵活现。比如最近我讲得一篇英文课文《成功爸爸的101个秘籍》，我可没有按照传统的背单词、讲语法、读背文章上入手，而是吃透了这篇英语文章，课堂一开始我就让学生们先进入文章的故事中，每篇英语文章讲的都是故事啊，学生们愿意听故事，更愿意把自身设定进故事中，那我就抓住这个点，使劲给他们创设情境。于是，这篇看似普通的英语文章，学生们在课堂上用英语回忆自己的老爸，我适时穿插进单词、语法等知识点，这节课变成了学生们对自己爸爸的"吐槽课"。吐槽没有进行到底，因为课堂的落脚点是爸爸的不易，一篇英文课文我还穿插进了很多家庭教育的知识。最后的结果就是，学生们既把英文要点学透了，又从故事般的教学设计中学到了与老爸相处的奥妙，可谓是一举多得。这正是我

把每一堂课的教学设计加上讲故事、融入故事的基调，让学生们爱上课堂。

也正是用这个妙计，我找到了课堂直击学生心灵的方法。我的成长路上的说课都丰富多彩，又充满乐趣，真正让说课成为我的强项。当然，我也想告诉年轻教师，在积累了课堂教学经验，找到了属于自己教学风格的同时，也不要忘了总结自己每堂课的教育心得、教学理论，提升自己写论文的功底，积累写论文的素材。毕竟，在一位教师成长、晋升的路上，论文功底和说课功底是必备的。这也是我一直坚持在做的，把自己的教学心得细心记录下来，最后形成完整论文。

蜜不是那么容易就能尝到的。特别是教师，只要入了这一行，几十年的岁月都靠在了粉笔灰和油墨纸上。年轻教师想成长为名师，绝不是一蹴而就，更多的是厚积薄发，长期积累。回想自己刚从教时，我是挖空了心思钻研导学案、讲学稿，探究知识与技能、过程与方法。想当初刚进学校的年轻女孩子被同事和学生说成是"拼命三郎"，还真是有些无奈。想进步就要付诸行动，付诸大量时间钻研，不拼怎么行？这样想来，"拼命三郎"的无奈反而成了透着快乐的回忆。

我的学生刘钊目前已经是中央美术学院的教授，她在文章里这样说起我："我的班主任是个极要强的人。事事都积极应对，那时候我们也不负众望，班级在全校中是重点班。各个方面都是拿奖的，甚至排球比赛和广播操比赛也不例外。她不但做事坚韧，而且非常努力，虽然你从她的言谈中感觉不到。这潜在地影响了我，直到现在，我也是个喜欢和自己较劲的人。"当然，人立于世，可不能处处较劲。我反而是想让我的每一位学生都能够成为坚定、坚强、不服输、勇于开拓、勇于创新的人，成为一名笃定信念前进的人，就像我年轻时立志从教，一生俯下身子教学一样。

后来，我不仅圆了母亲让我成为市教学能手的梦，还圆了她更大的梦。1997年，我在莱西出课《逃遁的美洲狮》之后，真成了青岛市教学能手。1998年破格晋升为中学高级教师。在随后的苦中带乐的一线教学中，我一步一个脚印地接连创造属于自己和母亲的辉煌。

砥砺创新，不管是在教育生涯的哪个阶段都很重要

"如果教师不去在学生身上形成一种情绪高涨、智力振奋的内部状态，那么知识只能引起一种冷漠的态度，而不动情感的脑力劳动只能带来疲劳。请你帮助孩子成为具有人性的人。只有在我们的孩子具有人性的情况下，读和算的能力才有价值。"苏霍姆林斯基的这段文字启发了我，也被我奉为从教育人的格言。

在我获得了一系列荣誉之后，我没有止步，反而有一种危机感：如何才能进一步突破，不在现在的成绩面前酣睡？我始终认为，砥砺创新，不管是在教育生涯的哪个阶段都很重要。阅读教育专著，积累教育教学经验，分析课例、撰写体会，我在一线教育教学上的努力比刚入职时有增无减。也正是循着追求创新的脉络，我把苏霍姆林斯基的那段话记在心头，开始关注教学和学生德育上的"情感、态度与价值观"，祈求生命的美丽，期许人性的回归和张扬，开始了对教育教学真谛的感悟、升华之旅。

1. 研修。

以拓宽国际视野，提升教育理念为基点，我开始重新规划着自己的学习生活：2006年以来，先后在与德国慕尼黑帕森卡尔斯中学的文化交流活动中出任翻译；赴澳大利亚参加齐鲁名师境外培训；做北京外国语大学的"国培"项目的学员；完成华东师范大学的"教师专业发展"专题研修……我在丰富自己的同时，也如饥似渴地汲取着先进的教育理念，并为我所用。

记得那两次出国，我是带着问题去的。德国和澳大利亚的教育有什么可以借鉴的？他们的日常教学设计、课堂氛围、师生关系、家校关系又是什么样的？我发现，国外的课程标准和我们的有很多相似之处，让我们在教学上有了一定自信，我们的教育教学理念不输他们，但在课堂氛围、师生关系、家校关系上，我们的确有一些需要学习的地方。国外的课堂是互动式课堂，老师与学生不是那种一味地教与学的关系，老师没有一言堂，更没有满堂课的灌输。反而，师生关系非常自然和活跃，老师成了一个与学生共同协商进步，为学生指点迷津的角色。另外，他们的家校关系也非常融洽，家长成为学校发展的良好资源，家长在学校教育中担当了重要角色，他们的家长比较

懂教育、爱教育。出国的经历给了我很多启发，也改变了我的教学方式。改变了我对师生关系的定位，我从老师变成了他们的导师，变成了学生的朋友。这对于我以后情感教学模式的形成也起到了很大作用。

2. 读书学习。

教英语的难道只是简简单单教好ABC那么简单？答案必然是否定的。随着社会对人才的需求更加综合，更加多元，这也倒逼我们每一名老师成为一名"全才"。我广泛涉猎音乐、美术、舞蹈、书法、阅读、写作等，在知识与素养等方面不断完善自己，做到以情感人，以情促人，用情感引领价值，让价值成就生命，以生命回归人性。对我自己来说，读书、学习及思考的习惯是影响我一生发展的关键因素。卡耐基《人性的弱点》开始了我"洋为中用"的自省，于丹《论语》的解读给了我"古为今用"的样本，李镇西《我的教育观》引领我一生执着地学做老师、《心理学与班主任工作艺术》启发我班主任工作风生水起。

这个时期的我常常与学生交流自己读过的书。有时候在教学中，我会采取各种方式引导学生读书。《假如给我三天光明》的解读中，我中英文并举；《老人与海》原音重现中，我声情并茂；在新书推介中，为学生们推开了"用英语向世界介绍中国，用中文让中国了解世界"的一扇窗。我期待着生成学生的"觉悟"，使其怦然心动，心有所感，醍醐灌顶；引发他们内心慢慢参透，终其一生，变成人生体验的过程。

在这一阶段，我认识到：在一定的教育思想指导下，围绕一种具体的教育活动实践，会形成一种相对稳定的模式，即赋予教师一定独到之处的教学风格。在日常教育实践中，针对高中生的心理需求新特点，教师们在教学的同时，更重视情感陶冶的教学方式，逐渐在整体教学模式中形成了自己个性化的教育思想、开放的课程意识，充满生机的课堂教学和具有浓郁的个人教学风格的学习氛围。

把话说到学生的心坎里，德育要与教学同步推进

教师是人类灵魂的工程师，而对灵魂的塑造与雕琢，语言工具是苍白无

力的，棍棒工具是适得其反的，唯有情感的力量才能如涓涓细流融化坚冰，将之雕琢出想要的模样。我始终认为，让学生成为学得好的孩子不是最终目的，让他们成为德智体美全方面发展的孩子才是目的。对于学生，德与学并重。那么，对于教师，则是德育与教学并重。所以，我的教学更注重情感教育，在实践中情感教育的火花时时迸现。

通过去国外教育教学研究，以及自己日常的积累和总结，我逐渐形成了情感教学模式。我的情感教学模式首先是开放的模式，教师首先要有开放的心态，组织进行开放式的教学活动，眼光要大、眼界要广。随后，教学内容可不仅仅是课本上的那篇文章，无形的教学资源还有很多很多，影视材料、歌曲等等都是开放教学资源的元素，都可以添砖加瓦地丰富自己的教学课程。当然如果想激发学生学习的兴趣和热情，课堂设计就要富有戏剧性，用故事情节丰盈课程本身。这个时候，教师的讲课技巧也要跟上，要有人文关怀，语言富有幽默感，叫醒学生的耳朵，调动他们的兴趣，让他们觉得每节课都是如此新鲜。可以适时地组织一些学科竞赛，这些小比赛不是为了拿到奖项，而是通过比赛让学生之间、师生之间的情感交融，增加他们的互动。把握住了这几点，情感教学模式就来到了你身边。

德育是需要时刻渗透在课堂中的，如何在教学中贯穿德育？我的实践还是紧密地和情感教学模式相结合。教师在教学中要注意情感投入，将爱融入教学全过程，做到尊重学生主体，以情激情；改进教学方式，以教育情；开发教学内容，以文寓情；注重形成评价，以评促情；加强自身素养和人格魅力，以德育情，真正成为学生学习的合作者、引导者与参与者，充分发挥学生的学习主动性和创造性，使学生自主地获取知识、发展能力，提高学生英语学习的情感水平，有效地实现新《课标标准》的素质教育目标。

有人说："教师的教鞭下有瓦特，教师的冷眼里有牛顿，教师的讥笑中有爱迪生。"可是，老师与学生之间真的只有严厉的管教与冷眼讥笑吗？不！我的讲台前有成百上千个达·芬奇、凡·高、罗丹，我给他们的不是冷眼与讥笑，而是爱，以我自己特有的方式，播撒爱学生之心。教师要有班级管理的妙招，要有立德树人的心。把话说到学生心坎里，方为一名"有手段"的教师。把话说到学生心坎里，最重要的是始终要记住两个字"尊重"。

尊重是作为一个人最起码的需求。尊重学生，以艺术的批评方式去帮助学生改正错误，才是教育的唯一目标。不能把自己的情绪带到与学生的谈话中。注意说话的场合，一般来说，当众批评学生，学生更难接受，也更容易顶撞。就事论事，把握谈话的技巧，任何学生总有他可爱的一面，在谈话时，恩威并举，学生更容易接受。不要只是一味批评，让赞美成为批评的有效润滑剂。教育的实践告诉我，"人之初，性本善"，每个学生都是一块未经雕琢的璞玉，而雕刻刀就握在教师手中。要把璞玉雕好，雕刻家需要能够与之产生心灵的对话，作为老师，我们需要读懂学生的心理，把话说到学生的心坎上，这样会收到事半功倍的教育效果。

　　30多年的时光，像一辆马车，满载着我的青春远去。但，30多年，更像一间谷仓，满是丰收的喜悦。那谷仓里，有成才学生的精彩人生，有一点点磨下的粉笔灰，有一本本教学教案、教育专著，有父母的教诲，还有我自己对神圣教坛的坚守。

安 嘉
AN JIA

　　青岛交通职业学校德育及心理老师。山东省优质课评比一等奖，先后被评为青岛市教学能手，山东省教学能手，齐鲁名师，青岛市职业技能大赛优秀指导教师，全国文明风采大赛优秀指导教师等荣誉称号。青岛市职教教研室创业中心组副组长。国家二级心理咨询师，参编德育国家规划教材，主编国家规划教材配套教辅，担任半岛都市报、城市信报特约心理专家。

耕耘职教，且行且珍惜

当老师不仅仅是传道授业解惑，更是对学生语言，行为乃至人格的潜移默化

班主任的工作，就是点亮每一盏心灯，塑造孩子们心灵。

教育之于心灵，犹如雕刻之于大理石，而班主任，就是那个匠心独运的雕刻师。

——安嘉

入行之初，为师亦有道

小时候我以为你很神秘，
让所有的难题成了乐趣。
小时候我以为你很有力，
你总喜欢把我们高高举起。
长大后我就成了你，
才知道那支粉笔，
画出的是彩虹，
洒下的是泪滴。
长大后我就成了你，
才知道那个讲台，
举起的是别人，
奉献的是自己。

我的妈妈，是一位小学老师。记忆里的小时候，妈妈总是早出晚归，经常带回家的是一摞摞作业本和试卷，夜晚的灯光里，她在聚精会神的批作业、阅试卷。她也很关心我和弟弟的学习，但她更多的时间和精力，是放在学生身上，而我和弟弟养成了自觉学习的习惯，基本不用妈妈操心。

初中和高中的六年，我一直就读于青岛九中，九中的老师爱岗敬业、爱生如子，班级就像一个大家庭，师生间的感情特别深厚。我高中的班主任是一位政治老师，他全力以赴陪伴我们冲刺高考的情景至今还历历在目。高三报考志愿时，我填报了师范学校的政治专业。

长大后，我就成了你。1990年8月，走出大学校园，结束了13年学生生涯的我来到青岛28中学报道，满怀期待、憧憬和忐忑，那个夏天，我成为一名职高老师。

我的任务是教高一年级六个职业班的政治课，每周12节。难忘初登讲台时的紧张与不安，面对讲台下40多个学生，经常发现自己因为紧张，后背的衣服被汗水浸透，因紧张而大打折扣的课堂教学效果让我沮丧，怎样才能克服新手的紧张焦虑呢？热心的政治组教研组长李老师看到我的困境，发动全组老师帮助我，从手把手地教我备课、写教案、制作幻灯片到听课、评课等全程帮助指导；领导同事们的安慰、鼓励与帮助让我倍感温暖，一次次的实战演练与评课反思中，点点滴滴的信心也在不断积累。政治教研组的老师老中青三代人，有性格幽默风趣的，有爽朗直率的，有内向安静的，也有泼辣火爆的，但大家互相关心，互相帮助，相处融洽，办公室时常传来开心的笑声。虽然工作繁忙，但大家忙并快乐着。校领导为了让我尽快熟悉业务，安排级部组长纪老师和我师徒结对传授带班经验，我同时担任纪老师班的副班主任。纪老师干练爽快，她带的班总是学校里的标兵班，在处理班务的过程中，她传授我如何组建班集体，对待学生如何把握严与爱的尺度。两年的副班主任工作让我对如何带班有了初步的认识。

很庆幸，我在入行之初就遇到了校领导为青年教师的成长搭建平台，遇到了经验丰富传帮带的好师傅和热心的同事们。之后的一件平常小事，让我对为师之道有了更深入的思考。

那是一次早自习，我安排课代表带领大家学习。我的课代表是个做事非常认真的小姑娘，当我宣布开始自习，她便带领学生们朗读课本，布置练习题，提问，点评答案，俨然像个小老师，我惊喜地发现，她讲话的神态、语气，甚至点评时赞赏鼓励学生们的手势动作都与我如出一辙。我的课代表在有意无意中模仿我！这个场景震撼了我，原来，我们对学生的影响是如此巨大，当老师不仅仅是传道授业解惑，更是对学生语言、行为乃至人格潜移默化的影响，这让我感到教师职业是如此神圣；教之有法，为师有道，教书育人所肩负的使命，此刻开始让我感到如此敬畏。

点亮心灯，塑造心灵

担任了两年的副班主任后，我开始独立带班，接手的第一个班是半路接班的高三商贸班。信心满满，摩拳擦掌，准备大干一场的我很快就偃旗息鼓了：对于我的严格要求孩子们当面是乖孩子，背后却我行我素，班长甚至带着班里几个同学躲在校园角落里抽烟。摁下葫芦起来瓢，我每天忙得两脚不着地像个踩着风火轮的哪吒，班级工作依然没有起色，半年后，在遗憾中送他们参加了实习。这段不成功的带班经历促使我不断反思，学习，请教。班主任的工作，就是点亮每一盏心灯，塑造孩子们心灵。

因职高分流我调入青岛交通职业学校，仍然担任班主任，带的汽修班都是清一色的男生。初中因为打架狠差点被开除的小凯（化名），新生报到当天顶着一头黄色、夸张的发型和着装，特别扎眼。没有劈头盖脸的批评，而是约他到我办公室坐下谈笑风生的聊天，这让他很意外也很受用，了解到他喜欢音乐，会唱歌，能指挥，问他敢不敢揽下组织国庆大合唱的活，他当即表示没问题。我调侃他，你这身扮相会很拉风的。小凯不好意思地摸摸头，说以后不会了。大合唱成功获奖，论功行赏时我对他的学习提出更高的要求，此后课堂上他更加努力地约束自己，努力地把心思用在学习上，还主动把经常随身携带的短柄藏刀交给我。期间表现虽然多有反复，但我始终鞭策、鼓励，亦师亦友，以诚相待。不仅成绩在提高，讲义气有魄力的小凯在班级工作中也显现出号召力和善于组织落实的能力。后来，小凯通过竞选进入校学生会文体部，成为一名优秀的学生会干部。

来自即墨的小朋（化名），一米五几的个子，圆圆的娃娃脸，看起来像个小学生，他动手能力强，反应快，喜爱汽修，专业课成绩不错，是个技能大赛选手的好苗子，可惜贪玩，爱使性子，不太求上进。几次谈心，收效甚微。后来与小朋妈妈电话沟通时，妈妈很自豪地提到小朋不但会开车还会修车，我决定通过家访实地考察来寻找契机。

周末，我约了小朋喜爱的制图老师许丽娟一起去他郊区的家进行家访。那时候的交通不像现在这样便捷，还没走到村口，远远看到小朋开着农用车来接我们，到了他家院子看到房间里坐着好多人，原来小朋妈妈觉得青岛市里的班主任、老师登门家访特别有面子，就叫来好多亲戚邻居陪同拉呱。我和许老师讲了小朋住校期间学习、生活方方面面的趣事，表扬他专业课取得的成绩，还与乡亲们畅聊田间地头，房前屋后。农家院里话桑麻的家访之旅，迅速拉近了我和小朋及家长的距离，回校后的一次聊天我问小朋怎么学会修自家车子的，他说村子附近的小汽修铺技术一般，去镇上修又不太方便，自己家车子出故障就试着拆开找毛病，找懂的人问，一来二去小毛病就会修了。我说，你这么聪明能干，为何不自己在村子的公路旁开家汽修厂呢？一句话点醒梦中人，这个当小老板的梦想点燃了他的好胜心，后来在张炜老师的精心指导下，小朋取得了我校汽修市赛的第一枚金牌，有目标的孩子懂得全力以赴，毕业后两年，他创办了自己的汽修厂。

点亮每一盏心灯，不是跳班主任的独舞。以班干部队伍建设为重心，班级制度和班级文化建设为两翼，营造积极向上，人人振奋，个个有目标的温馨大家庭。家校教育，也要形成合力。教育之于心灵，犹如雕刻之于大理石，而班主任，就是那个匠心独运的雕刻师。

提升自我，服务学生和社会

2008年，职校开始开设心理健康课，我有幸成为专职心理老师，但转行跨度大，需要学习才能胜任岗位要求，当务之急是考取人社部认证的心理咨询师，当时的一次通过率只有15%，因为时间宝贵我越过三级直接报考了国家二级心理咨询师。每周的周六周日休息时间听老师上课，周一至周五上下班坐公交车的路上做真题，早晚各一套，好几次因为做题太投入坐过了站。

晚上忙完家务，我请儿子或老公读题，我说答案，后来好多题目他们爷俩都背过了。三个月的紧张复习，30套真题我至少做了3遍，或许是熟能生巧，一次性通过考试，当年顺利拿证。考取国家二级心理咨询师后，为了能尽快地学以致用，使心理咨询技能服务于师生，我又利用业余时间拜师学艺，在实践中摸索心理咨询技能及团体辅导技术；大量阅读相关书籍，通过网络视频资料学习相关理论和经验，努力完成了从拿证到上岗的过渡。

如果说考证是短平快，那么考研就是一场马拉松。为了系统地学习心理学知识与技能，从2009年开始，我报考了心理健康专业的在职研究生，然而在准备参加全国联考时，发觉困难重重。五门联考科目既有心理学专业的理论，又有技能，还要考我放下了20年的基础薄弱的英语。上班时间，我既要上满课时，又要开设选修课、辅导学生参加市职业技能大赛，自己也要参加省、市优质课比赛，全国说课比赛等赛事，主持的省、市级课题要按时开题结题并参与评审，下班后开发精品课程和校本课程，寒暑假参加培训、编写教材……时间都去哪儿了？尽管这样，我也要把时间当成海绵里的水使劲拧出来，因为这块是我的短板。就这样，零打碎敲的时间里，化整为零地啃课本，请教同行，做练习，2009-2012年，虽然连续4年落考，我没有放弃，功夫不负有心人，在2013年，第5次考试，芝麻终于开门了！我如愿以偿考取了在职研究生。

回想心理学知识与技能的积累与提升，固然是一个艰辛困苦的过程，一旦破茧成蝶，能够得心应手的运用，就会给工作带来极大的帮助，所有的辛苦与付出也是值得的。

学生心理健康工作的重要性日益凸显，青岛交通职校领导高度重视，学校以宿舍文化建设为主题，心理健康教育为抓手，由学管处牵头，我利用晚自习时间组织开展了"我爱我家"系列住宿女生心理健康团体辅导活动，"我有我风采""书香淑女""花季雨季""心灵家园""畅享成长"为专题的团体辅导活动，这些精心设计的活动，触动了学生的心灵，推动了学生成长，受到了学生们的喜爱。

职校学生，不仅要学好技术，练就专业技能，拥有过硬的职业心理素质也是实习、就业成功的法宝，个人职业生涯可持续发展的保证。但专门培养职校生职业心理素质的课程一直以来是个空白，为了满足学生发展的需求，我带领德育组的老师组建了精品课程团队，开始研发《职业心理素质》课程。在学校的大力支持下，我们前期充分调研论证、校企合作、请专家指导，编写教材，研讨教学设计，撰写教案、拍录微课，建设网络课程资源。《职业心理素质》课程模拟职场情境，引导学生正确对待角色转换、学会交往与适应、解决冲突、进行有效交流与沟通、培养健康的竞争心理和团队合作意识，具有创新性。通过活动训练来促进学生关注职业心理，形成良好的职业交往准备。在培养具备合格专业知识、过硬专业技能、身心健康发展的生产、建设、管理、服务于一线的高素质技能型人才中发挥着重要的不可替代的作用。历时三年，牺牲了数不清的节假日的休息时间，课程建设终于完美收官。从课程组织方式看，以学生体验为中心设计各教学单元，活动课程特色鲜明。面向全体学生开展心理健康教育，成为培养、提升职业心理素质的重要渠道，受到用人单位的好评，取得了良好的育人效果。

在全身心做好学生心理健康工作的同时，我也将心理健康教育在实践中探索、积累的宝贵资源，无私奉献到社区的职教义工大讲堂中。2015年，由青岛市教育局、青岛市文明办主办的青岛市"职教义工社区服务站"活动启动后，我先后走进了市北区浮山后、登州路、延安路、水清沟等社区，为社区居民带来了精心准备的职教义工大讲堂——《与压力共舞》《情绪管理的金钥匙》《和谐家庭乐悠悠》《关爱女性，更年期心理保健》等讲座，针对社区居民关心的心理问题，运用视频、动漫、漫画等喜闻乐见的形式，列举居民身边的案例并进行了耐心细致、通俗易懂的讲解。参与课堂的大叔、大妈们的听课热情高涨，他们认真做笔记，积极参与互动的态度感染了在场的社区领导及市北社区教育学院的领导们。

一次次社区心理健康讲堂的送课活动，赢得了社区居民的称赞，收获了来自社会的肯定与感动，也感受到了职教义工的沉甸甸的责任和光荣。

爱我专业，匠心筑梦

青岛市职业技能大赛是职业学校最重要的赛事之一，我于2008年开始指导学生参加创业计划书项目的比赛。这是我校师生首次参赛，且学校并没有开设创业课程，我和学生对参赛规程和内容一无所知，难度可想而知。为了取得好成绩，我首先研读竞赛规程，根据规则，创业计划书的格式是参照《SYB-创办你的企业》，它是"创办和改善你的企业"（SIYB）系列培训教程的一个重要组成部分，由联合国国际劳工组织开发，为有愿望开办自己中小企业的朋友量身定制的培训项目。我马上去书城买来教程研究揣摩，看不懂的地方，就去请教自己创业当老板的朋友，直到学会了为止。SYB的培训课程总共分为两大部分，第一部分是创业意识培训，共两步；第二部分是创业计划培训，共十步。每一步都像攀登险峰，一步一步地攻坚克难，只有自己彻底掌握了教材，才能很好地指导学生。

其次，竞赛规程要求参赛选手通过市场调查得来真实数据论证项目的可行性和营利性。对于没接触过企业的学生，对教程的内容缺乏感性认识。为了破解这个难题，我结合学生所学专业来确定创业项目。我对辅导的学生小豪（化名）从培养专业兴趣着手，激发他自己开店当老板的想法，假设自己正在一步步地走向创业的道路，开创属于自己的汽车装潢美容店，成为成功的创业者。同时，联系厂家，利用下班和周末休息时间，和小豪一起去店里实习，在实体店里感受创业项目。

师生经过一个月的艰苦努力，创业计划书终于有了雏形，我又带领小豪展开市场调研，反复推敲，让每一个数据都真实可行。撰写文案，精心制作课件，小豪也在努力地背熟汽车装潢美容店项目的文稿，熟练到做梦都在开店。

养兵千日，用兵一时，为了在比赛时发挥出好成绩，我在赛前组织了模拟答辩，邀请三位老师当评委，十几名学生当观众。然而就要登台展示时出了问题，对创业项目信心满满的小豪突然羞于登台，俯在我耳边说他害怕登台，只要台下超过三个人他就不敢讲话，这种情况持续多年了。只有先解除心理障碍，才能使比赛顺利进行。关键时刻心理学帮了我，我当即对小豪进行了系统脱敏训练，经过三组脱敏训练，他已经敢于登上讲台。虽然还有些紧张，但他已经突破了自己。正式比赛前一周的训练，我坚持比赛内容和心理辅导同时进行，最终，小豪不负众望，取得了一等奖的好成绩，这也是我校创业计划书项目比赛零的突破。

从2008年至2015年，连续8年辅导学生参赛，两人次获得一等奖，10人次获得二等奖，我也两次被评为大赛优秀指导老师。工作的美好，在于努力后的舒心，哪怕这个结果只是漫长努力后的一瞬。

光阴似箭，岁月如梭。转眼间，我已经在职业教育讲台上耕耘了30个春秋。虽不是桃李满天下，却也送了一批又一批的学子走向职场。我会心怀感激，耕耘职教，且行且珍惜。

梁泽鹏
LIANG ZE PENG

　　青岛交通职业学校汽修专业教师，高级教师，汽车维修工高级技师，汽车维修工考评员，中国交通运输行业职业技能大赛裁判员。1993年毕业于山东工程学院电气技术师范专业。2009年获青岛市技术能手，2011年获青岛市优质课一等奖，2012年获山东省优质课一等奖，2012年获青岛市青年岗位能手和山东省职业教育先进个人，2013年获青岛市工人先锋并入选山东省齐鲁名师，2014年荣获青岛市中小学学科带头人，2015年荣获青岛市教学能手。2009年获青岛市第十届技能大赛汽车维修工种第二名，2012年获青岛市职业学校技能大赛教师组一等奖，2010-2013年，辅导学生参加共获得国赛"两金三银"、省赛"三金五银"，2011-2013连续三年荣获"山东省职业院校技能大赛优秀辅导教师"称号，2012、2013连续两年荣获"全国职业院校技能大赛优秀辅导教师"称号。

用心灵谱写精彩华章，做教育征程的坚定行者

班主任是德育的实施者，让每个学生感受成功的喜悦是每位班主任的责任。

用心托起学生们的梦想，用爱滋润孩子们的心田，用情鼓舞孩子们的斗志，用力唱响孩子们的人生。为师者，付出与幸福并存！

——梁泽鹏

传道、授业、解惑；三尺讲台，一支粉笔；知识渊博，诲人不倦。儿时的我对老师充满敬畏与信赖，梦想也油然而生。1993年7月，21岁的我，青春年少、富有活力，满载着梦想踏上三尺讲台。那时，我就立志"教好书、做学生的良师益友"。

第一堂课学生给予的信任，让我坚定了从教信念

为迎接入职后的第一堂课，我做好充分的准备，提前进入教室，有几个学生主动围过来和我聊天，看得出他们对我充满期待。有个学生得知我是第一次讲课，竟然鼓励我，"老师，不用紧张，放心讲就行"。短暂的交流让我感受到学生们的热情、友善，紧张的心情稍稍放松了一些。上课铃响，我深吸一口气，平复了一下心情，迈步登上讲台，面对学生，看到四十多

双眼睛在注视着我，鸦雀无声，瞬间我脑子一片空白，随口喊了一声"上课！""起立！老——师——好！"学生坐下后，课前精心设计的开场白我已忘了大半，汗水不由得冒出，手也不由自主地直发抖。当看到学生们期待、善意的目光，我又受到极大地鼓励，稳定一下紧张情绪，开始自我介绍……语言生硬、磕磕绊绊，但是学生们并没有起哄，依然在认真地听着。在接下来的授课过程中，学生们非常配合，积极回应我讲的每一个知识点，使我紧张的心逐渐地放松了下来。讲解、练习、总结……45分钟的课堂授课在不知不觉中结束了。当下课铃声响起时，学生们给了我热烈的掌声……虽然我的第一堂课显得稚嫩、不够完美，但是我深切地感受到学生们对我的鼓励和认可。

20多年过去了，至今每回忆起第一堂课，上课的情景还历历在目，我都会从内心感激这些学生，是他们的尊重与理解让我对汽修专业课的教学增添了自信，让我第一次拥有"传道、授业"的自豪感。从他们身上，让我感受到承担的责任，教好书，无愧于"老师"这一称呼，他们让我更加热爱和坚定了教师这份职业。

用爱与责任，让每个孩子感受成功后的喜悦

第一次当班主任纯属偶然，1996年8月31日，是学生开学报到的日子，在开学典礼前的几分钟，我突然接到学校通知，新生6班班主任因故请假，让我接任该班班主任。没有任何准备的我，手里只有教导处给的一份带有中考成绩的花名册，我粗略看了一下，专业是双元制汽车修理，30人，全是男生，中考平均分330分。当我找到教室时，学生们已经坐好了。我看着一个个青春稚嫩的面孔，以后这30个孩子就由我来带了，能对得起孩子和家长的期望吗？顿时一种特殊的责任感油然而生，我默默下定决心，一定全力以赴带好他们，做好领路人。

开学不久，任课教师就陆续向我反映，与兄弟班级相比，学生接受能力比较弱，成绩不太理想。此后我了解到，由于这个班没有联办单位，预示着他们将来需要自谋职业，所以这个班级的人数少，成绩低，入校成绩比倒

数第二的乘务班平均低了40多分。于是，为了激励学生，树立学生自信心，我召开了"目标+勤奋+自信+自控=成功"的主题班会。让学生结合自己的情况，谈谈自己对这一主题的理解，找一找与重点高中学生的差距在哪里？结果学生们很诚实地总结出自己懒、贪玩、不爱学、学不会、有的甚至说自己"笨"，智商没有人家高，对自己的将来要求不高，只要能找个"活儿"干就行，甚至有的学生上学的目的不明确，走一步算一步……通过交流，我发现学生们严重缺乏自信，存在自卑心理。

【镜头一】用爱心、细心、耐心与诚心，关注孩子点滴的成长。

我经常鼓励学生：人的智商虽有差异，但通常决定成败的往往不是智商，而是勤奋与执着。与重点高中的学生相比，我们昨天浪费的时间太多，今天我们更要加倍努力。暂时的落后，不等于永久的落后。脚踏实地走好人生每段路程，不虚度光阴、不轻言放弃，每位同学都要发现和发扬身上的潜力，我们携手共进，一起扬帆起航，一定会驶向成功的彼岸。为此，我们确定了6班发展规划三步走，即高一稳定、高二发展、高三创优。

在随后的时间里，我全身心投入到班级中，几乎寸步不离，跟随学生听课，利用自习课的时间给他们辅导各科知识，包括语文、数学、电工、制图、基础、专业课程等，学生们都称我是"全能班主任"。我组织他们一帮一，多帮一，小组竞争。

为激励每一位学生学习积极性，每次考试后，我都会做详细的成绩分析，奖励优秀和后进。奖品都是我自己出资购买的学生喜欢的精美的笔记本，并且郑重在扉页写上："×××同学在×××考试中，取得优异成绩，特发此奖，以资鼓励！"

在一次数学考试中，我发现有个叫小伟的学生神色有些异常紧张。于是，我开始悄悄留意他，发现他不时地偷看左手心，当我走近他时，他突然把手藏到桌下，用力揉搓，在我眼神严厉注视下，他深深地低下了头，我没再说什么，轻轻地敲了敲他的桌子。考完试，我正在办公室批作业，听到门口有学生喊"报告"，我抬头一看，是小伟，此时的他，羞怯地低着头，站在门口，我猛然想起今天上午考试的事。"进来，有事吗？"我问道。他怯怯地走到我跟前，环视了一下办公室里其他老师，小声说："老师，我来承认错误了"，我故意问："犯什么错误了？""老师，我上午考试作弊了。"他压低声音，愧疚地说："我把数学几个公式写在手上了。"我停下手中的笔，低声问道："那你为什么要这么做？""我想考出好成绩，考进前八名，可公式太多，经常就用混了"。（平时他的成绩在班级中总在15～23名之间。）"为什么非要进前八呢？"我好奇地问。"这段时间，我妈妈身体不好，我想让她开心点，可是我实在没有什么能让她高兴的事。妈妈上次来开家长会后，我听到妈妈对爸爸说'家长会上，老师表扬了很多优秀学生，还发了奖品和证书，什么时候小伟也能得到老师表扬？'从那时起，我就想好好努力，争取能得到老师表扬，让妈妈能高兴点。"说到这里，他眼圈发红，眼泪不由地啪嗒啪嗒往下掉。我赶紧安慰他："我很理解你的心情，也非常相信你说的话，可是你想想，这样得来的成绩，你能心安吗？如果你妈妈知道真相，会不会更伤心？如果同学知道了真相，会怎么评价你？你的妈妈更希望看到真实的成绩，诚信比成绩更重要！""老师，我错了，以后再也不作弊了。"他的诚恳让我也有一些感动，"男子汉犯点错在所难免，今天你能主动承认错误，改正错误，这是很大的勇气，而且看得出你是一个很孝顺的孩子，以后通过自己的努力，一定会取得优异成绩！公式记不住，主要是还没有完全理解，多做一些练习……"第二天，成绩公布，小伟的成绩在班级第十名，没有进入前八名，但是我依然给他准备了一份特殊的礼物——"诚信奖"。在班级中颁完奖后，我将小伟叫到办公室，拿出这份奖品，告诉他："虽然没有进入班级前八名，但是进步也很大，这不是奖品，是一份纪念品，纪念你的诚实与进步，期待你期末考出更好成绩。"之后我经常对他进行知识和学法的指导，并及时给予鼓励，最终在期末考试中，他取得第六名的好成绩，也获得了学校的"奋进奖学金"。

这都是些日常遇到的小事，但我想，教师岗位是平凡的，对学生的影响却是深远的。教育无小事，一件细微的小事、一句温暖的话语，都可能永久地驻留在学生心中。教师多一点包容、多一点理解、多一点鼓励、多一点信任，就会让这些孩子多一份自信，多一份健康的成长养料。

【镜头二】用真诚唤醒学生心灵，用爱心融化"寒冰"。

小平同学性格内向，不善言辞，又是特困家庭，小时候失去了父亲，与母亲相依为命，后来母亲与继父重组家庭，有了妹妹，可是不久，继父又患病，花光家里积蓄后，最终留下一家三口。小平和妹妹要上学，家里除了享受一些社会补助外没有其他收入，为了维持生计，妈妈出租了家里的一间房子，将另一间作小卖部，也是唯一的居家之地。家里除了商品，就是母女一张床，小平只能睡在柜台后面，真是没有插脚的地方，周末还得帮妈妈进货，日子过得很艰难。

一天他与其他同学在教室打闹，用衣服蒙住一位同学的头，另外三个同学趁机敲打该同学的头部，结果被打同学有点头晕，班级规定凡是打架或打闹造成伤害的，动手者负担一切后果。于是我一边通知家长，一边陪同被打学生去医院做检查。结果没有什么大碍，只花了二百元检查费。在我严厉批评参与打闹的四位学生后，要求每位学生负担50元检查费。小平听后眼泪流落了下来，"老师，我错了，我再也不打了，能不能不告诉我妈妈，她拿不出这么多钱，我可不可以一点一点地还？"我知道他打算把每天的午饭钱省下来，我也不忍心让他妈妈伤心，可是错已经犯了，必须得按规定处理。我向小平讲明了打闹的严重后果以及应该承担的责任，告诉他："我给你吧，但是以后千万要吸取教训。"从此之后，小平再也没有出现过类似事情，学习成绩也逐步提高。在运动会中400米、4×100米、4×400米比赛中，均取得第一名，为班级争得了荣誉。一个多月后，我收到他放在我办公桌上的信，"梁老师，这是我第一次写信，感谢您对我的包容与帮助，让我感受到爱的温暖，我永远也忘不了您说的：人最大的敌人就是自己。我会用这句话时时勉励自己，克服困难，勇敢的面对生活……"。看到这封满满三张纸的来信，我能想象出，内向的他写这封信用了多久，或许这是他第一次内心的真情告白，我由衷地感到欣慰。尊重孩子，用爱唤醒他们的心灵，总有一天他们也会成长为参天大树。

【镜头三】做好学生的良师益友，同学生一起成长。

班主任培养出一支素质过硬的班干部队伍，是打造一个优秀班集体的前提。除了在学校进行班级工作指导之外，为了培养班干部团队意识，树立为同学服务理念，周日，我邀请他们到我住处一起包饺子。买馅、擀皮，切菜、包饺子、煮饺子，每出一锅，学生就一哄而上，抢吃一空，直到最后撑得直不起腰。虽然活动简单，但是气氛热烈，其乐融融，那场景至今难忘。我们还利用周末一起到海边钓鱼、野炊，骑自行车去50千米外的服装批发市场购买班服，课间一起打球、一起唱歌……，在不知不觉中，增强了班级凝聚力，提升了班干部素质。在班干部的带领下，我班在学校的各项活动中均取得优异成绩：运动会4×100 m、4×400 m、男子团体总分，三个第一，并获得"精神文明班集体"，越野赛团体第一名。在全市会考中，各科成绩均排在学校前列。这个班学生毕业后职业发展良好，班长在名牌汽车4S店任技术总监；体育班长被征入八一手球队任守门员，退役后在某著名集团健身俱乐部任总经理，自己在市内开了多个健身俱乐部；纪律委员在某汽车4S店任服务经理……

班主任是德育的实施者，让每个学生感受成功的喜悦是每位班主任的责任。19年的班主任工作，已连续送走7个班，这7个班均获"校优秀班集体"，其中6个班级获得"市级优秀班集体"或"优秀团支部"；14人次获得省市"三好学生"或"优秀学生干部"；所带班级有4人在全国中职技能大赛中获得金奖；多人成功自主创业，多数学生已成为企业骨干……每当看到他们取得的点滴成绩，我都会由衷地为他们感到骄傲，也为自己当初选择教师这一职业感到自豪。

有赛必参，以赛促学，在比赛中成长

作为汽修专业课教师，不仅需要较强的教学能力，还需要具备扎实的专业技能。为了提升自身的教学水平和专业技能，以胜任专业课教学，我多次主动参加各种比赛，例如，优质课比赛、专业技能大赛、教育教学论文评比等，通过比赛自我加压，督促自己不断地学习，在专业方面不断提升，也取得了一些成绩。

课堂教学是学生获取知识的主要渠道，教师必须要开阔视野、拓宽思路，探索与尝试更加符合学情及职业需求的教学方法和内容。2010年我参加全国"创新杯"汽车运用与维修专业学习任务设计及说课比赛获二等奖，2011年获得青岛市优质课比赛一等奖；11月，送课下乡；2012年获省级优质课比赛一等奖；参加省内理实一体化教学展示……每一次教学比赛，都是对教师教学能力的锻炼与提升。

为了促使自己不断学习，提高技能水平，自1996年开始，我先后9次参加市级相关专业技能比赛，其中钳工2次，汽车维修6次，汽车车身修复1次。2009年青岛市第十届技能大赛汽车维修工工种第二名，被授予"青岛市技术能手"称号；2012年参加青岛市中等职业学校汽车维修专业车身修复项目技能比赛，获得教师组第一名，被授予"青岛市青年岗位能手"称号。先后参加多次职业资格考试，取得钳工证、汽车维修工初、中、高及高级技师的资格证书，以及国家职业资格汽车维修工工种考评员证。

教学和专业技能等比赛，使我不仅学习了先进的教学理念，丰富了教学经验，提高了专业技能水平，而且开阔了视野，提高了自己的学习能力、实践能力，加快了我的职业成长。

辅导技能大赛，成就学生梦想

优秀的技能型人才是中职教育培养目标，技能大赛也成为展示职业教育成果的平台。

我自2009年开始承担辅导学生技能大赛工作，领导对我的信任，使我承受着巨大的压力，我和学生一起对大赛仅有的教材进行学习，边学边教，开始时举步维艰，逐句逐段进行领会分析，遇到疑难问题，如专业名词、术语及专用工具等，就通过查阅有关资料、请教企业专家等途径来解决，摸索掌握相关知识。

我每周20节课，并担任班主任工作，工作繁忙，只能利用课余时间才能完全安下心来同学生一起研究大赛，经常和学生学习到晚上八、九点。回到家后，制作课件、写教案，准备第二天上课的内容，继续思考大赛训练中遇到的问题。

为提高学生操作水平，我联系有比赛设备的单位进行技能操作训练，为帮助学生解决操作中遇到的难题，研究破解方法，我亲自操作演示，如如何消除塞焊的气孔，如何提高受损门板的平整度等，训练中及时对学生学习表现给予肯定和鼓励，要求学生总结并口述出每个项目的操作流程、技巧及注意事项。2010年4月山东省职业院校技能大赛中，我指导的两位选手经过全力拼搏，最终取得第三和第四名的好成绩。成绩的取得，为我们树立了信心，学校对大赛目标又提出了更高的要求。为了取得更好成绩，我白天上课、管理班级、指导大赛学生训练，晚上挑灯夜战，研究比赛规程，到市图书馆、新华书店查阅资料，去4S店学习，还到外地向专家请教。为了缓解学生的训练压力，我经常与他们交流谈心，带他们逛车展；为了提高学生的体能，带来拉力器、哑铃，每天安排半小时体育活动；每周带学生吃一顿美餐，带来电磁炉和锅，买来排骨、牛肉和蔬菜，给学生补充营养。接下来的几年，我与学生们并肩作战，没有休息日、没有节假日，每天工作14小时以上，经常晚上十点到家，顾不上饥肠辘辘，倒头就睡，几乎每到凌晨一二点又不自觉醒来，脑子里仍在思考训练中遇到的难题。

　　每次赛前看考场时，我会迅速地根据比赛的项目，指导学生重点看哪些内容，如焊机的参数要求、点焊机的电极头磨损和对正状况、受损门板的厚度、弹性，打磨机的尺寸、电子测量项目测量头和发射器的摆放位置等，提醒学生不要放过任何细节。遇到和平时训练不同的地方就赶紧记录下来，连夜和学生们共同研究对策，待他们休息后，我总是反复思考斟酌，辗转难眠，第二天一早把比赛中可能会出现的问题再叮嘱孩子们……2010-2013年，我指导的车身修复项目先后获得国赛两个一等奖、三个二等奖，省赛三个一等奖、市赛包揽前三名！

　　从小在农村长大的小强，能吃苦耐劳，跟随我训练了半年多的车身修复。可是在临近比赛时，他突然要放弃训练，回家务农，原来他的母亲腰椎不好，家里农活需要人来做。于是他就有了回家照顾家庭的想法。我知道，半年来他在训练中已经付出了太多，每天十几个小时高强度训练，技能水平突飞猛进，一旦放弃，就会永远失去这样难得的机会。于是我多次与他谈心，一次次打电话和家长交流，了解家庭情况，家长被我的真诚感动，表示一定全力支持孩子。背负着老师和家长的殷切期望，小强训练得比以前更加刻苦了，工作服像被汗水洗过一样，手上一个个"血泡"变成了茧子。功夫不负有心人，小强在2012年全国中职院校技能大赛中获车身修复项目一等奖！当他站在全国大赛领奖台上，高高举起手中的奖杯时，我的眼睛忍不住湿润了……230天的披荆斩棘、230天的汗水挥洒都定格在这美好的瞬间！教师节前夕，我收到他发来的短信，说："梁老师，大赛带给我的不仅是荣誉，更让我学会了坚持，没有您的鼓励和帮助，我就没有今天！"

用心托起学生们的梦想，用爱滋润孩子们的心田，用情鼓舞孩子们的斗志，用力唱响孩子们的人生。为师者，付出与幸福并存！

潜心研究教育教学，做青年教师的引领者

历经20余年的专业教学、班级管理、大赛辅导等工作，参加了较多的培训与学术交流，我积累了较为丰富的教育教学经验。在汽车维修专业教学中，结合学情与行业生产实践，以学生的职业素养为根、专业技能为基，将职业道德理想、安全规范意识、团队协作精神融入专业教学中。在专业课授课过程中，注重以学生为中心，采取在"做中学、做中教"的教学策略，提高课堂的实效性。我带领专业教师先后制作了前照灯控制电路、起动机控制电路、电喇叭控制电路、点火电路等近20个示教板，制作了汽车空调实验台，改造了丰田卡罗拉发动机实验台，不仅增加了学生的实践操作机会，提高了学习效率，而且节约了大量的资金。在校内我推广使用案例教学法、任务驱动式教学，结合企业生产实际，将教学内容设置成任务，取得良好的教学效果。论文《中职学校汽修专业教学中的项目设置》发表于《山东现代教育》，《班主任如何在班级中树立威信》发表于《青岛教育》，并有多篇论文在省市论文评选中获奖。2013年参编了《山东省汽车运用与维修专业教学指导方案》。近几年，先后主编了《汽车电气》《现代汽车车身修复工艺》《电控发动机故障诊断》等校本教材。由于丰富的案例、直观的教学和扎实的专业知识技能，我的课堂深受学生的喜爱。每学期初，我就成为各班主任争抢的对象，他们都希望我能够给自己班级上课，认为我所教班级的课堂秩序好、考试成绩好，班主任无须操心学生们的纪律和学习。

为更好地发挥自身的示范、引领作用，对青年教师进行精心的指导与培养。我先后与五位青年教师结成"师徒"，从学生管理、教学方法、上课、评课、课件制作、专业知识技能等各方面进行指导，青年教师成长迅速，在各种比赛中均取得优异成绩。2013年指导李淑婷老师获得青岛市优质课第一名；2016年指导李佳璠老师获得全国创新杯汽车运用与维修专业学习任务设计信息化教学及说课比赛一等奖；指导代卢喜老师参加青岛市职业学校技能

大赛汽车运用与维修工种，获得一等奖；丁文杰老师辅导学生参加全国职业院校技能大赛汽车商务比赛获得"优秀指导教师称号"……当我看到这些青年教师逐渐成为学校的骨干教师，承担起教育教学的重担时，莫名的成就感油然而生。为了让每位孩子得到更优质的教育，学校拥有一支优秀的教师队伍，我愿尽己所能助青年教师成长！

在职业教育的路上走得越久，我越深切地体会到："有一种感动叫平凡，有一种伟大叫坚持，有一种奉献叫无声。"

教师是永不知倦的跋涉者、引领者；教育如歌，最华彩的乐章要用灵魂来谱写，才能震撼心灵；育人无边，我只是漫漫征途中一个坚定的行者。回首走过的路，有荆棘也有彩虹，有寒冰也有暖阳。用心成就每个孩子，终身无悔！

栾林静
LUAN LIN JING

　　青岛高新职业学校服装专业骨干教师、教研组长。先后获得崂山区优秀教师、青岛市青年教师优秀专业人才、青岛市优秀班主任、青岛市青年岗位能手、青岛市学科带头人、山东省首批职业教育齐鲁名师等荣誉称号。指导学生参加服装专业全国职业院系技能比赛，共获得一等奖4个、二等奖2个、三等奖1个。开设青岛市公开课、交流课，多次在省市优质课比赛中获得一等奖，多篇论文在全国、山东省论文比赛中获得一等奖。主持青岛市服装工艺制作精品课程，主编以工作任务为导向的项目教学校本教材《服装工艺实训》，编写国家规划教材《服装工艺实训标准》。

但使桃李满天下，何用堂前更种花

赏识教育是一种富有能量的教育，对职业学校的学生来说认可和欣赏尤为重要。

在关注、欣赏的前提下，严格要求是班级健康发展的保障。

教师熟练、精湛的技艺对学生来讲是一种身教胜过言传的示范引领，更是一种职业精神的潜移默化。

工匠情结其实就是一辈子用心去做一件事，并把这件事做到极致。

——栾林静

1998年9月，21岁的我大学毕业第一次踏上了三尺讲台，成为一名光荣的人民教师。穿梭在青春涌动的校园里，听着朗朗的读书声，望着一双双活泼的眼睛，年轻的心被信任和使命激荡，从此我坚定、有力地行走在职教的大路上，一步一个脚印。

牛刀小试　崭露头角

我大学学的是服装工程专业，主修服装结构制图和服装缝制工艺，这两门课也是中职服装专业的主干课程。工作后领导有意安排我担任这两门专业课的教学工作，又怕年轻、瘦弱、缺乏实践经验的我胜任不了。于是领导跟我约定，先跟老教师学习一个月，一个月后举行全校展示课，让全校老师来考评，合格了就进教室上课，不合格就继续跟老教师学习。

对于刚刚迈出校门、非师范专业毕业、毫无工作经验的我来说，全校范围的展示课是一次考验，更是一个很大的挑战，这让我倍感压力，同时也给了我很大的动力。为了在展示课上能有一个出色的表现，我认真备课，仔细研读教材，积极向老教师请教，一有机会就去听老教师讲课，看他们如何上课，琢磨他们如何设计课堂教学环节，学习他们如何处理教材的重点和难点，听他们讲解如何制作和使用教具，晚上我还找来小黑板练习画图和粉笔字，一个人一遍又一遍地模拟上课。功夫不负有心人，一个月后的全校展示课上，我自己制作的会动的幻灯片在全校引起了不小的轰动，整堂课受到领导和老师们的一致好评，我欣喜不已，我相信只要付出努力就一定会有回报。

这次展示课的成功让我倍受鼓舞，领导放心地把高二年级的主干专业课交给了我，从此我信心百倍地走上了职教的舞台，迎接我的是一个又一个的挑战，我上交的也是一份又一份令人满意的答卷。

以爱育爱　携爱前行

苏霍姆林斯基说过，热爱孩子是教师生活中重要的东西。我有一份对学生的深沉的爱，这份爱让我充满激情、勇担重任，让我成就了学生的梦想、收获了学生的尊重。

毕业第二年，我开始担任服装班的班主任，一干就是15年。在现有的选拔体制下，职业学校的学生大多被认为是中考的失败者，他们往往缺少足够的关注和赞赏。这些孩子经历的一次次挫败，一点点损耗着他们的自信。相比那些一直被掌声和赞美围绕的孩子来讲，这些十五六岁正处青春期的孩子是多么渴望被认可、被重视。他们有的通过叛逆、标新立异来表达自己的与众不同，有的变得异常敏感，像一个小刺猬一样竖起满身的刺来保护自己，有的则习惯了沉默寡言，把整个世界拒之门外。在与这些孩子朝夕相处的日子里，不管他们是用怯生生的眼神、还是无所谓的表情、抑或是无所畏惧的行为，我都能读懂他们内心的无助和渴望，因为我从心底心疼这些孩子。我要用爱去帮助这些孩子，让他们做更好的自己。

十五年的班主任工作，我投入了满腔的热情。我注重对学生人格和人品的培养，通过让学生写心灵日记的方式，让学生给自己的心灵找一片净土，引导他们把生活中的美好、心灵的感触通过文字写下来，我看后会在上面写下自己的观点。心灵日记成了我和学生交流的桥梁。慢慢地，学生学会了沟通，学会了感恩，学会了包容，学会了思考，我和学生心灵的距离也越来越近，班级工作也越来越出色。我发挥住在学校附近的优势，一有时间就溜达到学校来看看，用心观察学生，了解每个孩子的个性特点，有针对性地开展工作。开学一个月内，我几乎天天早操时间到校，晚上自习结束才离开学校。新生入学第一天，我能叫出班级里所有学生的名字，一周内基本了解了所有学生的个性，一个月内能和学生成为好朋友。

作为教师我知道，赏识教育是一种富有能量的教育，对职业学校的学生来说认可和欣赏尤为重要。当我从心底里由衷地赞美孩子们时，他们的眼睛里会闪着欣喜的亮光。如果说普通高中实施的是补短教育，那么职业学校就应该是扬长教育，通过发现学生的闪光点来激活他们内在的动力，让他们意识到我能行，唤醒他们爱的能力！

晓鹏（化名）是我2006级的学生，是个典型的刺儿头，除了不学习没有他不敢干的。我做了很多工作效果都不大，因为只要你一提到他哪里做得不好他就条件反射一样地抗拒，他觉得老师就是看不上他。有一次，学校举行舞蹈大赛。班里几个学生排练一个现代舞，从不参与班级活动的晓鹏一反常态地站在一边看，同学们让他一起参加他却一脸鄙夷。初赛的时候我们班的节目没有入选，学生们特别失望。这时一直旁观的晓鹏走过来说：我教你们！几个动作示范下来大家惊讶不已，原来晓鹏竟是一个隐藏的舞林高手，大家对晓鹏的舞技赞叹不已，我特别高兴对他说了一句"有你在真是太好了"，平时铁板一块的晓鹏竟然第一次露出了羞涩的笑容。晓鹏重新编排了舞蹈并且领舞，我们顺利进入了决赛。

比赛那天，我特意制作了横幅"晓鹏最棒，服装一班必胜"，全班手拿荧光棒，跟随音乐节奏一起舞动给舞蹈队加油。当最后晓鹏获得最佳领舞的时候，我带领全班同学大喊他的名字，整个礼堂响起了热烈的掌声。从那以后晓鹏上学不迟到了，跟老师同学的交流也多了起来，眼神也温和了很多。后来，在我的提议下，晓鹏领头成立了我们班的街舞队。我帮他们申请到训练的场地，每天中午和活动课他们都可以训练。晓鹏一下子找到了发挥特长、释放能量的途径，街舞队练得有声有色，在学校大大小小的演出、比赛中抢尽了风头。学校在此基础上成立了舞韵堂舞蹈社团，晓鹏担任社长。不仅如此，所有老师都感受到了晓鹏的变化，他变得有礼貌了，上课开始听讲了，作业也交得很及时，最重要的是，他整个人变得阳光、健康、自信。毕业后晓鹏发挥特长，自主创业，现在已事业有成。

在关注、欣赏的前提下，严格要求是班级健康发展的保障。在校规校纪的基础上，我跟学生们一起制定了班规，在开学一个月内，我们班就慢慢步入正轨。在班级管理中，我积极推行民主化管理，大胆创新，创立了一套学生自主管理的模式，调动了全体学生自我教育、自我管理的积极性，培养了班干部的组织管理能力，建立了良好的师生关系与和谐的班级人际关系，增强了班级的凝聚力和学生的集体荣誉感，使班级的班风正、学风浓，在学校的各种文体活动中表现突出，在学校的量化管理中成绩优异，连年被评为校级先进班集体，多次被评为区、市先进班集体，2006级服装一班被评为山东省先进班集体，我被评为青岛市优秀班主任。

秉持匠心　德技兼修

服装专业是一个技能性、操作性很强的专业，作为一名合格的服装专业课教师，必须熟练掌握专业技能，在示范演示环节里，教师不仅要"讲"得好，更要"做"得好、"做"得快，教师熟练、精湛的技艺对学生来讲是一种身教胜过言传的示范引领，更是一种职业精神的潜移默化。专业发展中我追求精益求精，这或许就是一种工匠情结吧。工匠情结其实就是一辈子用心去做一件事，并把这件事做到极致。我把这当作我的从教信条，时刻以一名工匠的标准去要求自己。

我的专业成长之路形象的说是靠自己一针一线缝起来的。刚毕业的那三年我一直住在学校里，白天上课，晚上练习做衣服。长期的操剪动作，让我的两手虎口长满了厚厚的茧子，每到冬天就开始裂口，钻心的疼，但为了不耽误授课，我都是简单的抹点药就又投入到训练之中。暑假里，我有一半的时间都走在学习培训的路上，有时候一个假期会不间断参加两个学习，短则十天半个月，多则一个多月。培训的过程又苦又累，白天学习，晚上练习，夏天没有空调，我还要守着滚烫的电熨斗，热得浑身冒汗。

2006年夏天，在青州培训期间，三岁的孩子感冒发烧，听着孩子电话里哭着找妈妈，我心疼得直抹眼泪，培训快结束时正赶上下大暴雨，大风刮得伞根本就没法打，为了尽快赶回家照料生病的儿子，我在暴雨里淋得浑身湿透也打不到一辆出租车，后来一辆三轮车经过我身边，我想也没想就冲过去拦下了他，我说孩子病了急着赶回家问他能不能载我去汽车站。可能看我大雨里打不上车太可怜，也可能是体恤当妈妈的不容易，我终于坐着感觉随时能被大风掀翻的三轮车赶到了汽车站。

2014年我到北京服装学院参加暑期培训，炎炎夏日，体重只有90多斤的我提着40多斤装满布料的大箱子换乘三次地铁，累得大汗淋漓、精疲力竭。初学立体裁剪时，老师示范一整天的内容，我坚持在晚上练习一遍，请老师第二天一早讲评指导，老师边讲边做一天的内容我要至少加班到第二天凌晨才能干完。

20年来，我从未停止过学习的脚步，因为我知道技术更新的脚步从来不会因为我们的歇息而停止。通过不间断的学习，我完成了专业知识的不断更新，专业技术也越来越娴熟。这期间我考取了服装设计定制技师资格，在青岛市服装专业教师技能大赛中多次获得一等奖第一名。我教的班级在2016年青岛市教育局组织的技能抽测中，取得了全市第一名的好成绩。

在苦练专业技能的同时，我积极探索适合中职学生的服装专业教学方法，理实一体化实训课《单嵌线后袋制作工艺》在全市范围内示范交流，开设青岛市公开课《男西裤裁剪工艺》获得好评，在省、市优课评选中多次获得一等奖，制作的课件获得全国课件比赛一等奖。在担任学校服装专业教研组长期间，我主持了青岛市精品课程《服装工艺实训》，编写了校本教材。编写的服装制作工艺的国家规划教材，使高新学校的服装教学规范成为全国中职学校服装专业教学标准。

技能大赛　摘金夺银

普通高中有高考，职业学校有大赛。随着职业教育的蓬勃发展，各个级别的职业技能大赛轰轰烈烈地展开了，技能大赛成为检验各地区、各学校的育人理念、教师水平、人才培养模式和教学质量的检验场，技能大赛指导工作也成为各个学校的重要工作之一。全国职业院校技能大赛一直被誉为职业教育领域的"奥林匹克"。全国开设服装专业的职业院校有260多所，在校生2万多人，竞争的激烈程度可想而知。我有一个梦想，那就是有一天自己辅导的学生能够站在国赛的最高领奖台上。

2008年9月开始，我被学校选派为技能大赛的指导教师，备战国赛，我们从零开始。面对青岛市只有3个国赛名额的激烈竞争，毫无大赛经验的我跟学生们训练得异常艰苦。从服装款式图到结构制版再到裁剪缝制，每一道工序，每一个流程，我手把手示范，一遍一遍讲解，直到学生操作规范熟练。为了解决一个技术难题，我在台前一站就是大半天，一件衣服做了拆、拆了做。为了获得最新的流行元素，我去考察市场、翻阅大量流行资讯；为了优化工序、提高作品质量，我带领学生去企业参观学习。有一段时期，我感觉自己遇到了高原期，技术突破不了、孩子生病、压力又大，我常常把自己关在屋子里大哭一场，哭完再拆再做。

无数个晚自习和节假日，我把无人照看的儿子带在身边，每当看到玩累了在案板上睡着了的儿子，我的心里就充满了愧疚。有一次因为儿子在案板上睡着了受凉，半夜发高烧，当我跌跌撞撞把儿子送到医院时，儿子的体温已经升到40 ℃，抱着浑身滚烫、烧得迷迷糊糊的孩子，我泪流不止，对于孩子除了心疼更多的是自责。我爱人工作也很忙，为了专心辅导比赛，我把老人接过来照顾孩子。经常是我晚上回家时孩子已经睡了，我早晨离开家时孩子还在睡，连续好几天孩子也见不到我的影子，孩子实在想妈妈了，老人就趁吃晚饭的训练空档，把孩子带到学校跟我玩一会再走。儿子后来自嘲说自己是"留守儿童"，奶奶是"空巢老人"。我跟儿子说，"妈妈的爱只能分享，因为妈妈是老师"。现在，每每想到这些，心里都久久不能平静，这些年来对孩子亏欠的太多。唯一让我感到欣慰的是，这些年的摔打，孩子越来越坚强独立，长成了一个贴心懂事、特别体谅妈妈并以妈妈为荣的小暖男。

不怕困难、不服输的性格和对事业的责任感激励着我，也感染着学生。训练中我是一名严师，每一道工序都要不折不扣的高标准完成。每一次集训、每一轮选拔，我都与学生一起吃住在学校，每天早晨7点钟训练开始，每天的训练都会持续到午夜。每天晚上，当学生们带着疲惫酣然入睡后，我还要总结训练当天出现的问题、设计第二天的训练内容、准备第二天的实训耗材，等我回到宿舍通常已经一两点钟。

生活上我是学生们的知心朋友和营养师。为了调节学生的压力和身体的疲劳，我带领学生去操场做游戏、去给大树捉虫子，在校园幽静的一角谈心。为了补充学生的体能，我经常从家里带来学生爱吃的牛肉干、水果、牛奶，婆婆每次包的饺子都有学生一份。孩子们长时间不回家，无意间提起想吃海鲜了，我就买来各种海鲜亲自煮给孩子们吃。六月天气热，为解决学生的个人卫生，我中午开着车拉着她们到自己家里洗澡，洗完澡再开车送到学校继续训练。朝夕相处中，我跟学生结下了深厚的友谊，学生私下里都亲切地称呼我"栾栾"。

国赛备赛的过程是艰辛的，超负荷的工作考验着我的体能，严苛的工艺标准考验着我的专业技能，巨大的压力考验着我的心理承受能力。辅导国赛如此辛苦，而我一辅导就是八年。八年里，我缺失了多少陪伴孩子成长的时光，八年里我夜以继日、不知疲倦，没睡过几个安稳觉，八年间华发暗生、皱纹渐增。但这一切都是值得的。八年大赛路，我辅导的学生收获国赛4金3银1铜，金牌数和奖牌数均列全市第一。其中，2015年技能大赛中我一人指导两名学生参赛，分别获得国赛第二名和第四名的好成绩，我也多次被评为全国优秀指导教师。大赛对我而言就像是一个大熔炉，经过一次次火的考验，一锤锤地敲打锻炼，淬火重生，使我从普普通通的生铁锻造成职教精钢。

名师工程 助力成材

2013年初，我有幸入选山东省首届职业教育齐鲁名师建设工程，这是我教师职业生涯的一次契机。通过齐鲁名师这个大平台，我努力学习教育理论，加强教育实践，提高专业技能，在实践中积极探索、积累、突破、更新，终于成长为一名合格的齐鲁名师。

入选齐鲁名师建设工程之初，我跟导师一起量身制订了个性化培养方案，不断学习，提高教育教学水平和教科研能力。深入学习教育理论，阅读教育名著，提高教育教学理论水平。积极参加教育教学理论、现代多媒体教学技术、教学方法论、专业技能等国内外培训，包括三个月国家级骨干教师培训、在德国马格德堡参加教育部组织的骨干教师出国进修以及5次国家级专业技能培训、2次全国名师课堂特色课堂展示会。通过学习夯实了教育理论基础，树立了现代教育观念，提高了教育教学水平和教育教学研究能力，为今后教育教学能力、教科研能力、专业技术能力的提升和发展奠定了良好的基础。2015年参加全国GCT考试考取了青岛大学纺织服装学院在职研究生。

在专业建设上，我积极组织推进服装专业课程改革，把近年来大赛考察的基础技能与工艺技能教学相结合，以工艺方法为主体，以工艺流程为主线，以操作要领为抓手，采用项目导向、任务驱动、理论实践一体化、做学一体化的教学模式，大大提高了工艺技能教学的效率和质量。根据本专业实际和学生情况，首创了三段四步式服装实训模式，即教学过程中，课前集体备课、课上合作探究、课下个性报告的三段式以及课程中间看演示、说要领、练方法、评质量的四步式教学模式，在我校技能教学中得到实施和推广，课堂教学效率和质量都得到了很大提高。由于连年不断地重视服装工艺实训课程教学，实施工艺实训校本课程与国规课程相结合的课程体系，开展专业基本技能、专业综合技能、服装技能大赛、企业生产实训、毕业设计制作展示五位一体实践教学模式，大大提高了学生专业技能水平和专业教师专业教学水平，近年来我校在全国服装专业技能比赛中共获得6个一等奖，8个二等奖，2个三等奖，位列山东省同专业前茅。本专业先后被评为青岛市新一轮骨干专业和双高名牌专业、青岛市首批现代学徒制试点项目。

认真履行名师建设工程所赋予的指导、帮携青年教师的职责，指导青年教师制订好每学期教学计划，及时帮助青年教师分析教材的重点、难点、制订教学目标和确定教学方法。与我校青年教师杨阳、刘梦雪老师签订师徒结对协议书，结为帮带对象，在常规教学和青年教师承担参赛课、研究课任务、技能比赛时，为她们积极地提供具体指导。目前杨阳老师在青岛市优质课比赛中获得一等奖，并被评为山东省技能比赛优秀指导教师，刘梦雪老师也在区级、市级、优质课比赛中获得二等奖，成长为青岛市技能比赛优秀指导教师。我校服装专业整体教师队伍也得到了长足的发展。

齐鲁名师培养经历，让我学会如何成为一名更加优秀的专业教师，如何用自己的所学所长辐射和带动周边的同事共同进步。

未来，专业发展的路还很长，齐鲁名师的成长之路也只是专业发展中重要的一个阶段，我不会停止前进的脚步。希望有一天，我也能够"但使桃李满天下，何用堂前更种花"，成为一名更加优秀的专业教师！

麻忠群
MA ZHONG QUN

　　青岛烹饪职业学校烹饪专业教师。1993年入职，先后获得山东省优质课评选一等奖，青岛市优秀厨师，青岛市学生最喜爱的教师，青岛市教学能手，青岛市优秀教师，青岛市中小学学科带头人，齐鲁名师，中国烹饪职业教育优秀教师，中国烹饪大师等荣誉称号。连续多年辅导学生参加全国、山东省、青岛市大专院校技能比赛，共获金牌12枚，银牌15枚，铜奖11枚，并且个人在2007年全国大专院校技能比赛教师组热菜获得金奖。曾经多次获得国赛、省赛、市赛优秀指导教师。参与了国规教材《中餐综合实训》的编写，参与了《中式烹调技艺》精品课程的建设，2016年4月成立了"鼎技"工作室，带领中青年教师团队共同进行教育教学教研，是青岛市劳动和社会保障局职业资格鉴定专家与评委。

成长

虽然烹饪行业是门手艺，但需要传承，也需要改变，更需要创新，没有过硬的理论基础，没有扎实的专业技能，没有全面的基础文化知识，没有传统文化的底蕴谈何改变，创新。

反思是一种教育的状态，就是不断调整、改进、提升自己教育理念品质的行为。

成长是向着同一个方向连续攀登、不断超越的过程，必经"艰难困苦"，方能"玉汝于成"……

蛹的成长，需要在黑暗的壳子里积蓄力量，默默坚忍，最后才能突破自我，羽化成蝶。人亦然。教师的成长就像长跑一样，须有"韧"的精神，才能有质的提升。

——麻忠群

某一闲时，蓦然回首，自己走上讲台已经二十多年了，三年一个轮回，看着一批批孩子成长为身怀专业技能的职业人，内心充满着幸福感。学生们的成长充实了我的生活，体现着我的生命价值，我一边教给他们知识，一边在他们身上汲取营养，丰富自己，提高自己，教学相长，其乐无穷。

1991年我以优异的成绩毕业于青岛第十一职业中学（现青岛烹饪职业学校）。当时，科班的专业人才严重匮乏，国家采用留校的方式将学校优秀的职校毕业专业学生引入教育工作中来，再经过师范两年的学历培训，成绩优异，我信心满满地回到母校成为一名烹饪专业教师。我任教过烹饪专业所有专业学科，提升了专业理论知识；参加过山东省、青岛市的评优课比赛，丰富了上课的经验；也辅导学生参加过国际、全国、山东省、青岛市的行业以及大专院校技能比赛成绩突出，提高了专业技能；还经历了班主任的班级管理工作，了解现代学生的需求。真正成长为学生欢迎、家长认可、学校满意、社会需要的职业教育教师。

时代需要，回归母校

1988年，青岛二中的落榜曾经使我困惑、迷茫。家长的劝说和自我调整，以及自身坚韧的性格使我坚持了下来，也就逐渐适应了职校的学习生活，三年来，我积极努力，1991年我以优异的成绩（理论+实践）从青岛第十一职业中学（现青岛烹饪职业学校）毕业。正在选择酒店就业的时候，学校的领导、老师向我发出了邀请——可以留校当专业教师。原来青岛市教育局根据当时的专业教师队伍缺乏人才的实际情况，准备从应届职校毕业生中挑选德才兼备，技能优异，愿意从事教育工作的优秀毕业生再经过学历教育留校任教。我在家长和学校领导、老师的鼓励下开启了自己的职教人生之路。在青岛师范两年的学习，我的教育学、心理学知识得到增长，在如何备课、如何引导、如何做学生的良师益友等方面也有了一定的提高。为了全面提高自己的专业技能水平，我在实习期内先后到北京紫玉饭店、青岛黄海饭店、健桥大厦等知名酒店学习前沿的专业知识与技能，丰富自己的学识与实践能力。充满能量的我，信心满满地回归到母校——青岛烹饪职业学校，走上了讲台。

务实勤奋，提升内涵

怎样才能成长为一名优秀的烹饪专业教师？刚走上教育岗位的我向老教师请教，并关注着学校中优秀教师的一言一行。渐渐的，我发现了其中的奥妙，发现了潜藏在他们日常工作生活中的几个习惯。我和大家一起分享。

习惯一：经常读书。

专业教师大部分不爱读书，这是不争的现实。因为他们的思想里唯技能至上。认为动手能力决定着水平的高低。其实不然，虽然烹饪行业是门手艺，但需要传承，也需要改变，更需要创新，没有过硬的理论基础，没有扎实的专业技能，没有全面的基础文化知识，没有传统文化的底蕴谈何改变，创新。我想提倡的是一种习惯，一种意识。现在的学生不好管理看一看《治班有招》，理论课学生总是提不起精神来看一看《今日课堂缺什么》，对经常犯错误的学生如何处置看一看《教师必须掌握教育惩戒艺术》，对后进生的帮教看一看《成为有思想的教师》，如何提高教学业务能力看一看《职业教育教学设计》，和专业方面有关联的书太广泛了，"麻婆豆腐"的典故，"过桥米线"的典故，当你给学生娓娓道来时，学生的兴趣点被你引燃。

而这些知识的积淀，在教学中慢慢呈现出来。有一次在全国比赛预备会上，我的学生制作花色菜，雕刻的燕子，土豆丝制作的鸟巢，鸟巢里有鸡肉做的丸子，似鸟蛋。色彩搭配合理，寓意深刻，唯一不理想的是没有一个贴切的名字，学生给的名字是"群燕归巢"，"金丝雀巢"等等一类的，当时正值汶川地震，有一个学生想起名叫"生命"。我想，太严肃太直接了。经过考虑最后起名为——"希望"。燕子妈妈的希望，老师的希望，国家的希望。用鸡片制作的牡丹花，起名叫"富贵牡丹"，"牡丹争艳"等，有点俗气，"舞"，一个字，就能让你想象出牡丹花在风中摇曳的舞姿，真是美。

习惯二：经常反思。

现在教育界都在提倡做学者型教师，做反思型教师。什么是反思？李镇西老师诠释得非常好，就是"四个不停"：不停地实践，不停地阅读，不停地思考，不停地写作。假如，两个老师，同样兢兢业业地上班；三年后，一位教师硕果累累，另一位老师业绩一般。原因就在于，前者的的确确带着一颗思考的大脑工作了三年，他每一天都在思考有没有更好的处理办法，有没有更科学的处理方式，有没有更适合现代学生的方法，这就是我说的反思型教师。后者兢兢业业却是盲目而麻木地工作。反思是一种教育的状态，就是不断调整、改进、提升自己教育理念品质的行为。理论——实践——反思——研究——再实践。在对待班级事务上，在对待专业理论实践教学上，在对待教科研工作上，在对待大赛菜品研究上，在校的一切工作都应该沿着科学的轨迹来进行。记得我指导学生参加山东省技能大赛的时候，有个菜品叫油爆腰花，根据以往的习惯，腰子改麦穗花刀就可以，但由于腰子原料的特点，麦穗总是短不明显，反复研究，实践，将麦穗花刀的推刀剞改为抹刀剞，由一个方向，改为两个方向，效果形象逼真，像真的麦穗一样，真是实践反思研究出效果。

习惯三：师生共勉。

北大附中校长、特级教师程翔总结说道：多年的教学工作使我认识到好老师也是学生托起来的，没有学生的敦促，就没有教师的成长。那些优秀教师的共同点之一就是亲近学生，师生共勉。班级管理工作中，应积极与学生讨论研究适时可行的方法，学生有他们的主意和见解，相比较老师的方法，来自学生的方法更贴切、务实。每年大赛的训练工作，都是枯燥而辛苦的，指定的比赛原料已连续用了5年，大脑基本到了空白的状态。依靠学生就是一个好的办法，他们能使你另辟蹊径，找到创作的源泉。我常把自己萌生的教学思想和菜品创作的火花分享给学生，发动他们进行讨论，请他们给选定最佳方案，从学生身上得到的启发。"生与生之间，师与生之间，敞开了心房，进行真情大碰撞。

这几年的国赛、省赛自选品种，基本上流行"个吃"，就是做三份一样的，老师在给学生创作作品时，也都沿着这个思路。由于比赛是规定时间，学生练习总是超时（比赛超时是硬伤），一起找细节，还是超时，我把难题抛给了学生，你们想想，怎样才能突破？"老师作份大盘怎么样？"试试吧，我给学生创作新作品，新样式，果然效果大气，又有新颖感，规定时间内可以达到效果。茅塞顿开的我走钻了牛角尖，学生也找回了自信。

一切依靠群众，我们的"群众"就是学生，与学生多沟通，善于向学生学习，会促进老师的成长，师生互勉对教育教学，班级工作百益无一害。

习惯四：勤奋执着。

成长是向着同一个方向连续攀登、不断超越的过程，必经"艰难困苦"，方能"玉汝于成"，因此，要想成为一名优秀的专业教师，勤奋和执着，一个也不能少。中国餐饮文化有着悠久的历史，中国又是世界的美食之都，地大物博，食材广泛，选料讲究，烹调方法多样，菜肴品种丰富，刀功精湛，讲究盛装器皿等特点。中餐烹饪教师都应该是杂家，既懂得原料的相关知识，又要掌握刀技加工，还要会制作典型代表菜品，既要知道原料的营养价值，还要明白口味的微妙变化。作为烹饪教师不学习，不勤奋学习相关的专业知识，你就抓不住学生的心，没有前沿的专业知识，你的课堂就是枯燥乏味的。

上个学期我参与了现代学徒制的酒店挂职（本来像我这样的老教师可以调换不去的），我和学生一样，进厨房一边进行专业学习一边管理，心理、体力都是很大的考验。真是巧合，今年6月在济南进行的齐鲁名师毕业答辩中，专家提问的第一个问题就是，你了解现代学徒制吗？我心中窃喜，我用自己的亲身体验诠释了现代学徒制是适应现代职业教育和学生的。专家的点头让我欣慰。学生做中学，教师做中教，也要做中学。"亲其师，信其道"，实习课上，教师的演示需要征服每一个学生的心，这样才能赢得学生的信服，才会跟随你的指引快速成长。没有勤奋执着的练习，是达不到"天衣无缝"的效果的。认真上好每一节课，认真思考教改实验，都需要坚守自我约束，勤奋执着。

蛹的成长，需要在黑暗的壳子里积蓄力量，默默坚忍，最后才能突破自我，羽化成蝶。人亦然。教师的成长就像长跑一样，须有"韧"的精神，才能有质的提升。

习惯五：谦虚做人。

教师尤其要重视加强修养。有个性、容不得异见，听不进批评，就等于缩短了成长的道路，做人不成功，事业也难有大成。一位老教师告诫我，别人提意见是对你好，不接受可以，但总要虚心听。你和他争辩，他以后就不会再给你提了。没人给提意见，你还能进步吗？这话令我深思。我想："自我改造确是一件很痛苦的事情，能够在痛苦中磨炼自己收获是多方面的。从那时开始，我严格要求自己，不仅要业务上进步，同时还要在为人处世上成熟起来。一个人真正的成功，不能单单是专业技术上的成功，还必须在做人上成功，一个教育工作者更应该全面发展。明白了这个道理。不落伍、不失败，就和年轻人一起努力吧！

大赛促进，水到渠成

全国大专院校技能比赛开始于2002年，我第一次辅导学生参赛，之后自2007-2015年连年辅导学生参加全国、山东省、青岛市大专院校技能比赛，共计金牌11枚，银牌15枚，铜奖9枚。我是由一名优秀的职校学生留校而成为一名专业老师的，我了解也明白学生需要什么，知道如何使学生学会更多做人的道理和得到专业知识，我喜欢这一工作，我把它当成终生奋斗的事业，追求的目标！

我热爱职业教师的工作。只要有机会就与行业中的师傅同行们交流学习，利用休假，自己到酒店工作、学习，努力学会最前沿的专业烹饪知识，并贯穿于教育教学当中。因为爱学生，所以无论是平时辅导还是带学生外出参加烹饪专业比赛，我都感受到了沉重的责任感和使命感。身兼数职的我，工作是辛苦的，又是快乐的，努力是辛劳的，又是无悔的。在全国比赛的三个月"魔鬼"训练中，有时，为了提高学生基本功的稳定性，要亲自试验好多遍，找窍门、变思路；有时，为了改善菜品的色泽及茸泥的质感，亲自品尝生的、半生的原料，找出原因；有时，为了完成一道自选菜的设计奔走各方，饭店、书城、上网，反复论证；有时为了提高学生的速度，我设计模版，反复揣摩实验。经常放弃盼望已久的休息日，熬红双眼直到东方已晓。数不清的晨曦暮霭，奔忙在两点一线上，为学生练习中的一点疏漏而反思，为学生的随意操作而较真。制定了精细的计划，每一小时，每天上午，每天，每周练什么，每天有没有达到标准，早晨布置任务，中午检查落实，下午及时纠正，晚上总结交流。早来，晚走，已是常态，夜静更阑时，还为班级的发展辗转反侧。

在校领导的指引、同事们的帮助和个人的努力下，近五年来在教育教学等方面，取得了可喜的成绩，学生们在各级大赛中屡屡获奖，自己也收获了一系列的荣誉。

请相信，给我一片蓝天，我会飞翔；给我一道阳光，我会闪耀光芒。

王传艳
WANG CHUAN YAN

　　山东轻工业学院电气技术专业本科，天津大学控制理论与控制专业工学硕士，山东省轻工工程学校正高级讲师。被评为全国技能大赛优秀辅导教师、山东省齐鲁名师、青岛市教学能手、青岛市中小学学科带头人、青岛市青年教师优秀专业人才、青岛市工人先锋、青岛市名师工作室主持人、青岛市精品课程负责人，全国机械职业教育教学指导委员会机电设备技术类专业教学指导委员会（中职）委员、全国轻工职业教育教学指导委员会轻工机电专业委员会委员。获得青岛市中等职业学校教改实验项目研究一等奖，全国电类教学设计及说课二等奖，主持完成国家示范性职业学校数字化资源共建共享计划科研课题项目研究子课题《电工技术与技能》，执笔完成"山东省中等职业学校机电技术应用专业教学指导方案"。

情系职教，放飞梦想

一个人学会了阅读，任何人都阻挡不了你前进的脚步。

如果教师不能经常更新知识结构，不能对新知保持长久的好奇与敏锐，教师就有可能被学生看不起，就会成为学生眼里的"老古董"。

教师理应是研究者，研究之路，是成师之路，也是成功之路，是转变"教书匠"命运，铸造"学者"之魂的必由之路。

对于幸福教育的教师来说，教育不是牺牲，而是享受；教育不是重复，而是创造；教育不是谋生的手段，而是生活的本身。

——王传艳

教师既是一种职业，也是一个志业；既是一份职责，更是一种使命。我把满腔热情献给了学生们，把勤劳和智慧融入这小小的三尺讲台。我播种阳光，收获了春天；我播种热情，收获了夏天；我播种理想，收获了秋天；我播种希望，收获了冬天。从教二十二载，一直工作在教学的第一线，没有惊人的业绩，只有平凡的琐事。

注重细节，爱心滋润，做一名尽责教师

1995年7月，怀着年少时的教师梦想，我步入山东省轻工工程学校，成

为了一名光荣的人民教师。作为一名工科毕业生，没有任何教育学和心理学基础，没有经历过师范生的培训和实习经历，懵懵懂懂就站上了讲台，压抑住初为人师的激动、紧张和害怕，开始了自己的从教生涯。本着老老实实做人，踏踏实实做事的原则，不曾忘记自己的誓言，从未动摇过这颗育人之心。

刚到学校的时候，进入物电教研室工作，当时的物电教研室五位老师，其中四位大学专业是物理，只有一位大学学的电气专业。面对现状，自己主动承担了大量的教学任务，每学期都要上2～3门新课，从《电工基础与技能》《电子技术与技能》《模拟电路》《数字电路》专业基础课程入手，再逐渐到《电机与电气控制》《变频器技术应用》《PLC编程及应用》《触摸屏应用》专业核心课程，再到后来的《自动机与自动线》《机电一体化设备安装与调试》等专业综合课程，课程涉及面广，知识容量大。

陶行知说过"学高为师，身正为范"。面对繁杂的工作，我没有抱怨和应付，而是给自己树立榜样，时刻提醒自己要对得起教师这一称号，立志做一名尽职尽责的好老师。我深知要把课上好，需提高自身素养。我认真钻研教材，查阅大量参考资料，对丰富的课程资源进行"精加工"并合理利用，仔细分析学生，吃透学情，加强教学的针对性，准确把握重难点，积极营造和谐的教学环境，吸引学生的兴趣，提高教学实效性。严谨的态度、积极的学习让自己很快掌握了各门课的知识技能，教学中逐渐得心应手，并对整个机电专业核心课程与技能做到心中有数，对专业建设与发展起到了积极的推动作用。

"天下大事，必作于细；天下难事，必成于易。"细节决定成败，做好每一件小事，方能成就大事。教学生活中，时刻注重细节，言传身教，用自己的言行感染着学生。从备课、教学设计、旧课复习、新课导入的方式方法、重难点的确定及突破、练习题的选择及讲解、作业的布置及批改等，每一个环节，都认真对待。

实训时，从操作规范、操作步骤、工艺要求、工量具摆放及使用、工位整理，到卫生清扫等，每一步都有明确细致的规定，细节无处不在，不自觉中培养了学生良好的行为习惯。

批改作业时，更是严苛。不只单纯关注学生题目做得对或错，还要看字迹是否工整？看图形符号是否规范？要求画45度斜线，检查是否角度合适？要求画虚线，看是否画成了实线？简答题连标点符号和错别字也不放过。每次作业批语也有新的创意，引起学生的兴趣，而非只是写一个"阅"字，根据学生作业情况用图画小脸表情体现，如画一个圆脸，嘴角上翘表示满意！嘴角平表示一般！嘴角下弯表示不满意！

阅读学习，勤于积累，做一名智慧教师

1. 阅读·阅生活。

2011年我被学校推荐到市教育局教科所访学，在访学之前，我错误地认为自己是一名工科教师，无须多深厚的文化底蕴，只要把专业知识传授给学生就行了，没有认识到读书的重要性。在访学开始的时候，和访学老师们一起探讨教学问题或交流心得，大家旁征博引、古今中外、引经据典，感觉自己真是孤陋寡闻，书读得太少，欠缺的太多，已经跟不上时代的步伐了。从未有过的压力和紧迫感催我发奋读书，开启了读书之旅。从此我每月至少阅读两本以上的教育名著，时常在书中与名家对话和思想碰撞，贪婪地汲取书中精华，丰富了知识，拓宽了视野，获取了一种活力，不断增长教育智慧，使自己充满生命激情，使教育生活变得从容而美丽。庄子曾说过："水之积也不厚，则其负大舟也无力；风之积也不厚，则其负大翼也无力。"广收博览，才能信手拈来、应用自如；引经据典，才能妙趣横生、融会贯通；书破万卷，才能"胸藏万汇凭吞吐，笔有千钧任翕张"。一个人学会了阅读，任何人都阻挡不了你前进的脚步。

读书不仅是获取知识的手段，更能够培养出优秀的人格。当阅读了一定量的优秀书籍后，会发现历史上很多伟大和成功的人，都有着很多彼此呼应的励志故事、人生观和价值观。开启以阅读为基础的"专业引领"模式，就是站在大师的肩膀上前行。罗米在《享受读书》中写道："读书让你发现远方，读书能让人的襟怀和气量增长，读书给人以真实的快乐，读书使我们在自己的人生之外，又好像度过了另外的人生。"

朱永新说过"不善于读书学习的教师，总是拿着一张教育的旧船票，每

天重复昨天的故事。"鲁迅先生说过"时间就像海绵里的水，只要你愿意挤，总会有的"。时间抓起来就是黄金，抓不起就是流水。少一点时间以"微信"刷存在感，少一点时间沉迷在"朋友圈"中，每天拿出30分钟来阅读。教师面对各种繁杂的教学工作，总感觉挤不出时间来，即使这样，挤不出水，我们也要让阅读习惯的种子在潮湿的海绵上生根发芽，让阅读成为一种习惯。

2. 学习·无止境。

教师肩负着教书育人的重任，如果教师不能经常更新知识结构，不能对新知识保持长久的好奇与敏锐，教师就有可能被学生看不起，就会成为学生眼里的"老古董"。教师知识结构的厚度决定了学生发展水平的高度，知识结构的宽度决定了学生视野的广度。教师要始终处于学习状态，站在知识发展的前沿，刻苦钻研，严谨笃学，不断充实、拓展、提高自己。一旦停止了学习，教师的工作便如同机械的运作，在机械枯燥的活动中教师会丧失人的本质，会觉得生活毫无意义，会沮丧而没有活力。

工作以来，我一直不敢松懈，总觉自己欠缺得太多，利用一切机会不断地学习深造。在繁重的工作之余，不断"充电"。2004年4月考入天津大学自动化学院中职教师研究生班，我十分珍惜这次深化和提升专业理论知识水平的机会，离开了刚上幼儿园的儿子，开始了长达三年半脱产的在职研究生生活。经过不懈努力，克服一切困难，完成了全部学业，并于2007年7月顺利通过答辩，取得了天津大学控制理论与控制工程专业硕士学位。

2004年和2013年，分别到德国和加拿大进行专业培训与考察，学习前沿的专业知识，开阔了视野，感受国外先进的教学理念和教学方法，回国后取其精华，活学活用，不断探索适合自己的教育教学之路。

近几年，职业学校培养模式和培养目标正在发生巨大变化，对教师提出了更高的要求。为将自己打造为"三师型"教师，积极参加各类技能培训，于2009年取得了维修电工高级技师资格证书。2014年以来，连续四年作为青岛市暑期机电专业骨干教师培训带队，亲自参加培训，提高了自己的专业知识和操作技能。利用寒暑假到企业锻炼，参与企业工程项目的研发，操作技能得到了很大提高。2007年至今，一直辅导学生参加青岛市、山东省及全国的机电一体化设备组装与调试、电气安装与维修、电机装配与运行检测、液压控制系统安装与调试、工业机器人、维修电工等多个工种的职业技能比赛，多次取得一、二等奖的骄人成绩，自己也多次被评为"优秀指导教师"。

2009年青岛市职业教育公共实训基地在全国率先成为高中生学工基地，我带领骨干老师利用课余时间，外出考察、调研，从高中生的能力和兴趣入手，最终确定了电子产品装配学工项目：组装迷你小音响、调频收音机对讲机、电子万年历。为了提高学工实践的质量，我和参与学工实践培训的老师一起编写了图文并茂的《学工实践》教材，并于2010年10月由社会科学文献出版社出版发行。一系列的努力，使得学工实践顺利进行，得到了学员、学工学校和家长的好评。

潜心研究，勤于总结，做一名有心教师

教师理应是研究者，研究之路，是成师之路，也是成功之路，是转变"教书匠"命运，铸造"学者"之魂的必由之路。研究可以使人淡定、可以使人深邃、可以使人幸福。

常听身边同事抱怨，"天天上班真的很累、很烦，要备课，要上课，要批改作业，要辅导学生大赛，要指导学生社团活动，还要当班主任处理班级若干杂事……感觉自己像陀螺，被抽着一刻也停不下来，哪有时间和精力搞研究？"如何让教师从枯燥乏味的日常工作中摆脱出来，自我松绑呢？那就是做一个有心的教师，把工作与研究关联起来，工作即研究，用研究的心态去工作，用研究的方法去思考，用研究的规范去做事，用研究的语言去说话。作为一线教师，研究不要盲目贪大，要从小入手，聚焦小现象、提出小策略、解决小问题。把制约教育教学质量提升的关键问题和教师自身专业成长的核心要素提取出来，确立研究课题。从记录教育现象、记录自己的感受、记录自己的反思开始。真实记录日常教育教学工作所遇所做、所得所失、所思所想、所感所悟。在有心的前提下，才能把各种"碎片"串成一件件美丽的服装，把一串串"珍珠"串成一条条美丽的项链。

法国著名思想家帕斯卡说"一个人不过是自然界一只最脆弱的芦苇，但这是一只会思考的芦苇，人因思想而伟大。"思考很重要，真正的思考是从写

作开始的，写作是总结、归纳、剖析、反思与提升的过程。开启以写作为基础的"研究反思"模式，就是站在自己的肩膀上飞翔。

研究贵在坚持，只要钻进去，一定有所得。从教这么多年来，我一直是边工作边研究，体验着研究的过程，享受着研究的快乐，改善了心境，提升了品位。只有不断研究，才能不断改革与创新，摒弃陈旧的传统教育观念，改变教学模式，重构教学内容。寻求教学问题的解决办法，不断总结、反思、提炼，取得了丰硕的教学研究成果。

1. 深入教学改革，硕果累累。

自2005年起，我就积极投入到学校教育教学改革大潮中。牵头制定了中职机电专业模块化课程标准，确定实施项目，编制了多门专业核心课程项目工艺卡。主持建设了两门青岛市精品课程。主持青岛市中等职业学校教改实验项目研究获得一等奖。带领山东省21所中职国家示范学校，负责执笔完成了山东省中职学校机电技术应用专业教学指导方案的编写。面对学生实际和社会需求，及时调整、整合、优化教学内容，主编了多本基于工作过程系统化的理实一体项目教材，如《三菱FX2N系列PLC编程及应用》《低压电器及控制线路安装》《典型电子产品安装与调试》《变频器应用技术》《MCGS触摸屏组态控制技术》等，分别由高等教育出版社和北京师范大学出版社出版发行，其中《低压电器及控制线路安装》参与山东省优秀教材评选，获得一等奖。成功举行了两次青岛市公开课、一次山东省公开课，教学方法和理念先进，教学设计独特，起到示范引领作用。

2. 参与课题研究，科研水平不断提高。

我积极参与主持青岛市教育科学研究工作领导小组的重大课题，山东省职业教育与成人教育科学规划课题，中国职业技术教育学会信息化工作委员会课题"机电技术应用专业精品课程资源""机电技术应用专业通用主题素材"课题，中国海洋大学及青岛港湾学院承担的课题。在项目课程开发、数字化资源建设、骨干教师培训教材和教学法、职业教育教产结合与校企合作、中高职机电专业建设联盟建设等方面，深入研究，取得了丰硕成果，积累了丰富经验。

3. 反思凝练，积极撰写论文。

边教学、边研究、边创新、边实践、边反思，总结提炼自己的教学感悟和心得，积极撰写多篇教育教学论文，发表在国家核心期刊上。多篇论文参与全国机械行指委和教育发展中心评选，获得一等奖。

4. 积极参与各种比赛，成绩斐然。

认真研究教法和学法，积极参与青岛市、山东省、全国中等职业学校电类专业教案设计与说课比赛及优质课比赛，取得一、二等奖的优异成绩。

研究专业技能，多次指导学生参加青岛市、山东省、全国中职组机电一体化等多个工种技能大赛，获得一、二等奖的优异成绩，多次被评为"优秀指导教师"。

5. 积极参加社会团体活动，拓宽研究视角。

2012年被星科集团聘为国家中职示范校建设专家；2013年至今，被全国机械职业教育教学指导委员会和机械工业教育发展中心聘为"全国机械职业教育教学指导委员会机电设备技术类专业教学指导委员会（中职）委员"，被中国轻工业联合会聘为"全国轻工职业教育教学指导委员会轻工机电专业委员会委员"，并参与全国机械行指委的课题研究。2013年6月，被山东省中职机电专业联盟和北京师范大学出版社聘为"机电专业统编教材专家指导委员会委员"；被全国机械职业教育教学指导委员会聘为"亚龙杯"全国职业院校机电类专业教师教学能力大赛"数控机床装调与维修"赛项裁判员。

春风化雨，播撒爱心，做一名温度良师

自从选择教师这一职业后，我就暗下决心，立志当一位良师，并没有太在意是什么时候人们把"名师"的光环加在我的头上的。两者相比而言，我更喜欢良师这一称谓。良师是有良心之师，良师是有良知之师。

作为一名教师，我认为首先要有足够的爱心，爱学生、爱事业，对学生的成长全面负责，要有捧着一颗心来，不带半根草去的博大胸怀。苏联教育家赞科夫认为：当教师必不可少的，甚至几乎是最主要的品质就是热爱学生。热爱学生，必须了解学生，尊重学生，时刻把学生放在心上，体察学生的内心世界，关注他们在学习、生活等方面的健康发展，同情学生的痛苦与不幸，与学生建立起和谐、友爱的师生关系。

　　记得2006级大专机电班有一个叫晓鹏（化名）的学生，刚入学时他给我的印象不算太好——乱蓬蓬的头发，两眼无神，上课听讲不认真。可我从晓鹏的日常表现中发现他虽然听课不认真，但脑子反应很快，对于电路设计思路特别清晰，是个可造之才。之后又进一步了解了晓鹏的家庭情况和思想动向，有针对性地开展工作。从他的个人形象、课堂表现、日常行为规范开始，逐渐到如何记笔记、克服难题、技能操作等。教育他生活和学习要井井有条，对待师长要彬彬有礼。平日里不断寻找他的优点和长处，找机会表扬和鼓励他。我的关爱和关注深深感动着晓鹏，也让他的心中燃起了自信的火焰。慢慢地，晓鹏完全变了一个人，头发剪短了，上课听课认真、回答问题积极，跟老师的交流也多了起来，人也乐观了。在我的悉心指导和鼓励下，晓鹏的知识和技能水平迅速提高。他连续参加了青岛市和全国的技能大赛，并取得了青岛市第一名和全国大赛二等奖的优异成绩。

　　不仅在学习和技能上对学生严格要求，耐心指导，在生活中我也对学生呵护有加。由于每年要备战市赛和国赛，培训老师和学生总要利用寒假时间留在学校继续加班苦干。放寒假后学校停止供暖，由于天气寒冷，再加上临近年关，学生多多少少会出现焦虑和烦躁的情绪，老家在外地的我十分理解学生们的情绪波动，于是放弃休息时间天天陪在他们身边，和学生共同奋战。全国大赛备战期间正值端午节，此时师生都已奋战数月，为了让大家更加安心的准备比赛，我每年都亲自包好粽子、煮好鸡蛋和学生们一起过节，让学生感受到了家的温暖。还记得儿子中考那年，正值辅导学生参加全国中职电机装配与运行检测大赛，由于该赛项是新增项目，设备紧缺，设备到位时距离比赛仅有一个月的时间，那段时间我天天扑在实训室里，抓紧一切时间跟学生一起摸索、训练，真正开启了"5+2""白加黑"的模式，天天跟学生一起研究设备，寻求解决问题的方法和技巧，制定有效策略，连儿子中考也没能陪同。想想大部分孩子中考都有父母陪同，我心里无比愧疚，但那会确实离不开。我还清晰记得中考后儿子对我的盘问，他说："妈妈，我中考重要还是你工作重要？"，我抚摸着他的头，强忍住泪水回答："都重要，但你要理解妈妈，你中考没有妈妈陪，但还有爸爸照顾你、陪伴你啊，作为辅导老师，我要不在，学生们怎么办？他们有问题问谁啊？"儿子懂事地点点头，能得到儿子的理解，心里无比温暖，我爱儿子，也爱我的学生。

对学生的爱我绝不纵容，而是严中有爱。我从心底里关心学生，为学生着想，把学生当成自己的孩子一样。每一个教过的学生对我的感情是既怕又爱，怕是因为我做事认真，尤其是在专业知识和技能方面都很较真，一点不能马虎，出现一点点小错都要从头重来，用自己的言行影响学生，潜移默化地感染学生。

健康阳光，淡泊名利，做一名幸福的教师

教师是育人为本的特殊职业，没有教师的幸福，就不会有学生的快乐。一部分老师生活太平淡，没有刺激；生活太机械，没有情调；生活太繁杂，没有成就感；生活太功利，没有了宁静，在担惊受怕，手忙脚乱中渐渐对教师工作失去了信心。另一部分老师生活美好，精彩纷呈，富有生机，乐此不疲，魅力无限。他们把生活中遇到的困难和瓶颈当作获取巨大快乐的垫脚石，努力挖掘教师职业的内在美，把教师当作事业来做，全身心投入。我始终坚信：穿越艰辛，自然收获美丽。

我始终崇尚这样一种境界：心中有太阳，脸上有阳光，嘴上有笑容。平时工作之余，我喜欢运动，保持心情愉悦，精神抖擞。无论干什么，从不去想干完之后能得到什么，不为名利所困，努力做一名简单、幸福的好老师。对于幸福教育的教师来说，教育不是牺牲，而是享受；教育不是重复，而是创造；教育不是谋生的手段，而是生活的本身。教师的一生不一定要干什么惊天动地的伟业，它应当如百合，展开是一朵花，凝聚成一枚果。它应当如星辰，远望像一盏灯，近看是一团火。

过去把教师比喻成"园丁""红烛""春蚕"，我们要挣脱这些标签，悄然还原成真实的生命，真实的人，以幸福成全生命的"人"。我不主张"蜡炬成灰泪始干"的红烛精神和"春蚕到死丝方尽"的春蚕人格，而是主张过一种幸福完整的教育生活。追求幸福完整的教育生活是一种朝向，一个过程，"幸福与完整"成为新教育最为饱满的两枚理想种子。最好的老师应该和学生一起成长，在不断自我成长中实现人生的价值。教师培养孩子，是要让孩子在教育过程中发现自己、找到自己、成就自己。在这个过程中，教师同时

要发现自己、找到自己、成就自己，从而具备教育个性，有自己独特的教育风格和专业成就。颠覆以奉献为基础的教育观，转而强调创造为主要价值观的过程，让教育的无限可能得以释放。

团结协作，共同进步，做一名分享型教师

"一枝独秀不是春，百花齐放春满园""单丝不成线，独木不成林。"在教育实践过程中，我深知作为一名教师，如果缺乏谦虚诚恳的取人之长、补己之短的态度，缺乏与人团结协作的品质，仅靠井底青蛙的视力，单凭个人去闯、去拼，很难做出成绩，更难提高自身的能力。俗话说："大度集群朋"，教师之间只有在相互尊重、相互信任、团结协作的基础上去展开自己的从教活动，加强与人交流，虚心学习他人的长处，使教师群体形成合力，才能全面提高自身的素质和能力，取得更大的成绩。

"一个人可以走得很快，一群人可以走得更远。"开启同伴互助为基础的"教育生态"模式，就是站在集体的肩膀上飞翔。我经常把自己的经验、积累的资源与同行们分享，带领学校机电专业骨干老师努力拼搏，打造了一支业务精干的教师队伍，2016年被山东省教育厅评为"优秀教学团队"。我与年轻教师师徒结对，对他们进行理论及技能培训，和他们一起读书交流、磨课、专题研讨、课题研究等，在自己的关心、鼓励和悉心指导下，年轻教师迅速成长。先后指导武娟、公婷婷参加青岛市"维修电工"和"电子产品装配"技能大赛，双双获第一名的骄人成绩；指导陈婧、钟冬参加青岛市优质课比赛，分获二、三等奖；指导钟冬、公婷婷参加"创新杯"全国说课比赛分获一、二等奖；指导孙孟莉、万吉滨参加青岛市信息化比赛，获得二等奖……随着年轻教师一个个荣誉的取得，见证着他们的成长，自己感到无比的自豪与骄傲！

为了更好地发挥自己的力量，将经验广泛传播，辐射带动更多的人，2017年我又参加了青岛市第二批名师工作室主持人评选，并有幸当选。我将借助名师工作室这个平台，为成员们搭梯子、树牌子，发展自我，引领他人，发挥团队智慧，达成共同的愿景和目标。

蓝天奉献给白云，白云奉献给蓝天，我把自己一颗火热的心奉献给了职教。悠悠岁月，一如既往地、无怨无悔地在职业教育这个平凡的岗位上默默耕耘着，奉献着、收获着……脚踏职教这片热土，不忘初心，砥砺前行，遇见更美的自己！

王伟伟
WANG WEI WEI

　　城阳区职业教育中心学校德育教师。从教以来先后被评为青岛市教学能手、青岛市青年教师优秀专业人才、青岛市读书实践先进个人、青岛市优秀辅导教师、城阳区优秀教师、青岛市学生最喜爱的"十佳教师"、山东省齐鲁名师。荣获青岛市首批教学改革试验项目一等奖；参与研究国家级课题获得一等奖；举行过国家级、市级公开课；参加过省级、市级、区级优质课评选，均取得了优异的成绩；参与青岛市精品课程建设；主编全国职业教育规划教材《就业与创业指导教程》、参编青岛市中职教育教学改革实验教材《创新与创业》和校本教材《道德学堂》。

挚爱岗位，创造价值

只有植根于观察实践体验的科研创新，教学才能获得有源之水。

一个学生就是一个故事，一个学生就是一本书，老师要用爱心去阅读，才能读懂内容，读出韵味。

——王伟伟

自1996年踏上工作岗位以来，我一直坚守在教育教学一线，"让每一位学生在我的课堂上都有所收获"是我事业追求的目标，"永远用欣赏的眼光看待学生，永远用宽容的心态面对学生"是我的教育信条。

矢志教改谱新篇

"把自己平凡的工作当作宏伟的世界去研究，你就会发现无穷的乐趣"，作为教师，只有不断充实自己，完善自己，把自己平凡的工作扎扎实实做好，才能在课堂上找到与学生的最佳契合点。自1996年踏上工作岗位以来，我一直坚守在教育教学一线。我深知，作为一名教师，没有扎实的基本功是很难立足课堂的，基于这种认识，我利用课上课下苦练教学基本功，不放弃任何学习进步的机会。一方面，经常跟着老教师听课，学习他们精彩的教学设计，睿智的教育机制，扎实的教学功底。另一方面，利用业余时间上函授、参加专业培训、听观摩课、听讲座，提升自己的专业视野和教学理念。刚参加工作的时候，一个月工资360元，除去各种生活开销，也没有多少剩余，我硬是从中挤出相当一部分，用于购买教学书籍和学术报刊。白天忙着教学，晚上读书学习，给自己充电，此期间，许多中外教育家的闪光思想照亮了我的心。

然而，随着课讲得越来越多，教材也越来越熟，但是潜存于思想深处的紧迫感和危机意识却越来越强烈。学生进入职业学校后，不良行为现象时有发生；而企业经营者对学校实习学生的评价，更让我们感到心痛——"他们的表达能力不行，不知道怎样和别人沟通；他们的吃苦耐劳精神不够，很多人过不了试用期；他们不习惯随时清理生产垃圾……"。作为一名职业学校的教师，这些不良现象、这些负面评价深深地刺痛了我，也引发了我对道德教育的深刻反思。

怎样成为学生道德教育的引领者，怎样让德育课成为提升学生道德品质的主阵地，通过长期观察，我发现，过去德育课教师多采用"我说你听""我讲你服"的传统授课模式，显然已经很滞后，教师讲得枯燥，学生听得乏味，德育效果并不理想。究其根源是学生并没有主动地参与其中，没有触及学生的心灵。为了使德育教育更加贴近学生实际，增强德育教学的感染力，我带领其他德育教师大胆地对德育课堂进行改革，经过反复实践、不断总结，共同研究出适合职业学校学生特点的感悟式教学模式，同时撰写出了配套教材《道德学堂》。感悟式教学模式借助社会文化资源、企业文化和学校优秀毕业生感人事迹，营造独特的道德情景，充分调动学生参与课堂教学的积极性，着力营造情感体验的教育氛围，让学生在与同学、老师的道德观念碰撞下完成自我教育，使道德认识和情感体验变成自觉行为，有效提升了学生的道德品质。实践证明，只有植根于观察实践体验的科研创新，教学才能获得有源之水。

学习财会专业的小扬同学，在学完《道德学堂——责任你我他》一课之后，在作业中写道：课堂上老师用多媒体形象、生动地把责任缺失的一个个悲剧沉甸甸地摆在我们面前，让我们每个人的心灵受到了极大的触动。鲜活的事例给我警醒，发人深思。其实，日常学习和生活中我自己身上也有很多不负责任的行为，比如，上课迟到、说话、玩手机，作业不按时上交，考试作弊等，今后我一定要从小事做起，改正自身不良习惯，珍惜在校时光，努力练就真本领，将来做一名严谨正直、诚实守信的财务人员。

一家企业代表在对实习学生的评价与反馈时说道："你们学校以前到我们企业实习的学生，迟到、旷工、不听管束等现象大有人在，非常难管理。可是近几年，这些现象明显减少了，他们工作积极主动、认真负责，吃苦耐劳，适应岗位的能力有了很大的提高。"

艰辛的探索道路上，挥洒的是汗水和泪水，换来的是"柳暗花明又一村"的光明前景。我校在全国首创的感悟式道德教育，以《道德学堂》为主阵地，逐渐形成德育特色。文化浸润，活动育人；学堂滋润，以情感人；践训渗润，职场化人；全员浇润，立德树人，这种德育新模式取得了明显成效，得到了区、市、省乃至全国专家的充分肯定。在我校举行的全国中职德育工作理事会暨中职德育实验基地学校协作会成立大会上，由我和德育组其他四位教师展示的"孝敬之道""诚实守信"两个主题的《道德学堂》，受到教育部和与会领导、专家的一致好评。参与建设的课程《道德学堂》被评为青岛市首批精品课程；主持的教学改革实验项目《"看写讲评行"五步教学法在中等职业学校德育教学中的研究》荣获青岛市一等奖。我还运用感悟式教学模式成功地举行了市级公开课，参加全国中等职业学校德育课教学案例比赛获得一等奖。沈阳金融学校、青岛幼儿师范学校、青岛财经学校等纷纷邀请我到学校献课或做专题讲座，来自全国各地的21所学校前来我校考察学习，《中国教育新闻网》《青岛日报》、青岛电视台、《青岛早报》等媒体也报道了我校德育经验和做法。

真情守候铸师魂

"优生是人人可见，人人喜爱的风景，而差生可能是深埋在不毛之地的金矿"。一名优秀教师，不仅要精心呵护风景，更要当好善于发现、开采金矿的矿工！在多年的班主任工作中，我总是用心呵护班里那些"特殊生""后进生"，我坚信，一个学生就是一个故事，一个学生就是一本书，老师要用爱心去阅读，才能读懂内容，读出韵味。

2011年，我教过一个学生叫小生，是班上典型的"三无"人员——上课没有书、没有笔、不用心。一次，在我布置的《道德学堂——责任你我他》作业中，小生交了白卷。我把小生叫到办公室问其缘由，小生把头抬得高高的，很不屑地说："有什么可写的，不想写！"看到小生很不友好的表情，我并没有生气，而是先让小生坐下来，端来一杯热水放在他手上，心平气和地说道："学生的主要责任就是学习呀，咱班每个同学都写了，你为什么不写呢？""我连普通高中都没考上，来到职业学校学习再好有什么用？"他声音小了很多。我顿时明白了：原来让他颓废的最大原因是中考失利呀！其实骨子里头他也要求上进啊！我拍拍他的肩膀坚定地说："难道只有上普通高中才是成才的唯一出路吗？成才的道路有千万条——条条大路通罗马！李素丽、许振超他们没有上过大学，他们不照样能成为技术能手，成为全国人民尊重的劳动模范，我们学校也有很多例子，比如来自红岛的肖航钦，刚刚去海信时，只是一名普通员工，现在已经成为青岛市首席技师，海信唯一的电器维修工程师。楚宜杰，在城阳开办了有20多家连锁店的太平洋房屋，林鹏成功创办自己的物流公司，只要努力，就一定能成功"。我在送给小生的日记本上郑重地写道："愿你面对现实，调整心态，不懈努力，实现价值。老师愿意和你交流心声！"小生接过本子时，手在颤抖。那次作业虽然只有三百多字，小生却写得很工整很流畅，那一笔一画蕴含着的分明是深深的师生情谊。可喜的是今年小生经过自己的努力以597的高分考入了本科——青岛理工大学市场营销专业，实现了自己的大学梦，在这里我们也祝福他的未来更加美好。

在职业学校像小生这样的学生有很多，如果老师在遇到这样的学生采取讽刺、挖苦和打击的方式，可能会埋没许多像"牛顿"和"爱迪生"一样的人才，甚至可能会断送学生的前程，而老师的点滴关爱却能唤醒麻木沉睡的灵魂，甚至会激励学生的一生。

有人说，教师是人类灵魂的工程师，是辛勤的园丁，是点燃自己、照亮别人的蜡烛。我更愿意当一名雕塑家，用耐心去精雕细琢学生心灵，用爱去感受学生成长的一点一滴。也许这就是"桃李无言，下自成蹊"吧。

率先垂范做表率

优秀的人才，还应该是善于凝聚人气的高手。"一枝独秀不是春，万紫千红才是春"，在内强素质、外树形象的过程中，我注意发挥自身在群体中的积极带动作用。始终认为，一名教师只有走"教、学、研"之路，开展切实有效的合作行动研究，才能使平时的教育教学工作上升到一定的高度。所以身为教研组长，带领全组教师将教研的重心指向课堂教学，并走进集体备课，着重抓研究课、搞适合职业学校特色的教研，逐步探索出了"感悟式道德教育"的模式，共同编写了校本教材《道德学堂》，在德育课堂中开展《道德学堂》，收到了显著的成效。2011年该课程被评为青岛市精品课程。

身为教研组长，我经常从繁忙的班主任工作及教学工作中抽出身来，带领全组教师将教研的重心牢牢锁定在课堂教学上，组织具有职业学校特色的教研活动。经常走进课堂，听课、评课，为青年教师上示范课，帮助他们提高课堂教学水平，领悟德育教学的切入点、黄金点，培养他们扎实的基本功，提高他们驾驭课堂教学的能力。几年的坚守和奋斗，德育组的年轻教师在不断历练中逐渐成熟，小有成就。先后有14人次举行过省、市、区级优质课或公开课，30多篇论文在不同级别的教育刊物上发表或获奖，主动承担起了国家、省、市多个课题的研究，其中申报的课题《中职学校道德教育创新模式的研究》获得国家级一等奖。

2013年学校要组织"创新与创业"竞赛项目参加青岛市技能大赛，由于挑选不出合适的主辅导教师人选，于是把这项艰巨的任务交给了德育组。当时德育组存在老龄化的现状，再加上"创新与创业"竞赛又是个新项目，任务艰巨且艰苦。面对这种情况，作为学科带头人的我，率先承担起该项目的主辅导教师任务。"创新与创业"竞赛项目的实践性极强，对未出"茅庐"的中职生来说是一种锻炼，对辅导老师来说更是一种挑战。从号召全体德育老师宣传竞赛意义到精心挑选参赛学生，从带领学生走上社会进行市场调研到集思广益确定创业项目，从无数次的修改创业计划书到制作精美PPT，从学生战战兢兢的念稿到口若悬河的答辩，处处渗透着我的心血。功夫不负有心人，2013年、2014年我们指导的学生参加青岛市中等职业学校创新与创业技能竞赛获一等奖，我本人也被评为青岛市优秀辅导教师称号。近年来，在辅导竞赛的过程中，我不断地进行探索和经验总结，以辅导"创新与创业"竞赛项目为契机，积极融合学科知识，及时把握课程改革方向，努力朝着"双师素质教师"的目标不断迈进，不仅获得了国家二级职业指导师资格，还主编了全国职业教育规划教材《就业与创业指导教程》、参编了青岛市中职教育教学改革实验教材《创新与创业》，2013年被评为青岛市读书实践先进个人和青岛市学生最喜爱的"十佳教师"，2017年7月被山东省教育厅授予齐鲁名师称号。

二十多年的教育生涯，二十多年的满腔热忱。我无限眷恋着教师这份光荣的职业，我更真心眷恋着职业学校这些朴实可爱的孩子们。做学生健康成长的指导者和引路人，努力成为业务精湛、学生喜爱的高素质教师是我永远不变的追求。今后的工作中，我仍然会一如既往地坚守自己的岗位，更加勤奋工作、不断进取。

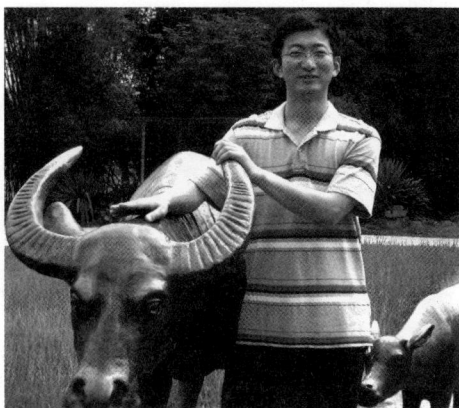

王正浩
WANG ZHENG HAO

　　青岛市城阳区职业中等专业学校汽车运用与维修专业教师，2004年8月参加工作。2010年被评为城阳区优秀青年教师，2010至2015年期间指导学生参加全国职业技能大赛，获得四个一等奖、五个二等奖、一个三等奖，并多次获得青岛市职业教育专业技能教学成果奖及青岛市、山东省、全国职业院校中职组技能大赛优秀指导教师称号。2013年入选第一批齐鲁名师（中职）培养工程，2017年圆满完成考核。参加市级，省级，国家级培训，并考取了汽车维修技师证和高级喷漆工证。

不忘初心，砥砺前行

班主任的自身素质，道德修养，班主任的一言一行，一举一动，无形之中会成为全班几十个孩子的榜样。

每一个学生都是一个世界，要想成为每一个学生的朋友，要想得到每一个学生的信任，需要付出很多心血。

在实际教学过程中，我们往往容易忽略对自己教学行为的反思，靠经验来对待一切问题，犯经验主义和教条主义的错误。

从某种意义上说，一个人发展速度的快与慢，取决于他对自我的分析是否准确以及能否改进工作的节奏。

——王正浩

初为人师，千思万绪上心头

2004年大学毕业后，我通过了教体局的新教师招聘考核。得知这一消息后，曾经当过教师的父亲语重心长地对我说："教师是一份职业，也是一份事业。虽然我中途放弃了这份职业，希望你能用爱和责任认真地对待你的学生和工作，踏踏实实做人，认认真真做事。"此时，离职十多年的父亲仍对自己当初的决定后悔不已。我理解父亲离职的原因，也理解他此时的心情。那时虽然我并不完全理解他说的话，但我跟他承诺要做一个好老师。

2004年的暑假里，教体局通知我到城阳职专报到，我既兴奋又紧张，一切对我而言都是崭新的。校领导代表学校欢迎我们的到来，我们依次做了自我介绍，了解到这一批教师涵盖学校所有专业及文化课教学。校领导向我们介绍了学校的基本情况，提了几点建议和要求，"作为一名刚刚走上工作岗位的新教师，应该及时做好由大学生向新教师的转换工作，尽快适应新的工作环境，与学校领导、教师、学生融为一体。时时处处告诫自己应自觉地以教师的基本要求约束自己，用教师的标准衡量自己，用骨干教师的条件鞭策自己。"听了领导的这番话，我在心里问自己，"我准备好了吗？"感觉自己确实有太多需要准备的……

假期里，参加了青岛市教育局组织的新教师岗前培训。有一线名师、名校长现身讲座，有专家的理论报告、《教师法》《中小学教师职业道德规范》的学习和新教师间的交流学习，让我们触摸青岛教育，感受教育事业的伟大、教育责任的重大。在培训中，老师们都不约而同地谈到了当代教师身肩重任、角色特殊，这似乎是一个比较陈旧的话题，但细细体会、琢磨他们的话语，觉得很有分量。这也使我对教师这一职业有了更深的思考和认识。

回想自己的老师，他们对待学生和工作都是一丝不苟，勤勤恳恳。利用假期时间，拜访了几位老师，向他们取经。与他们的交流中，感受到作为教师的责任感和使命感。曾经的班主任老师给我一些教育类的著作，其中一本是《初为人师》，今年的我不正是初为人师吗？千思万绪涌上心头。对于从事教师职业的人而言，第一年"常常感到十分茫然，有一种飘忽不定、无所适从的感觉，并且常常埋头于处理不完的案头工作"。

第一年，担任三个班级的授课时有些不知所措，没有任何经验的我，显得有些心有余而力不足，真的非常茫然，到底该怎么做才能不辜负父母和学校的期望，怎么做才能成为一名称职的老师呢？

正在我为此迷茫的时候，《初为人师》给了我很大的帮助，这本书就是为了解决教师职业生涯第一年所遇到的问题。作者结合自身的工作经验，给读者提供了良好的建议和策略。作为新教师，很多以前看来很简单的问题都会让我有些"招架不住"，读完这本书，我一下豁然开朗，如怎样维持良好的课堂秩序，如何调动学生的主动性和积极性，对于"需要花大量时间备课，上课时不敢偏离预定教案，不能灵活地根据学生的兴趣和需要做出调整，不知道怎样融入教师群体中"等问题，这本书给了我解决各种问题的小秘诀，甚至可以说它是促进我职业生涯发展的"钥匙"。虽然有些胆怯，但无疑为我未来的道路增添了不少勇气和动力，让我有准备地去应付可能遇到的困难和挑战。

初为人师，这意味着我在人生舞台上的角色已开始转变，从一个评论老师的学生变为一位被学生评论的老师。在与十五六岁少年们相处的日子里，我与他们共成长。闭目回想初为人师的那段日子，有一点点兴奋、有一点点感动，有一点点小小的成就感和一些无奈、困惑，但更多的是对这一崇高职业的热爱和做一个好老师的决心。

做班主任，感受累并快乐着

每天住在学校，早饭后来到办公室打扫一下卫生，准备接下来的工作，备课、上课、批改作业；下班后和同事一起打篮球，跟学生聊聊天；晚上整理一下上课感悟，做做笔记。学校公寓楼里每一层都住着学生，我们几个男教师的房间与公寓办公室相邻，时而辅助公寓工作人员维持就寝秩序。工作慢慢进入正轨的我，同时也注意到校园里最忙碌的身影——班主任。

一位老教师跟我说过，作为青年教师，不但要把课教好，证明自己的专业能力，而且要争当班主任，协调好学生与学生的关系、学生与教师的关系、教师与家长之间的关系、班级与班级之间的关系等等，验证自己的管理能力，提高自己的管理水平。工作的第二年，我开始担任汽修班的班主任。汽修专业的学生大都是男生，学习成绩和个人素质参差不齐，在全校班级中管理难度最大。由于经验不足、角色不适应、学校严厉的考核制度，开始的一段时间，我的班级出现了一些教学和班级管理上的问题，我本人承受着较大的工作压力和强烈的工作挫败感，出现角色不适、焦虑忧郁等问题，也曾有过放弃的念头。学校领导注意到我的变化，找我谈话，从头到尾始终贯穿一个中心，就是鼓励。同时，我积极与老教师交流，向他们学习如何协调各方面的关系；静下心来想一想，更加理性地认识自己的角色，慢慢地度过了那段艰难时期。

教育家乌申斯基曾有过这样一段话："教师个人的范例，对于学生的心灵是任何东西都不能代替的最有用的阳光。"新入学的学生会留心观察班主任的每一个动作、每一个眼神、每一种表情，会细心倾听班主任的每一句话，他们对班主任有着一种特殊的信任和依赖。班主任的自身素质，道德修养，班主任的一言一行，一举一动，无形之中会成为全班几十个孩子的榜样。因此，在班级工作中我时刻注意自身形象，事事从我做起，以良好的形象率先垂范，潜移默化地影响着学生。凡要求学生做到的，教师首先自己做到，而且做得更好。

我明白作为一位教师不但懂得教书，还要懂得育人。一位教育家曾经说过："农民怎样对待庄稼，决定了庄稼的命运；教师怎样对待学生，影响着学生的成长。不是好学生需要赏识，而是赏识使他们变得越来越好；不是坏学生需要抱怨，而是抱怨使他们变得越来越坏。"每一个人都希望得到别人的表扬，我觉得班里品行不良或学习成绩落后的学生，更需要老师的赏识和表扬。我们班有个学生小D各方面表现都不好。开始，他做得不好，我就批评他，说他这不好那不对，但最后发现他一点都没改。后来，我改变了对他的态度，其实，学生都有可爱的一面。我试着发掘他的优点，他一有小小的进步，我就表扬他。结果他慢慢地改变了很多，原来欣赏和表扬真的很重要。在课堂上，就算是一句表扬的话，或者在课后一句鼓励的话，对学生来说，都会有很大的帮助。

这些年遇到过几个单亲离异家庭的学生，由于父母离异，缺乏父母的关爱，这些学生长时期处在压抑、不被理解、恐惧、没有安全感的状态下学习和生活，渐渐地有些单亲学生就变得性格孤僻，情绪低落。自己身为人父之后，更加体会到家长对孩子的重要性。作为老师，我首先给他们足够的关心和爱心，了解他们的需要，树立他们坚强的个性和生活的信心，教他们学会理解。有时用自己或者自己身边真实的例子来引导他们，使之产生了共鸣。其次，主动了解他们的家庭情况，及时联系其父母亲，做好他们的工作。在和家长交流的时候还要注意做好准备工作，提前从各方面尽可能多地掌握孩子各方面的情况，做到有的放矢。最后，长期跟踪观察他们的进步，关注他们心理的变化和个性的发展。经常和他们聊天，了解他们的心事，不断接受新的事物，使自己更容易贴近学生的世界。

多年的班主任工作，让我深深地体会到：班主任工作是平凡而烦琐的，是很有挑战性的工作。每一个学生都是一个世界，要想成为每一个学生的朋友，要想得到每一个学生的信任，需要付出很多心血。班主任工作是一门学问，也是一门艺术，育人无止境，管理无边际，作为班主任，累中也有很多快乐。

用心指导，技能大赛创佳绩

工作以来，我一直担任专业课教学，并从2010年开始指导学生参加车身涂装项目比赛。坚持"以赛促教、以赛促练、以赛促学"的育人理念，按照学校提出的"普及加提高"的要求，把大赛知识、基础技能、操作规程融入日常课堂教学中。我们从汽修专业各个班级选出品学兼优、吃苦耐劳，适应性、灵活性强的学生。经过校级、区级、市级等比赛层层选拔，优中选优，最终产生参加国赛的选手。

车身涂装包括打磨、刮灰、调色、喷漆等多道工艺程序，针对每一步工艺，我亲自示范，详细讲解，要求学生扎实熟练掌握，苦练基本功。比赛项目和规程每年都发生变化，多渠道了解相关信息，及时与大赛组织方沟通，仔细研究比赛方案，创新操作方法，制定各种应对预案。白天指导学生训练，晚上挑灯夜战，查阅资料，收集各种书刊，学习新的工艺流程和科学的训练理念。除此之外，我还到汽修厂实践锻炼，虚心向汽修方面的专家和技师请教，深入到车间一线了解最新的汽车维修工艺。2012年初，妻子怀孕需要照顾，但为了不耽误指导训练，我将母亲接来帮忙，自己一心扑在培训上。培训期间带参赛学生到外省、市学校切磋交流，增加学生比赛经验，查找自身不足。在这期间，我患上了荨麻疹，强忍皮肤的瘙痒继续指导学生训练，休息间隙到医院打针输液，病情持续了三个多月，我始终坚守在培训岗位。在培训的紧要关头更是主动放弃节假日休息时间，和学生吃住在一起。

在平常的训练过程中，我注重用关爱和诚挚架设师生感情的桥梁，建立平等、宽松、和谐、融洽的师生关系，从多方面要求、关注选手。关心学生的饮食营养，制定严格的作息时间。为了提高学生的身体素质，我和学生一起跑步，做俯卧撑等健身活动。为了让学生对每一个知识点明明白白，我和学生一起利用早、晚时间学习理论知识，白天进行操作训练。每天八个多小时的操作训练很苦很累，穿着喷漆防护服，戴着防护口罩，即使汗流浃背，也总是陪伴在学生旁边悉心指导。实操训练需要在工作台上千百次的重复，会让人觉得枯燥乏味，如何让学生克服这种感觉，我从自身做起，每个细节严格要求，做到精益求精。

不同的训练阶段，学生的表现也是不同的。我经常与学生推心置腹地交流谈心，帮助学生增强自信心。有一次，我发现参赛学生小聪的训练状态不佳，操作质量下滑较大。问他什么原因，他说自己压力大，发现操作不好的时候，心里着急，有种想放弃的感觉。我看到他表情的变化，理解他的心情及承受的压力，我跟他说："做任何事不要急于求成，静下心来慢慢做。在进步的过程中，难免会出现不如意的情况。掌握正确的方法，熟能生巧、精益求精，以一颗平常心参与比赛，给自己一个展现自我的机会，相信自己一定行。"我的一番话疏导了他紧张、急躁情绪，重拾信心投入到训练中。当最终获得金牌的那一刻，我们师生拥抱在一起，激动的泪水夺眶而出。

这些年的技能大赛，不光有自己的付出，还有领导的决策，团队的合作，同事的关心，家人的支持作为我坚强的后盾，才能在大赛中屡创佳绩。这些年，我们在训练方法上下功夫，不断优化训练方法，探索出一套行之有效的训练方案，做到事半功倍。

在学习中收获，在反思中成长

京剧大师梅兰芳曾经说过这样一句话："不看别人的戏，就演不好自己的戏。"演戏如此，教学也如此。上课之余，我经常向其他教师学习，借鉴他们的宝贵经验，使自己尽快成长、进步，有所成就。同伴学习是我们的经验不断得到交流、成果相互分享的"专业对话"活动，通过组织合作活动，我们意识到了彼此的需要，意识到互助的价值，实现了相互学习。我与同事一起探讨，编写了《车身钣金》《车身涂装》两门课程的校本教材，并进行校际交流，助推专业发展。同时，一有空闲时间，我就会去听学校及周边地区组织的优质课和公开课，汲取各位教师优秀的教学方法。

美国著名的教育心理学家波斯纳提出了一个教师成长的公式：经验+反思=成长。这种说法有一定的道理。没有反思的经验是狭隘的经验，至多只能形成肤浅的知识。随着新课改的逐步深入，教师越来越需要随时更新自己的观念，以适应新事物、新变化。而在实际教学过程中，我们往往容易忽略对自己教学行为的反思，靠经验来对待一切问题，恰好犯了经验主义和教条主义的错误。因此，要尽快跟上新课改的步伐，加快自己成长的速度，我们应该善于反思，善于开展批评与自我批评。

在教学中，我始终坚持做到三个反思，即课前反思，如在讲授新课之前，我经常去咨询同年级同科目教师的授课情况，然后根据他们的实践进行反思，以此来改进我的教法；课中反思，如在教学过程中，我根据学生的学习状况及掌握程度来及时调整、改变课堂结构，以此来提高课堂教学效果，构建高效课堂；课后反思，如每堂课结束之后，我都会根据学生的学习效果及时地写教学反思，发现优点与不足，并找到解决问题的办法。通过三个反思，使自己能更好地处理教师与学生、教法与学法之间的关系，让自己在反思中不断完善和成长。

从刚入职时的不知所措到现在的从容应变，我经常问自己一些问题，我的教学是有效的吗？我的管理是有效的吗？我在学生心目中有足够的威信吗？我在职场上是否有明确的目标，我的目标是什么？面对这个目标，我的优势和劣势是什么？我周围的环境给我提供了哪些机遇，还存在哪些障碍？除了像过去那样做事、生活之外，我是否可以改进生活方式？从某种意义上说，一个人发展速度的快与慢，取决于他对自我分析是否准确以及能否改进工作的节奏。

"教师教育的基石和精髓是终身教育理念。"变是这个时代唯一的不变，在这急速变化的时代，谁能学习在变化之前，谁能学得更快，谁就能赢得机会和成功。因此，在工作之余，我养成了研读教育教学专著的习惯，坚持与时俱进，不断学习各种教育教学理论。我有意识地从批判的视角去阅读，学会与书本对话。经常与同事展开教育思想讨论，不断更新教育理念，努力提高自己的教育教学水平。为了进一步解放思想，拓宽自己的视野，我还在网上把工作中的心得体会和教学中的困惑和同行进行交流，并从中体会到教师工作的快乐。

在学习中进步、在反思中成长、在教科研中收获，这样的教师必定是幸福的。"业精于勤荒于嬉，行成于思毁于随。"这就是我作为一名教师的格言。正是在这条格言的引领下，我一路走来，不断地进步，不断地成长，逐渐走向专业化。在教师的职业生涯中，需要不断提升自己的专业思想、知识和理论，通过反思与实践，在教师专业化的道路上不断完善自我，发展自我，为成为专家型教师的目标而努力奋斗。

薛志军
XUE ZHI JUN

  青岛烹饪职业学校烹饪专业教师。齐鲁名师，山东省优秀教师，青岛市劳动模范，第四届全国教育改革创新优秀教师奖获得者，山东省职业教育先进个人，山东省教育系统教学技术能手，青岛市优秀教师，中式烹调国家级考评员，中国烹饪大师，高级烹调技师。先后荣获全国中职技能大赛烹饪食雕组优秀辅导教师，青岛市烹饪技能大赛个人冷拼比赛金牌并授予青岛市优秀厨师，全国中职技能大赛烹饪教师组冷拼一等奖，全国中职技能大赛烹饪冷拼组优秀辅导教师，全国黄炎培杰出教师奖等荣誉称号。主持的教改实验项目《烹饪教学中提高学生学习积极性和主动性的教学法研究》获2011年青岛市中等职业学校教改实验项目评选一等奖，主持的《中式烹调技艺》获得"青岛市精品课程"。

德艺筑成功，真情换硕果

　　要想做好工作，不仅要有好的技术，同时还要有解决问题、思考问题的能力，这些都需要文化和知识作铺垫。

　　与学生的接触使我体会到了师生关系的默契和谐取决于二者心灵的沟通，这是师生关系中最重要的因素。

——薛志军

　　你们见过美术大师可以用五颜六色的水粉描绘出青岛碧海蓝天，红瓦绿树的美景，贝雕大师可以用贝壳雕琢出青岛美丽的海滨风光，你可知道有人能用各种烹饪原料拼摆出青岛美丽的海滨风光？这就是我的职业专长冷菜拼摆。

角色转变，踏上讲台

　　1985年，我从山东省饮食服务技工学校（现青岛酒店管理职业技术学院）烹饪专业毕业。毕业后在青岛饭店从事烹饪工作十年，1995年转入教师队伍从事烹饪教学。讲台伴岁月，春去春又回。教师这一神圣的职业，在陶冶着我，也造就了我。因此，我热爱自己的工作，乐意教书育人，崇尚教书育人。

　　从师傅到教师，这个角色的变化，让我感到很大的压力，这种压力促使我对自己的工作做深入的了解，去分析学生的现状，思考自己怎样去做一个合格的烹饪教师。刚来学校时，我发现职校的学生喜欢学习技能，但对技能理论和文化课学习不感兴趣，甚至我有的家长也默认孩子的这种学习态度。以我自己在企业工作的经历，我认为要想做好工作，不仅要有好的技术，同时还要有解决问题、思考问题的能力，这些都需要文化知识做铺垫。因此，我在上课时，对不同班次授课的侧重点也各不相同，对大专班的学生，注重理论的提高，锻炼学生的语言表达能力和创新思维，上课以学生为主体，老师以引导为主，目的是让学生能在转段后适应大学的学习，做一个能思考的学习者，会学习的烹饪者。对职专班的学生多培养他们养成良好的学习习惯，形成认真的做事态度，学会良好的为人处世方法，通过采用不同的案例、方法和自己的行动去教育感染学生。我努力在利用教师这个特殊的职业，帮助学生认识自我，树立信心，确定新的人生目标。

　　从教二十多年来，我在工作中不断加强师德修养，提高自己的人格魅力。我牢记："勿以善小而不为，勿以恶小而为之"，时时注意"从我做起""从小事做起"，让自己的每一个细小的言行都成为学生的榜样，真正做到为人师表。

心灵沟通，倾心育人

　　"教师不仅要传授给学生知识，更要付出自己的真情，要为学生的人生之路点一盏灯"。

　　职高阶段处于人生发展的重要时期，学生的生理和心理都处于快速的发展状态，同时又容易受到家庭、社会等多方因素的影响，容易在学习、生活中产生一些心理问题。

　　有一年高一，第一次的期中考试马上就要来临了，学生们都进入紧张的复习阶段，但我班的小张却出现了明显的情绪波动，每当老师要求学生们利用自习课拿出复习题背题时，他就出现烦躁、摔书、皱眉、翻脸等反常举动。特别对数学尤为反感，甚至见到数学老师都烦。

　　小张在班里是卫生委员，他平时对待工作认真负责，而且专业课的学习也非常刻苦，每天回家都要练习刀工，有时为刻好一朵月季花甚至练习到半夜。这样的一个好班干部、好技能能手，却是一个对数学有严重"心理障碍"的人。面对他的这些举动我没有批评他，而是对他的这一现象做了认真地分析和了解，并与他妈妈进行了多次沟通。

　　通过查阅心理学的书籍我发现他所表现出的举动，是明显的对数学学习的"习得性自弃"。由于他之前在学校数学学习任务中的多次失败经验，导致他对自己的失败归因为能力不行，从而产生对数学学习的"习得性自弃"的情绪和行为。

　　知道了根源我开始寻找契机。没过几天，机会来了，一天小张拿着自己刻好的月季花来找我，很苦恼地说总是掌握不好花心的雕刻。我一边给他演示一边和他聊起了他的数学学习。他说，看到数学字母、符号就头大，自己没那个脑子学数学，在初中为了数学不知吃了多少"苦"，和数学老师特不"对付"。看他的情绪不错，我就谈了自己的看法：专业学习固然重要，是我们将来谋生的手段，但在专业课的学习中也会用到一些数学的知识。拿月季花心的雕刻来说，要刻的好看，必须掌握好每层之间的角度，刀子由内向外倾斜120度、90度、45度依次旋刻，在修花瓣时也要先划一道抛物线的痕迹。他听了我的话一愣。我趁机说，不信你按我说的角度试刻一下。他疑惑地拿起刀，按我说的角度刻了两层花心。他对自己刻的花心非常满意，对我说的话开始信服。我又给他列举了学校历来参加大赛的学生，都是在班上学习名列前茅的，正是因为他们善于动脑、善于思考才能比别人技高一筹，才能出类拔萃。当然也需要吃苦耐劳的精神，你现在具备了吃苦耐劳的精神，但是还需要动脑、思考，所以学好数学也是你学好专业的前提。他默不作声，但我能看出他被我的话打动了，因为他太想学好专业了。

　　我又进一步表扬了他：你对卫生工作认真负责，老师感觉你是一个好班干部、好技能能手，如果文化课的成绩也能在班里走在前面的话，那就太好了，老师相信你能做到，因为老师从你练习刻花到半夜，就知道你是一个有坚忍不拔有毅力的人。老师期待着，不要让我失望好不好？他愉快地点了点头。我们的谈话结束了，花也刻好了。他高兴地拿着花走了。

　　第二天他交上了一朵漂亮的月季花，在后面的复习中再也没有出现反常之举，也能跟着数学老师复习了，但能看得出他学得很吃力。

虽然那次期中考试他的数学还是不及格，但我感觉出他努力了。这个学生在老师和家长的多次谈心、疏导下，在学校学习了心理课程后，也意识到自己的问题所在，慢慢有了很大的改变。毕业后因为雕刻优秀，很受酒店重视。

在担任班主任的16年里，每当住校生生病我会带上药品、食物去宿舍看望，学生住院我会带着营养品到医院去问候。而我的学生会把从家里带的炒花生、自家种的地瓜悄悄地放在我的办公桌下。学校举行美食节我会买各种美味佳肴给贫困生品尝，而他们会在实习时悄悄地把我用过的抹布洗得干干净净。他们还会在我值夜班时，把自己的热水袋送进我的房间。2011年参加省大赛前我感冒了，引起上呼吸道感染，严重咳嗽，学生看我上课咳得厉害，无论上哪个班的课，课代表总是第一时间给我拿水杯，那年我是带着病参加的省大赛，比赛前一晚，我所教的高二（10）班的一个学生给我发短信：老师你的咳嗽怎么样了，你要注意休息，别累着。当时我看了信息，感动地拿着手机给同事看。

在与学生的接触中我体会到了师生关系的默契和谐取决于二者心灵的沟通，这是师生关系中最重要的因素。要达到师生关系的和谐美好，教师的方法至关重要。除家访、谈心外，这几年我尝试着与学生进行书面交流，收到了很好的效果。书面交流避免了面对面的尴尬，避免了学生的羞涩和难以启齿，同时又可畅快淋漓地把所有想法一股脑儿都抛出来，可以锻炼学生的文笔，可以尽情展现师生的心理，达到双方的沟通、交汇、了解、理解。我和语文老师商定学生每周交一次周记，语文老师先看，批改文字语法问题，我再看，主要是了解学生心理动态并和学生交流。

做班主任的烦心事多，现在学校都实行封校，班主任有时就成了生活老师。但我们和学生接触的时间越长，对他们的了解也就越深，学生对老师的感情也是如此，这也是为什么每届的毕业聚会，学生们都是泪眼道别，都要给我一个拥抱，调皮的学生更是说不完的道歉和感谢。

从这些依依惜别的话语中我感受到从未有过的温暖，做班主任工作虽然辛苦，但苦中有乐，学生滚烫的肺腑之言，是对我做班主任工作努力付出的最好报答，没有什么是比这更好的礼物了。

孜孜以求，干中学，学中做

我的教师生涯是在酒店工作十年后才开始的，这种特殊的经历使我在讲授专业课程时，能将课本的理论知识与实践相结合，这样传授给学生的知识和技能在一定程度上容易掌握，从而提高了专业课的教学质量。

自1995年进入教室系统以来，我始终坚持高标准，严格要求自己，无论是在理论教学，还是实践教学，始终脚踏实地，勇于探索创新。自担任烹饪教研组长职务以来，团结和带领全组教师，爱岗敬业，积极进取，求真务实，较好地完成了上级布置的各项工作任务，受到了校领导的一致好评，也为全校做出了表率。2013年青岛市教育局公布了第二批精品课程名单，青岛烹饪学校的《中式烹调技术》入选。在进行最后答辩的头一个晚上作为组长的我紧张地准备着答辩汇报课件，这次答辩比我以前准备的任何一节评优课都要精细，一遍又一遍地熟悉稿子和课件，直到凌晨。如此紧张地准备并不是对自己不自信，而是我肩负着我们整个团队的期望，我们的团队付出的太多，不想因为自己的失误让我团队成员的努力付诸东流。

我们《中式烹调技术》团队由2名外聘大学名家，7名本校教师组成，在这7位教师中，按性别有2位女教师，5位男教师，按专业分有6位烹饪专业教师，1位微机专业教师。

精品课程建设中需要大量的资料，特别是理论性较强的教案、课件，都是我和麻忠群、李守生老师利用暑假完成的。这些教案、课件成为我们专业课教学的宝贵财富，特别是为刚大学毕业的新教师提供了优秀的教学资源。

校本教材也是本专业精品课程的亮点，我们在原来校本教材的基础上，运用新的教育模式与理念，采用模块化项目教学法，将每节课的知识点作为一个任务，在授课中老师进行引导启发，使学生完成每节课的任务。参加德国教学法培训的老师为我们带来了先进的教学理念，使新的校本教材在内容上耳目一新。为了改变原有校本教材单一文字叙述的不足，薄明珍老师运用自己娴熟的计算机技术，将我校参加全国技能大赛的菜肴照片融入教材中，使校本教材焕发了生机。作为教材需要严谨无差错，为保证质量，项目组组员每人负责两个章节，进行校对工作，为不影响正常工作，我们下班后集体加班，最晚的加班到凌晨1点。老师们放弃了家里的私事，全身心地投入精品课程的建设中。每天跟着我们一起加班的还有新来的大学生王阳和李竞赛老师。虽然他们不是我们的组员，但看到我们加班忙教材，就主动要求参与，每次都是最后才走。张延波主任作为实习处主任有着得天独厚的条件，与外聘教授的联系，以及学生校外实习的照片资料，都是她亲自联系组织。这部分的资料作为教学成果的展示，成为我校的一个亮点。

团队的力量是我们《中式烹调技术》精品课程顺利完成的基石，而领导的重视和督促，是我们完成任务的保障。校领导多次派我们到兄弟学校参观学习，为我们请专家、搞讲座、做指导，使我们从开始的茫然到确定方向。吕校长亲自开会听取汇报，王校长更是阶段逼紧，教导处杜主任陪同学习。所有这些都加速了我们的步伐，使我们按时完成任务。

通过精品课程的建设，我感受到了团队的力量，看到了身边教师的奉献精神。我为有这样的团队感到自豪，为我是团队中的一员感到骄傲。

正是这些同事的陪伴，领导的支持，给了我工作的动力，让我由不懂到学着做好。这么多年的工作经历和成绩，让我感受到：一个人能力再强没有好的平台也无法施展，没有好的团队也无法取得硕果，没有过硬的专业也不会有自己的舞台。

培养名生，忘我工作

有名师才有名校，名师、名校是为培养学生做准备的。在烹饪教学中，最让我痴迷的是《冷菜拼摆与食雕》，它是我国烹饪美食的一朵奇葩，它集菜肴的可食性，与冷拼、食雕的艺术性为一体，它需要操作者有娴熟的刀工技法，还要具备一定的美术素养和文化知识。我教授的这门课，虽然难度大但深受学生喜欢。因为他们在课堂上，可以将一根普通的黄瓜变成一片美丽的叶子，一个萝卜就可以雕刻成一朵绚丽的月季花。

为了提高我校学生的冷拼和食雕水平，我和同事们成立了"课外活动小组"，利用课余时间我们吸引了一批热爱《冷菜拼摆和食雕》的学生，放学后和节假日经常能看到我们在技能室练习刀工、练习拼摆、练习雕刻的身影。学生们在一天天进步，从开始的一个简单的围边装饰，到雕刻、拼摆出大型的花鸟、枝叶。我们为学生设计了成长计划：高一在学校的技能大赛中获奖了，他们找到了久违的自信；高二在青岛市、山东省技能大赛中获奖了，他们坚定了学好专业、做大国工匠的信心；高三他们在全国技能大赛中获奖了，他们感受到了做任何事情都要付出，都要严谨对待，都需要知识做支撑。在技能教学中我也十分注重引导学生，给学生灌输"工匠精神"对一个技能从业人员的重要，去精益求精地做事，职校学生照样能创造出精彩人生。从2007年到2016年，我和我的团队带领学生在全国中职技能大赛中，共获得21金、22银、12铜的优异成绩。

我记得叶圣陶先生曾说："教育是农业而不是工业。"工业和农业最大的不同在于，工业可以是快节奏地、大容量地、流水线地批量生产的，而农业则是有季节、有时令，有成长规律的，是需要播种、施肥、除草、喷药的，是需要土壤、水分、阳光和等待的，它是一个慢的过程。

孩子们需要我们一起在这个"慢"过程中，不断为他们施肥、除草、喷药，他们才能够幸福地在肥沃的土壤和充足的水分、阳光中充满自信的健康成长。二十多年来，我就是这样陪伴我的学生一年一年成长，一批一批毕业。

我是薛志军，一名普通的烹饪老师，我深爱我的专业，我会继续将我的技艺传授给我的学生，让他们在雕刻烹饪艺术美的同时，拼出自己的七彩人生。

祝 梅
ZHU MEI

　　青岛市城阳区职业教育中心学校服装专业教师。中学高级教师，全国纺织服装职业教育教学指导委员会中职服装专业指导委员会委员、全国纺织服装职业教育教指委数字化教学资源建设指导委员会委员，青岛市服装协会理事、青岛市服装专业中心组成员、青岛市教学能手、青岛市中小学学科带头人、青岛市青年教师优秀专业人才、青岛市中小学教师科研工作站客座研究员，城阳区第七批专业拔尖人才、城阳区服装专业名师工作室主持人、城阳区学生眼中最美教师、城阳区教育系统"建功女明星"。2017年8月，被评为山东省特级教师、山东省中等职业学校首批齐鲁名师。曾获全国说课一等奖、省级优质课一等奖、两次举行省级公开课。主持国家级教育教学成果1项、国家级课题1项，主编3本国家级教材，撰写的多篇论文发表在省级刊物以上。

巧用起承转合法，绘成育人美画卷

——小记我的教育教学探索过程

理论的提升只是解决了我们的理念高度，理念的高度再来解决技术层面的实际问题，方是我们学习的目的。

以学生心理研究为始发站，以知识技能教学为中转站，以学生形成成熟的"三观"和具有自主学习能力以及持续创新能力为终点站。

——祝梅

回首这些年来我走过的教育教学道路，心中充满了万千感慨，其中最大的感受还是值得。因为，看到我教出来的学生们都是那么的正气、阳光、充满活力，并不忘初心地利用己之所长勤勉工作奉献社会，我都会很感动，很欣慰。我觉得学生们的成功才是我教育教学工作的成功，而社会对她们的认可和赞许，就是对我最大的褒奖。每当想到这里，我就会觉得：我的青春、我的追求和我的所有付出，都是那么那么值得，那么值得回味，那么幸福甜蜜。

记录是一种珍惜，是一种情怀，也是为更好地面对未来，所以在这里，我把这些年来自己在教育教学的工作做一个回顾。而在我的梳理过程中，好像有一幅美丽的山水画卷也在缓缓舒展开来，中国画最看重的是气韵，讲究"起、承、转、合"的气息贯通，这四个环节可以很好地诠释我教学的四个阶段，所以我就以此为支点开始说起。

一、起，素毫寸心展长卷

1996年，我从青岛大学纺织服装学院毕业，来到城阳区职教中心教学。作为一名非师范类毕业生，当时连板书是怎么回事也不清楚，更不用说教育理论的支撑和教学手段的丰富了。巨大的角色转换，让我感到一种从未有过的茫然与无措。我就像一个胸无点墨的人，直面眼前这张素洁若雪的画纸，头晕目眩，不知该从何处下笔！心里暗暗打起了退堂鼓！

可是当我真正登上讲台那一瞬间，誓言就在心里生了根：台下那一片清澈、信任的眼神仿佛在告诉我：老师，你真棒，我们欣赏你！欢迎加入我们的行列，我们一起出发吧！——好的，同学们，你们也是我最棒的旅途同伴，让我们一起勇攀知识高峰，去领略无限风光！

决心已定，就要付诸行动。我把从业伊始的首要任务放到了"充电学习"上，这是当务之急，也是必须完成的。在教学常规时间里很难抽时间学习，只能在放学后和节假日对教育教学理论、教学规范、教学方法手段等亟须解决的短板进行攻坚补全。

古人说取法乎上，对治学而言，这句话非常贴切。教师自身的境界会决定他教学上视野的广度——只有依托强大的理论基础，才会给其自身的教学工作提供切实可行的帮助，才会更加深刻，更加适合。而这种纯粹的理论指导，除了虔诚地、孜孜不倦地学习，是不可能有其他速成的捷径的。基于以上考虑，我决定从三个方面进行教育理论学习并加以实践应用，简单地讲，就是做到"三学"。

首先是"书中学"，多读教育理论和实践类的书籍，深研前辈们的理论精华。

我开始教学工作的时间，正是职业教育在城阳区乃至青岛市方兴未艾的时期，尚没有很成型的模式可供参考，有的也大多是借鉴国内起步较早的城市职教发展经验，或者国外比较有名的职业教育体系。所以，职业教育团队也处在一个边发展边积累经验、边摸索边开拓的时期，几乎没有现成的成体系的职业教育理论可供学习运用。但我想，教育的实施领域虽不尽相同，教育的基本规律应该是一样的，那就是充分尊重受教育者的个体发展，对其实施有规划的、有步骤的教育过程。古今中外的教育理论已经是汗牛充栋、洋洋大观，于是，我一头钻进了书本里，学习了苏霍姆林斯基、赞科夫、夸美纽斯、布鲁纳、陶行知等教育专家的系统教育理论，从中抽丝剥茧，提炼出对我具体阶段有指导性的观点和方法，结合工作中的实际情况做了大量的读书笔记，找到有针对性的解决办法。这样一来，很多困惑问题，一下子就迎刃而解了。这些理论体系中，我对苏霍姆林斯基用功最深，因为我觉得他的理论指导性和可操作性更强，其中的一些观点就如一盏盏航标灯，让我倍觉鼓舞。诚如他曾经说过的那样：教师进行劳动和创造的时间好比一条大河，要靠许多小的溪流来滋养它。教师时常要读书，平时积累的知识越多，上课就越轻松。是的，站在前人的经验基础和理论高度上，我少走了很多弯路，吸收了丰富的营养。回过头来再用其指导我的实际工作，就会让我变得熟练、灵活，做事有条理、有层次。可以说，读教育理论和实践类的书籍，深研前辈们的理论精华，这个学习环节是必要的，也是必需的，可以让初登讲台的"新手们"受益匪浅，能做到初步适应各项教育教学岗位。

其次是"训中学"，就是主动参加各种教育理论和技能培训，通过点式的专项学习，快速提高综合理论修养，整体提升教育教学水平。

我先后参加了山东师范大学教育本科和研究生课程班学习、青岛教科所第八期访学教师培训班、城阳区名师培养人选进修班、青岛市名师工作室成员培训班等教育主管部门组织的各类教育教学培训。通过这些高规格的教育理论培训，夯实了我的理论基础，开阔了眼界，调整了思路。尤其是参加2015年访学教师培训班的学习，给我留下深刻的印象，带来全方位的思想冲击。全国最权威的资深教育教学专家现身说法，有理论高度，有实践成果，有代表性，有启发性。真正革新了我们的教学观念，解决了日常教学中普遍存在的问题，让我们回归到教育的本质上来，有些指导性理论对我个人启发程度几乎可以用醍醐灌顶来形容，发人深思，催人奋进。一年的访学培训，我做了大量的学习笔记和调研报告，积累了若干教学案例，撰写了多篇相关论文。更难得的是，培训班的学员几乎都是各个区市的教育教学骨干，在学习之余的研讨交流，各种心得观点经过辩论、碰撞，最终都能站得住脚，并在大家的集思广益中得到丰富和提升。

最后一种学习方式叫作"用中学"，用实践教学来验证我的学习水平，让学习的成果回到学校里、课堂上，做到接地气。

"用中学"是"三学中"的最核心的部分，也是难度系数最大的一种学习模式。因为，这不单单是学习问题，还是一个学以致用的问题，这才是我们学习价值的终极体现。理论的提升只是解决了我们的理念高度，理念的高度再来解决技术层面的实际问题，方是我们学习的目的。比如我在培训中学习了华东师范大学高纪良高老师提出的"三高"教学理论后，即时地运用到课堂教学中，就收到了很好的效果。"三高"分别是高效率（知识与技能—少时间大效果）、高效益（过程与方法—较大收益）和高效应（情感态度价值观）。这也正是我们现在提倡的三维目标。三高明确了有效教学的四个标准：该学的学了吗？该讲的讲了吗？该想的想了吗？该练的练了吗？这四个标准在自己的日常教学中有没有时时刻刻牢记？带着这四个问题，教师在课堂上就会自觉提高教学品质要求，教学能力和效果都得到了极大的提升。这只是我运用学习成果引入课堂教学的一个小小案例，也是用教学成果对学习知识有效性和必要性的一个最大验证。"用中学"的实质是理论跟实践的结合，我认为是广大新老师能快速上手并日臻成熟老练的一个好方法。

刻苦地学习，广泛地积累，为我日后的教育教学工作提供了强大的理论支撑。通过多渠道地学习，我厘清了方向，增强了信心，再次面对当初的那张待画的长卷，我不再畏手畏尾，而是按照我的理解饱蘸浓墨大胆落笔。这就是我迈出的第一步，她可能是生涩的、笨拙的，但她一定是生动的、鲜活的且热烈的。我的画面上的这个"起"，是一种宣示，也是一种决心，她对应依托的是"学"，是"读书破万卷，下笔如有神"的自然流露。通过"学"，我得到了知识的滋养，基本上确立了教学的四个方向，即"以学生为本，以服务为任，以创新为要，以整合为重"。

二、承，渐入佳境细点染

中国画的气韵从哪里来？国画大师陆俨少曾经说过自己的治学之道：三分画画，三分写字，四分读书。这对我的启发是巨大的，所谓"字外求字，画外求画"，应该讲的就是这个道理，画是一个人学识修养审美等诸多内在元素的外观体现，讲究厚积薄发，气韵自然随着画者的节奏笔笔生发出来而不露痕迹，自然高雅，读来赏心悦目。我体悟到这一层精神境界，就是要求自己把视野变得更广一点，视线更长一点，视角更深一点。落实到实际教育教学工作中，就要全面打开各个层面的工作，兼容并蓄，齐头并进。用画画来比喻，就是要铺好大的色调，既做到色调统一和谐，又做到色彩丰富迷人。这就需要我融入学生学习生活的方方面面，主抓细节，狠抓落实，真正做到"润物细无声"。在"承"这一画面环节中，相对应的恰好是一个"细"字，要求教师要做一个多面手，做一个有心人。

我主要从三个方向进行的"承"部分工作的探索和开展。

1. 蓝色教育管理。

为更均衡地挖掘个人的综合潜力，掌握全方位的教育管理和课堂教学业务能力，我决定参与班级管理，自1997年开始连续13年担任班主任工作。

担任班主任之初，面对班级管理千变万化错综复杂的局面，我一度感到很困惑：现在的学生们这是怎么啦？怎么存在这么多的问题？具体表现在：有独生子女的娇气和自私特点，有不求甚解、得过且过对什么都提不起劲儿来的厌学思想，有各自的所谓个性不易交往交流，更有沾染了社会不佳风气的小苗头……而这一切一切呈现出来的状态就是：班风不向上、集体不团结、学习不积极和生活不阳光。

挑战无处不在，对待问题不能消极逃避，应该直面挑战，用勇气和智慧变挑战为动力，才能让我和班级里的每一个孩子都赢得胜利。我面对这幅难以表现的画面，经过良久的思考，决定赋予班级管理这一段的画面基调为蓝色。因为蓝色是具有无限包容性的色彩，她像天空像大海，可以让鸟儿自由地飞，可以让鱼儿自由地游！

古人讲画画是"妙手丹青"，可见"手"是决定一幅画作优劣与否的关键因素。我也受此启发，创造性地实施了："两手齐抓，合手如蓝色港湾温暖学生生活，放手如蓝色航线放飞梦想白帆"的蓝色班级管理模式。在生活上，我尽量利用一切时间跟学生们在一起，了解她们的所思所想，洞晓她们的情绪波动，并艺术地介入，保护她们的自尊心，不让她们感到突兀和难为情。例如我从学生档案里得知我班上的一位学生来自山西省某孤儿院，我没有直接找她落实这一件事，而是根据档案信息联系上了她的母院，申请我们学校办理了给她减免学费的事宜。一直到这个孩子考上大学，她的母院才告知她真相，结果她毕业十年来一直和我保持联系，得空就不远千里来看望我，在她心中，我和她的大姐或者母亲一般无异。在长期的班主任工作中，我就变成了学生们"亦师亦友"的角色，我合起手，把她们像小船一样放在手心里，让班级有温度，变成了舒心放心的温暖港湾。所谓"亲其师，信其道"，跟学生的感情笃深，会达到心心相照的精神层面，那么接下来的学习问题和管理问题就会迎刃而解了。在这两个问题上，我大胆"放手"让学生自己管理自己。民主选举的班委就是一线的管理层，各司其职。有了良好的班风，班委们的工作开展的流畅顺利，富于活力和创造力，一个个鲜活的金点子，换来的是学校的认可和奖励，换来的是知识、技能，更换来了学生们面对未来人生的信心和勇气。"放手"的班级管理，是鼓励学生积极地在画卷里自由挥洒徜徉，是让他们充满能量和智慧地向老师放手指向的远方扬帆起航。

2. 绿色课堂教学

课堂教学的目的不应该是简单的知识的传递，而是以人为本多元化的。其追求的知识层面的价值是让学生在"承"中"思"，在"思"中"用"，最终在"用"中"创"，真正做到综合能力的提升；而在更高的精神层面的价值追求上，课堂教学应该以德育为立足点，让学生们不但要有智，还要有情，要有对美丑、真假以及善恶的辨识度，赞美抑丑、求真弃假、扬善惩恶，做人类文明的使者。

我眼前常常会出现这样一幅画面：在一望无垠的绿地上，生长着各种各样的美好植物，她们的根扎得深，干长得修直，枝长得舒展，叶长得繁茂，花果飘香沁人心脾。这幅画其实就是我追求的绿色课堂的真实写照。在日常课堂教学中，我精心备好课，开心上好课，用心反思课。在长期的一线教学中，我也积累了一些经验心得。

首先，要解决学生精神层面上的问题。在这个信息化快速迅捷传播的时代，各种极具诱惑力干扰学习的元素层出不穷，要想安心地做点学问真的要有很强的自制力才能做到。在这种大环境影响下，我发现学生当中普遍存在着浮躁的心理，有的甚至产生了厌学的迹象。针对这种情况，我在做了大量调查研究的基础上，决定从问题的"根"入手，在课堂上以"德育"引导为主突破口，结合多重手段对学生们进行心理疏导，让她们学会辩证地看待问题。我所主教的服装设计课也为我对学生进行德育工作提供了一个很好的平台，在整个授课的过程中我都会艺术巧妙地将"真善美"的理念贯穿其中，渗透爱国主义、集体主义教育，提升学生的团队意识和上进意识，让学生学会真诚地感知这些宝贵的精神理念，始终保持一种积极向上的正能量，这些能量就像一树绿荫，为孩子们遮阳纳凉，带来心灵的宁静高远。

其次，要实现学生自主探究学习的既定课堂教学目标。学习不是某几个学段就能解决的问题，是一个人终其一生都要解决的问题。所以，我一直致力于引导学生们开展自主探究式的学习，提倡并鼓励学生们学会运用"自学"的方法主动探索知识技能。为达到这一目标，我做了大量的课下功：收集上课所需素材、精心备课、设计多套备课预案、确立自主探究项目课题等等。在课堂教学中，我创造性地提出了"课堂师生主客体转换"的理念，即充分调动学生的主观能动性，让学生在课堂上从教师手中夺取"主动权"，从而达到一种活跃积极地学习状态，更加扎实、高效地掌握住知识技能，并能够做到举一反三，进而提升自身的学习能力、动手能力和创新能力。这样，学生们就像一株株嫩绿的树苗，在和煦的阳光和温润的细雨中茁壮成长。

"承"是对已有的教育教学理念、经验的一种传承，我在这一传承过程中着重在"细"字上做足文章，没有一味地为传承而传承，而是边继承、边积累、边创新，以学生为本位，了解并尊重她们的个体差异，着重从精神层面提升她们的学习境界，激发学生的创造潜能，使她们最终能够成为会主动学习、终身学习并学以致用、学以创新的新时代创新性人才。

三、转，搜尽奇峰写精神

如果说"起"和"承"是一幅作品创作的开始与中间过程，是决定一幅画是否有灵气的基础阶段，那么，接下来的"转"则决定了这幅作品的格局和精神内涵，最体现作者的境界，需要妙想的睿智和胸有丘壑的气度，才能达到"逸品"的高度。

在教学上，"转"可以理解为"改革"和"创新"。

我意识到必须以"转"的理念来指导行动实践，应该是在工作近十年，工作各方面感觉都遇到了"瓶颈"的那一段时期。如果教师无法突破自我、突破已有的教育教学模式，一味因循守旧，固然能四平八稳地照常工作，但这种状态是消极的、缺少动力的，是不符合新的历史时期下对当代教师提出的更高要求标准的，所以我必须要果断地迈出这一步。我主要从以下两个方面来实现"转"这一重要环节的。

1. "转"在理论研究出新意。

我首先从教育教学理论的更新入手，根据我的实际需求将全新的理论进行归纳、组合，经过实践检验后，初步形成了赋予个性的、富有针对性的个人理论体系。概括说来就是"一点、两线和三面"。

"一点"是指教师所有关注的核心点是"学生",即以学生为主体本位。这也是我所有研究工作的立足点和出发点。多年来,我养成了勤记日记的习惯,通过这种事无巨细均要一一记录的方式,我可以从中摸索到学生学习生活中普遍存在的问题,从而更有针对性地制定出教学计划和各种活动方案,真正做到一切以学生为中心的教学初衷。

"两线"是指我着力于从知识技能教学研究和学生心理疏导研究两条线路开展理论研究。对教师来说,脱离对学生进行心理研究的教学一定是不丰满的,所以我坚持将两条线并置研究,做到两条腿走路,保证教育教学成效的最大化。为保证这两项研究能够科学规范并高效地展开,我制定了较为详细的主题研究计划,分别建立了教学案例资料库和学生心理研究案例资料库,每个月更新一次记录数据,每个学期进行一次数据统计和总结,并及时得出初步的研究报告,进而根据这些资料用专题的方式加以学术化的论述,形成自己独有的、鲜活的"两线"理论研究体系。多年的积累,我探索出一条较为可行的双线并行教学道路,概括说来就是:以学生心理研究为始发站,以知识技能教学为中转站,以学生形成成熟的"三观"和具有自主学习能力以及持续创新能力为终点站。在这三个站点上,教师要起到合理规划学生进步上升路径、合理调度学生学习节奏效率和合理开发学生整体动力潜能的作用,对我的教学工作大有裨益。

"三面"则是对学生整个学习流程的专项理论研究,也是最具可操作性的研究,分为自主学习面、提高练习面和超越创新面等三个循序渐进的学习层面。这三面其实就是我们要完成的教学任务的三个阶段,这三面中的任何一面都不能脱离整体而独立存在,否则我们的教学过程就是不完整的、没有章法的。之所以我将其分为三面,是想对每一个环节的研究更纯粹一些,更到位一些。在方法上,我也是注重研究案例的积累,着重以事实为依据,用数据说话。所以我创建了一个"服装专业教学过程案例数据库",用当前各行业都很注重的"大数据"为抓手,从林林总总的数据中找到学生求知、探索和创新过程中普遍存在的问题,加以总结归纳,适时调整阶段性教学目标和计划。"三面"理论研究的效果是明显的,它让教师可以站在一个较高的高度宏观地看清楚整体教学流程,就像一个英明的统帅总是要拥有一张战略地

图一样，总是知己知彼，才能取得持续的胜利。

"教学相长"的潜台词是教师和学生是一个"命运共同体"，有着深厚知识储备、纯熟的教学技巧、开阔的教育眼界和无私的大爱情怀的老师，是学生改变自我、提升自我、突破自我最终超越自我的重要保障基础。而教师对教育教学理论的研究，又是发展提升"命运共同体"的前提基础，其重要性不言而喻。经过长期的探索研究，我撰写并发表了大量的教育教学专题论文，参与并主编了一系列的国家级课程教材，这些具有独特视角、生动案例和鲜明风格的论著受到了业界专家和同行们的认可，大家对我这种积极求"转"的精神给予了肯定和赞许。有了这些充满革新精神理论的支撑，我感觉到自己的步子更稳了，胆量更大了，事业前景也更广阔了。

2. "转"在实践教学求突破。

因为我爱人擅长画山水画，我偶尔会陪他一起到山中写生。我发现他一开始不会马上选择具体写生地点，而是尽可能地走上一大圈，甚至要登到最高峰俯瞰整体的山势走向，得出对不同山峰的相对感受，这才选择写生点，整幅画洋洋洒洒一气呵成，对应了苏轼对庐山的感受：横看成岭侧成峰，远近高低各不同。这种先有大的感觉和认识，搜尽奇峰，然后有感而发情景交融的写生方法，为我在实践教学中如何巧妙实现"转"的构想，带来了很好的启发，找到了教学改革的突破口，即站在能控制全局的制高点上，将一系列教学项目连成一体，形成赋予个性和强烈面貌的生动气象。基于此灵感，我在实践教学中形成了"三峰并立"的整体布局。

先是以课堂教学为主峰，登山路径为"校企结合，一专多能"。当前的中等职业学校的人才培养模式，不能仅仅停留在熟练掌握专业技能这一层面，而应该将目标放在学生就业从业以及更远的将来，从最近的角度考虑，就是我们不仅仅要培养学得好、练得好的学生，还要为将来的相关行业用人单位培养使用得好、创新得好的优秀人才。所以我着力于打造"定向目标课堂"，把市场需要和企业需求放在前面，再用相对应的学习训练模式说话。我会尽可能地模拟实际生产线或产品研发室的情境，每节课都要发布一款新的订单，让每堂课都有一个核心的目标任务，结合以项目分工、任务驱动等形式，让学生带着目标任务学习，参与到小组合作等方式组成的团队中展开自主探究的学习。我要做的工作表现在：一是把控住几处关键节点，启发引导穿针引线，控制课堂节奏；二是确定每一个课题、每一处环节的详细评价标准，让学生像真正的设计师或生产人员一样，知道艺术水准和质量标准，以便更准确高效地完成目标任务。这个形式的好处是：保证最大程度的接近实战，提升学生的团队协作水平和自主创新水平，学习方向明确，学习成果显著。

再是以实习训练为左峰，登山路径为"赛练结合，多点开花"。毕业实习阶段是学生的一个很微妙的时段，一来学生们会部分参与实习企业进行岗位实践体验，二来还要经常性地回学校进行专业技能强化，还有部分学生会参加由各级教育部门组织的各项专业技能赛事。我将这一时期的自身教学定位于提供后勤服务和制定并执行详尽的赛练计划，主抓落实，提高成效。这一阶段看似教学任务强度不大，但是其在学生整个学习过程中处于一个收官的地位，重要性可见一斑。因此我在这一时间段教学中的核心精神是一个"勤"字，做到勤跑腿、勤指导和勤服务，用自己的付出，让学生实现从学生到员工、从学生到设计师的角色转换，保证她们实现从校园到社会大学堂的"软着陆"。这其中，最能激发学生创新欲望的还是专业技能大赛，部分学习优异的学生很看重、珍惜这一机会，这也是检验学校教学水平一个好的平台。我就从思想上和攻略上给学生们提供多种思路，但不会给她们设置硬性参赛方案，而是鼓励学生群策群力，用自己的青春活力展示出当代中职生的独特视角和风采。在对待比赛态度上，我提出"重在参与，贵在创新"的口号，让学生轻装前进，敢于接受新课题的挑战，敢于亮剑，敢于创新。学生们的心态轻松了，状态上升了，成绩自然也就有了。

最后是以名师工作室为右峰，登山路径为"整合资源，团队协同"。多年的探索积累，我感觉到自己逐渐进入了教学事业的成熟期，无论是理论上还是实践上都有了长足的进步，也基本形成了一套比较成熟的教育教学理论体系，这些经验对年轻教师还是有很好的启发价值。我向学校申请建立了名师工作室，吸纳年轻教师参与到工作室来，定期开展主题研究，探索新形势下的教育教学改革方向与措施。在团队建设的作用下，一大批教学好点子脱颖而出，我们及时总结，形成实施方案，做好新方案的"试点"工作，在实施中跟踪各项数据，再回到工作室进行反思与总结，经过反复推敲，最终推出具有较高的学术价值和推广价值的成熟教学改革方案。现在，我所在学校的年轻教师都具备了较强的理论素养和丰富的教学手段，同时，他们的活跃思维、超前意识和年轻活力也带给我很多启发，我们真切地感受到了团队协作的宝贵力量，更有信心将工作室打造成一流的学术研究中心，为教学工作提供源源不断的能量。

"转"是一种气度胆量，是一种人生格局，更是一种向上精神，建议大家都将"转"这一环节当作是教学事业的重中之重，敢于转，巧于转并赢于转，实现自我超越，成就学生的学业。

四、合，无限风光明朝看

时光荏苒，不知不觉间，我的教学生涯来到了第二十三年，我想，我跟我的伙伴们（老师和学生）合作描绘的这幅画卷应该润色展示了。而统一调整画面关系，突出画面主题则是创作过程中的"合"，合得高妙与否，直接决定着整幅画面是否能做到气韵贯通，做到格调高雅引人入胜。这种"合"是以一种丰收的姿态体现在我的教学中的，也是对我总体"起承转合"教学过程理念的一个肯定和诠释。这种丰收表现在两个方面：我本人在教育教学领域取得的点滴成绩，还有学生在我的指导下取得的成绩。

与个人所获得的成绩和荣誉相比，我更重视和珍惜学生们所取得的成绩。我喜欢看到他们完成一个练习课题后绽放的灿烂笑容，喜欢他们取得达级认证后那种自信的状态，也喜欢分享孩子们在收到高等职业学校本科录取通知书时、获得各级职业技能大赛桂冠时那种幸福的感觉。每当我面对这一幕幕熟悉的画面，都会感动不已，觉得这么多年的辛勤付出都值得了，我以我的学生们为荣，她们的努力拼搏，她们的坚持付出，为自己的明天拥有一片湛蓝的天空奠定了完美的基础。而这一切堪称完美的成果，也为我们的这幅时代画卷画上了浓墨重彩的一笔，让她真正"合"而为一，以一种神采飞扬的姿态出现在欣赏者的面前。

这就是我的教育教学成长之路，在这条道路上，我一直以"起承转合"的创新理念来指导所有工作，收到了比较令人满意的效果。我也清楚地看到，更多优秀的教师都有独到的、更高效的教学理念，也都取得了不俗的成绩，很值得我借鉴和参考。在今后的工作中，我在继续坚持创新型教学路线的同时，还要虚心向教育同仁请教学习，争取取得更大的成绩，让我们共同展开一幅更宏伟的画卷吧。

邹 波
ZOU BO

　　青岛艺术学校副校长，钢琴专业教师，山东师范大学音乐教育硕士，中学高级教师，青岛大学音乐学院硕士生导师。被评为青岛市优秀教师、青岛市学科带头人、青岛市名师工作室主持人、山东省教学能手、山东省特级教师、齐鲁名师。荣获全国钢琴集体课教学比赛一等奖，主编《钢琴》教程由社科文献出版社和中国书籍出版社出版，撰写的多篇论文在《山东师范大学学报》《中华女子学院学报》《青岛职业技术学院学报》等刊物上发表；教科研成果多次获省、市优秀科研成果评选一、二等奖。担任全国文化艺术职业教育教学指导委员会委员，山东省艺术职业教育专业建设指导委员会委员，中国音协社会艺术考级及山东省教育厅学生艺术水平考级钢琴专业评委，青岛市音协双排键专业委员会会长及钢琴专业委员会副会长，青岛市政府兼职督学，青岛市教师培训专家讲师团成员。

琴声飘处润桃李，化雨成珠育芳华

——我的成长之路

把所谓的管理"经验"抛在脑后，一切从学生、学校的实际需要出发，摒弃繁文缛节，直逼问题的"核心"。

科学的管理是学校办学水平和质量提升的保证。

人生就如一架钢琴，用心弹奏，才会呈现更多的精彩。

——邹波

从小跟着老师学钢琴，对老师有着一种天生的亲近感，做一名好老师自然成为我一生的追求，所以大学毕业要我从电视台主播和教师两者中选择时，我选择了教育。这一选择伴随了我20多年的教育生涯。"教育是事业，事业的意义在于奉献；教育是科学，科学的价值在于求真；教育是艺术，艺术的生命在于创新。"沿着"奉献、求真、创新"的轨道，我在教育的大路上奋力前行。

最初的磨砺——破茧成蝶的开始

也许，在很多人看来，在艺术学校做钢琴专业教师，是一件惬意的事情。然而事实并非如此。从走进这所国家级重点职业学校的第一天起，我就开始了破茧成蝶的磨砺。

　　1994年7月，我大学毕业走进教育系统。作为优秀毕业生，可以在青岛市内随意挑选学校。怀着对艺术的热爱，我选择了青岛艺术学校。也正是青岛艺术学校，磨炼了我，成就了我。虽已过二十多年，报到的场景依旧历历在目。上午8点报到，学校领导便找我谈话，鉴于我在大学的优秀表现和实践成绩，学校任命我担任94级音师2班的班主任，新生将在10点报到，然后中午回家准备行李，下午带领学生到基地军训。听了安排，当时一下子就懵了，感觉犹如泰山压顶，太意外了。然而我很快就平复下来，迅速理顺了思路，进入角色。虽然是刚刚走出学校，但自己有热情、真诚、责任和干劲，也有大学时学生会工作的经验。当班主任，既是学校对我的信任，也是对自己的一种磨炼和考验。

　　钢琴大师贝多芬曾说过："涓滴之水终磨损大石，不是由于它力量强大，而是由于昼夜不舍的滴坠，只有勤奋不懈地努力才能够获得那些技巧。"学钢琴的切身经历告诉我，成功没有捷径，要有收获就必先付出。特别是对于艺术专业的学生，每天的早功练习尤为重要。我给自己班里的学生规定：每天早晨六点半必须到校，练早功。执行伊始，学生不理解，特别是那些家离学校较远的学生，不愿披星戴月地起床赶公交车。有的家长也不支持，认为这是在摧残孩子。面对家长和学生的不理解、不支持，我没有再去过多地要求学生，而是以身作则，每天五点准时起床，从离校较远的家中赶往学校，六点二十之前必定站在专业教室的门口等待学生，陪伴指导他们练琴，用行动向家长和学生诠释了"选择艺术，就是选择努力，拒绝安逸"的道理。行胜于言，我的坚持感动了学生，感染了家长。学生先是抗拒，继而理解，最后变成了由衷的感激。经历了最初家长对我这名崭新班主任的质疑，我用自己热心、爱心、诚心、恒心征服了学生，也征服了家长。

　　三年后，班里多名学生考入中央音乐学院、解放军艺术学院、山东艺术学院等艺术学府，我和学生用努力和刻苦敲开了高等艺术院校的大门，为人生开启了更为广阔的艺术空间。同时我也兑现了作为班主任对学生和家长最初的承诺：为学生未来的发展寻求更多、更宽的道路。

　　由于工作努力，成绩突出，在参加工作两年后的1996年，我就被评为"青岛市中小学德育先进个人"。至今我依然为自己最初的选择感到骄傲，因为艺校是我梦想起飞的地方。

使命的担当——专业与管理相统合

最初的3年磨砺，完成了我从学生向老师的转变，也谱就了我从教师走向管理岗位的序曲。1997年7月之后，我先后担任学校团委书记、学管处副主任、教务处主任等职；2010年4月，我开始担任艺术学校副校长，分管教学、教科研、实习见习、文体实践活动等工作。我把弹钢琴的艺术、理念迁移到管理工作当中，以"干什么，就要像什么"的心态，准确把握工作节奏、轻重缓急，抓住关键环节和主旋律，统筹兼顾、左右联通、上下贯通，焕发了学校教学管理的生机和活力。我把所谓的管理"经验"抛在脑后，一切从学生、学校的实际需要出发，摒弃繁文缛节，直逼问题的"核心"。做事风风火火、干脆利落、条理有序是同事们对我的评价。近年来，我着眼于课程领导力和执行力的提升，搭建起"学习、研究"两个平台，给老师们注入触地腾飞的力量，助推学校的跨越式发展。

一是搭建学习平台。首先借助青岛市中小学教师读书实践工程，带头研读教育名著，为教师提供理论学习平台。其次是访学研修平台。一方面，利用"每月一讲"的平台，先后邀请清华大学教授、法国萨克斯演奏家、美国艺术家、国内音乐家等国内外有关专家以及岛城教育教学界名人做客"每月一讲"，与教师交流教育教学心得。另一方面，让老师们带着问题"走出去"。采取"菜单式培训"的方式，老师们根据各自专业发展需求选择不同的培训项目，再通过教研活动、"每月一讲"等培训共享平台，将培训内容和培训心得与全体老师分享，扩大了培训受益面，提高了培训实效性，开启了"共享培训"的新局面。近些年，我先后多次带领教研室主任、科研骨干、首席教师参加全国高效课堂教学策略研讨会及课堂教学现场观摩等活动，并实地考察了北京舞院、深圳艺校、济钢高级中学、杜郎口中学、昌乐二中、山西太谷二中、山西清徐二中等多所教改名校，深入课堂听课、观摩，向名校学习。

二是搭建研究平台。首先是组织实践研究活动。以教改实验项目为阵地，由各教研室负责项目申报，在全校范围内开展"小组合作学习"与"导学案教学"实践研究，努力打造高效人本课堂。其次是做好展示交流活动。

创办《叩问课堂》教科研校报，围绕"高效人本课堂"，以系列专题的形式从理论和实践两方面向广大教师传递教育信息，引发教师的思考与反思，促进教学改革与创新。再次是管理指导。组织骨干力量对各个项目进行理论和方法支持，在青岛市职业学校教改实验项目评比中，学校多项成果获奖。

一系列学习、实践、研究活动的开展，掀起了全校课堂教学改革的热潮，形成了"组组有课题、人人搞课改"的浓厚氛围。在"高效人本"理念的引领下，全校课堂发生了巨大的变化，学生自主学习、合作交流的能力越来越强。近两年来，老师们在各类期刊发表论文29篇，其中中文核心期刊3篇；31位教师撰写的论文获省市论文评选一、二等奖；21位教师在全市范围内开设公开课，获全国、省、市优质课比赛一、二等奖。《心理健康》《美术欣赏》《职业生涯规划》《咏舞宋词》等多门课程入选青岛市精品课程。

在大刀阔斧进行教学改革的同时，我始终不忘把一些优良传统传承下来，壮大学科教学优势。

第一，坚持专业早功。依据自己带班的经验，与学校领导共同研究，把艺校学生的专业早功以制度的形式固定下来，也成了艺校的一道风景。每天，晨曦初露的时候，艺校的校园里充满了琴声、歌声、诵读声、舞蹈排练厅老师的口号声，音乐、舞蹈、杂技、播音、服装表演、影视表演等专业的学生们在无形中接受着艺术的熏陶，锻造着自己的能力。

第二，坚持写回课教案。音乐专业的声乐、钢琴、器乐等技能课，教师每节课均要写出每个学生的回课情况，并根据回课情况写出改进意见；美术各技能课实行阶段性教案，总结学生每阶段学习情况并写出改进意见。近几年，来艺校参观学习的省市兄弟学校及专业同行很多，除了正常的参观外，他们都会提出一个要求，就是看一看并索要一本青岛艺校专业老师的回课教案。

第三是坚持教学研究。加大"强文化、精专业"的课程改革力度，通过多种形式的展课、赛课推行专业课，根据专业方向分层次、分小组教学，与文化课的"低进高出、高进优出"相呼应，促进专业课文化课教学水平的提高。

科学的管理是学校办学水平和质量提升的保证。作为一名教学管理干部，同时又是一名专业教学骨干，我用自己的努力和热情，用自己的专业和影响，帮助老师、学生在实现梦想的道路上前进，实现管理与教学的双赢，随着学校教学成绩的不断攀升，我本人也荣获"青岛市中小学教育教学管理先进个人"的称号，并被青岛市教育局聘为"青岛市新教师培训导师团成员"。

用心去弹奏——精彩就在自己的手中

顾明远先生曾说：没有爱就没有教育，没有兴趣就没有学习；教书育人在细微处，学生成长在活动中。

青岛艺术学校的学生多数是初中学习成绩不太理想，又怀有一颗追求艺术、渴望进入高等艺术院校深造的心。他们缺乏自信，同时也非常敏感，因而更需要细微之处的人生指引、关怀和磨砺。我在教育中坚持"把学生当作自己的孩子"，尊重学生，与学生平等地交流与沟通，让学生感受到老师的爱，用爱倾听每一个孩子心底的声音，形成师生关系的良好互动，使学生越来越自信。

我最喜欢的一张照片是在一架三角钢琴边拍的，白色的琴键、黑色的琴盖、流畅的造型，那是关于音乐、关于艺术、关于人生的美丽梦想。我思考更多的是如何把自己的艺术和教育思想的种子播撒在每一位学生心中。

我曾对毕业于国字号音乐学院的学生孙霞说："记住，你所喜爱的是艺术，不是一张证书，也不是不菲的收入。人生就如一架键盘，用心弹奏，才会呈现更多的精彩。"小孙从小喜欢弹钢琴，但一次变故使家境陷入拮据，一次偶然的机会我和她相识。我讶其天赋、悯其遭遇，出于对人才的爱惜和教师的本能，我开始义务为其辅导钢琴，这一辅导就是十年，我用一名教师对学生无私的爱帮助她叩开了国字号音乐学院的大门，实现她对艺术的幸福梦想。中央电视台的一位记者曾就"十年如一日地帮助一位有天赋的孩子学音乐"这件事采访过我，并进行了报道。

我以同样的爱和执着对待我面前的每一个学生。作为艺术学校的一名管理者，我分管教学工作和艺术教育，就像不断努力、实现自己的艺术梦想一样，我倾尽全力用自己的工作去帮助更多的人实现他们的艺术梦想。我就从学生的艺术素质和实践能力两个方面入手，帮助学生在艺术的道路上得到更多的锻炼。学校的排练厅、琴房、专业教室，总会有我的身影，以实际行动去践行学校李建刚校长提出的"走动式管理"理念。学校的社团活动——合唱团、舞蹈团、管乐团、民乐团的训练与演出，我也事必躬亲，有时还亲自上台指导；学生要升学，参加艺术高考，我和任课教师、班主任紧密联系，对每一个学生进行有针对性的分析和分类，和家长建立良好的沟通渠道，竭尽所能帮助学生如愿以偿、心想事成。

双手的律动——本色铸就的豪壮

丰富多彩的实践活动是每个艺校学生成长、成才的必由之路。作为青岛艺术舞台的一支骨干力量，参加活动、组织演出是常有的事情，这些活动和演出也是艺校学生展现自己、锻炼自己的最好平台。多年来，青岛艺术学校舞蹈、音乐等专业师生参加中央、省、市各种大型晚会数百场。其中大型的演出就有中央电视台主办的奥帆赛及残奥会晚会、央视国际大专辩论赛颁奖晚会、全国第五届中小学生艺术展演活动开闭幕晚会、第十三届全国中等职业学校"文明风采"竞赛优秀作品展示活动等，历年的青岛台春节联欢晚会、国庆晚会等大型活动也少不了艺校师生的身影，也少不了我和团队同事们奔跑忙碌的身影。每一次活动，每一次演出，不管是双休日还是节假日，我总要到排练演出现场，陪伴演职人员，协调相关事务，用自己的实际行动来激励参演的师生，保障各项演出活动顺利、零失误。

2008年奥运会，青岛作为协办城市，奥运成为这一年最重大的主题。从年初的"百年青岛，百年奥运歌曲演唱会"开始，我和学校领导一起带领艺校师生与奥运接轨：7月，火炬传递；8月，奥帆赛开、闭幕式；9月，残奥帆赛开、闭幕式。多场次重要的演出活动需要艺校师生的参与，正值盛夏，酷热难当，我和师生们舍弃假日的休息时间，不分白天晚上地泡在排练厅里，等待在演出前的候场室中，只为将最美的舞蹈和音乐展示给观众，将最美的艺校展示给青岛和世界。当每一场精彩的演出结束，当学生的演出受到好评，我总是开心地在一旁会心而笑，我为自己点赞，更为艺校喝彩。

2017年5月，第十三届全国中等职业学校"文明风采"竞赛优秀作品展示活动在青岛举行。作为艺术专业学校，我们承接了整个活动任务。从前期的节目选拔、与教育部的对接，到节目的串联排练、串台词节目单的编审、各岗位人员统筹、全国各地演员的安排、一级一级的节目审查……我和团队同事们经历一个月的辛苦和忙碌，虽然人累瘦了，嗓子累哑了，但是，我们出色地完成了展演任务，得到教育部等各级领导的高度评价和观众的热烈回应。当掌声响起，自豪和感动涌上心头，因为每一次活动，每一台演出，成就了艺术学校亮丽名片，这里面浸润着艺校师生们的智慧和汗水，我自己也成为亮丽名片上一个动听的音符。

我坚信天道酬勤，出生于1971年的我总有使不完的劲、干不完的活，不知道什么是苦、什么叫累，我在最能吃苦的年纪，遇到了最努力的自己，也成就了自己。不怕累，能吃苦，这是我对自己真实而本色的评价。

不断地超越——跨越前方的山峰

岁月更替的点滴积累，磨砺出宝剑锋芒，不忘初心的始终坚持，丈量出奋斗的价值。无论多忙、多累、多难，我时刻都没有忘记自己是一名钢琴专业教师。我爱钢琴，更爱钢琴教学。按下键盘，循着美妙的琴声，宛如抛出一粒石子，荡起水面层层的涟漪，把艺术与教育的魅力一波一波地向远方传递。在我的心里，这就是我最初的梦想、永远追求的理想。

钢琴教学是音乐、幼教专业的基础学科，是职教艺术学生提高自身素质和修养的必备技能之一。所以，我每次安排课程时，都会有意识地安排去带不同专业方向学生的钢琴课。在带过几届音乐班的孩子之后，我会去接触音乐师资班的钢琴教学，而后我又转向教器乐专业、学前教育专业的钢琴课。不同专业的学生对钢琴这门学科的需求不同，所以只有在钢琴教学的一线，我们才会真正了解学生的学情，才能根据实际的教学情况探讨教学大纲的制定与实施，才能设计出有益于学生的课程。

凭借扎实的基本功和风趣幽默的教学，我把培养学生做"德艺双馨"的艺术人作为教学的核心目标，根据学生的特点因材施教、悉心指导。教学中注意启发引导，赏识教育与严格要求相结合，形成了"生动、激情、严谨、扎实"的教学风格，竭力让钢琴课成为学生喜欢的专业课、必修课。

曾有人说作为一名教师，"有学无研则浅，有学有研则深；有研无创则僵，有研有创则新；有创无述则空，有创有述则丰"。2006年，我被聘为每年一度的"全国社会音乐考级钢琴专业评委"，同年又取得了山东师范大学音乐教育硕士学位证书。几年间，我多次举行市级及以上钢琴公开课和展示课，并获全国钢琴教学比赛一等奖。面对这些成绩，我没有沾沾自喜、故步自封，而是结合十几年的教学经验，对数码钢琴集体课教学及理论框架进行深入研究，并依据心理学"群体动力"理论和建构主义理论，充分发挥集体课教学的"群体动力""心理暗示"效应，摸索出一套"分-讲-练-查-评"的教学流程，最终总结、提炼成"钢琴集体课五步教学法"。2012年，我所创立的"钢琴集体课五步教学法"荣获青岛市优秀教学法，并获青岛市教改实验项目一等奖。

2014年9月，我被遴选为首批"青岛市名师工作室主持人"，担负起培养青岛市艺术教育名师和开展艺术教育普及等工作。名师课堂针对音乐、舞蹈的兴趣培养及艺考、考级、特长考试应考策略等话题开设多次名师公益课堂，吸引了岛城众多的艺术生、家长以及音乐爱好者，取得了良好的效果和社会影响。除了名师公益课堂，工作室还把拉动农村地区的艺术教育作为重点工作，推广普及艺术教育，提高城乡艺术教育教学水平。在对于城市相关学校的音乐学科建设上，工作室更多地承担指导与拔高的工作；而对于农村学校的音乐教育，工作室则偏重于一线音乐基础教学的普及和师资力量的培训。工作室将崂山晓望小学等学校定为重点指导学校，并通过定期社团辅导、名师送教等活动，带动相关学校艺术教育的高效发展。经过三年的努力，工作室取得了丰硕的成果。工作室成员多人荣获青岛市学科带头人、青岛市教学能手等荣誉，辅导的多个节目获全国、省、市艺术展演一、二等奖，工作室经验在全市会议上做典型发言。

桃李不言，下自成蹊。二十多年来，我培养了一批又一批的优秀学子，他们考入中央音乐学院、中国音乐学院、上海音乐学院、解放军艺术学院等高等艺术学府，我也在不断完成着自己教书育人的使命，循着这样的艺术求索之路，一步一个台阶地向前迈进。

挥舞着"呈人之美"的双手，弹奏着"成人之美"的乐章，执着追求艺术与教育的理想，不断创新、超越自己，绘就一道道靓丽的艺教风景，奏出一曲曲华美的乐章，展现艺术育人的魅力，在成就好学生、成就好学校的同时，也成就了自己的梦想。

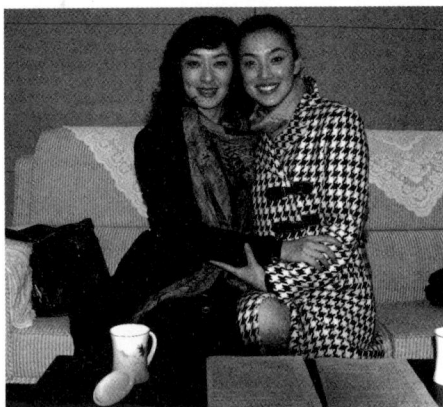

姜竹亭
JIANG ZHU TING

　　青岛市中心聋校数学教师，山东省特级教师，齐鲁名师，山东省教学能手，青岛市学科带头人，青岛市教育局拔尖人才，青岛市残疾人工作先进个人。兼任山东省基础教育评估专家，山东省中小学教师远程研修省级学科专家，青岛市慕课和翻转课堂研究专家，青岛市特教中心组组长。

　　兼任青岛电视台手语主持，年年为市长《政府工作报告》电视直播同步手语翻译，曾受邀担任残奥会帆船比赛手语主持、中国残疾人艺术团手语指挥及翻译。

大爱无言，师爱无声

教育，说到底，我想是审美。发现学生之美，发现自身之美，发现师生情谊之美，发现人生与世界之美。

教育，必须没有一丝一毫的功利心，才会变得简单、快乐、幸福、诗意……

——姜竹亭

此生无悔入特教，一朝选择寸心痴！从二九到而立，从不惑近知天命，三十个寒来暑往，三十年默默坚守，在人生最美好的时光里，守着一群日日拔节的听障孩子，守着三尺讲台一方天地，守着为人师者期待花开之心，陪伴一群来了又去的少年，在与学生的日日相守中从他们身上延续了自己的青春。苦辣与酸咸，香甜与喜乐，都在时光的淬炼中沉淀成心底那一曲悠长悠长的古韵，只有情怀未改，寸心依旧。

情定聋校

1988年即将从青岛师范毕业的我，面临着从未有过的三难选择。当时我的班主任被任命为市北区一所新建小学的校长，他专程来到我家，与我的父母面谈，希望他们能支持我去这所新校任教。那年我的实习成绩是那届毕业生中少有的满分，所在的实习学校也抛来了橄榄枝。面对我敬重的恩师，面对实习学校领导的诚意，我没有兴奋，反而纠结起来，因为我的心里一直存有一个念想——青岛聋校。

那是我就读师范的第一年……

那一天，我路过一所特殊的学校，见到一群特殊的孩子。他们正在进行篮球比赛，运球、传球、上篮、投篮，他们目光炯炯，动作标准，虽然不说话，但是一个手势、一个眼神，就能彼此心领神会，配合默契，场上的比赛紧张激烈，但是操场上却没有往常的喧嚣。裁判老师吹着哨子，挥着旗子，跑来跑去忙活着，比赛进行得有条不紊。球场边，教练连说带比画地指导着球员，学生们专注地看着老师，不住地点着头。是的，他们是一群生活在无声世界的听障孩子。

阳光下他们的奔跑、起跳、投掷，一次次震撼着我的心。虽然命运给了他们残缺，可是他们多么倔强，他们一定也有斑斓的梦想，在通往未来的道路上，他们一定付出了几倍于常人的努力，才能和健全孩子并肩站在人生的起跑线上。但是他们从未放弃，他们健康阳光、开朗自信，他们颠覆了我对"残障"两个字的认知，面对这群自强不息的孩子，面对这些心有大爱的老师，我的心里油然而生的不再是同情而是深深的敬意，我由衷地感叹："这个学校的老师真了不起！"

毕业在即，心里的这个念想越来越清晰，越来越强烈。我知道我有一条充满荆棘的路要走，我知道我有许多难以想象的困难要面对，但是我义无反顾，无怨无悔。身边人的疑惑和亲朋好友的劝阻都无法改变我的决定，因为梦想已经决定了方向。在青岛聋校，我先后从事数学教学、形体训练、言语康复、随班就读指导、班主任等多项工作。三十载春华秋实，我用自己的脚步丈量着当初的梦想，我用自己的青春实践着那些关于爱和责任的誓言，言犹在耳，从未敢忘。

"外行"练就"同声传译"

海伦·凯勒说："盲，隔离了人与物；聋，隔离了人与人。"三十年的听障教育经历，我深深地体会到与学生的顺畅沟通是走近他们的第一步，而这绝非易事。我说的话学生不懂，我想表达的也"无从出口、无从下手"。手语就是摆在我和学生之间深深的鸿沟，我暗下决心，这个关卡必须要尽快通过，打开阻挡我与学生沟通的门锁。

课下我开始自学《中国手语》，一有时间就向老教师请教，口说笔写向学生询问。回家跟家人也是连比画带说，家人说话我就用手语翻译，遇到不会打的词汇或句子就记下来，及时查阅资料。天道酬勤，很快无论是课上还是课下，我与学生之间就能顺畅地沟通交流了。我并没有沾沾自喜，满足于此，因为这只是聋校教师的手语基本功。

至今仍记得我第一次在集会上给学生同步手语翻译的尴尬体验。"下午职专学生有个集会，你来做手语翻译。""啊？不行……""没问题的，总得有个第一次。"在主任的鼓励下，我硬着头皮上了台。头几句还能跟得上，一碰到脑子中没储存的手语词汇就慌神了，这一慌就断下了，后面的就更跟不上了。看着台下学生皱起的眉头，疑惑的表情，大冷的天我急出了一身的汗。感觉这个集会咋这么长呢，时间咋这么慢呀，手忙脑乱、绊绊磕磕地总算熬了下来。

这次难堪的经历，让我痛定思痛，我恨不得立马把所有的手语词汇全部掌握。冷静下来的我深知，这绝非一日之功，是不能一蹴而就的，这需要日积月累，坚持不懈地学习、积累和苦练。从那以后，能胜任同步手语翻译，能打出清晰、大方、美观的手语，进而能看得懂听障人士之间交流时快速而语序不通的繁杂手语，成为我要尽快达到的更高的目标。

为此我努力，努力，再努力！坚持，坚持，再坚持！一步一个脚印，一步一个台阶。慢慢地，集会上我为全校学生进行着清晰的手语翻译，青岛市残疾人文艺汇演等大型活动的现场，我为全市的听障人士做着流畅的同声传译。

随着我手语水平的日益提高，难度更大的挑战摆到了我的面前——担任青岛电视台《一周新闻综述》的手语主持。这档面向全市观众每周一期的新闻栏目，时间长达20分钟，是当时青岛台新闻时长之最。而新闻口播的语速之快，也绝不能用现场集会的语速做参照练习。于是我就每天听着《新闻联播》《青岛新闻》的口播练习手语速度，照着镜子练习手语动作、面部表情，循环播放中央台的手语新闻，关掉声音只看手语图像，苦练电视手语主持的播报技能。宝剑锋从磨砺出，梅花香自苦寒来。通过不懈的努力，我用不长的时间就胜任了电视台新闻手语主持，而且也得到了岛城听障人士和电视台领导的高度评价，所谓艰辛，真的只为认可。

凭着对特殊教育的一腔热情，凭着为听障人士服好务的满腔热忱，二十年来，我一直兼任青岛电视台的手语主持，年年为市长《政府工作报告》电视直播同声传译长达两个半小时。2008北京残奥帆赛开、闭幕式，残奥圣火传递仪式，我受邀担任手语主持，中国残疾人艺术团在人民大会堂为胡锦涛等国家领导人的演出及赴日公演，我也荣幸地受邀担任手语指挥和手语翻译。

2012年作为副主编我与同事共同完成了《实用手语》，并录制了手语教学视频，为全国的特教专业师生、手语爱好者及慈善爱心人士学习、掌握手语提供了便捷、有效的途径和帮助。常年以来，我坚持为普特教师生、残联及窗口行业人员培训评估手语，为全市的无障碍视听做出了自己的贡献，被评为青岛市残疾人工作先进个人。

这一切，都是源于热爱！感谢学生让我保持着持久爱人的能力，感谢教育让我体味到人性的丰富与美好，让我在千头万绪中找到简单的快乐，找到人生的意义，找到生命的价值。

"门外汉"造就"圣火使者"

青岛聋校涵盖了学前康复、小学、初中、高中、职业中专五个学段，职业中专段开设了服装、烹饪、工艺美术等多个专业。"我们聋校学生自己设计制作的服装，何不由他们自己来展示演绎呢？"我的这个想法得到了学校领导的赞同，由此我开始了对学生进行形体训练的探索。

只靠热情是做不成事的。从未接受过专业形体训练的我犯了难，为了带好学生，毕业多年的我回到母校，找到我的舞蹈老师。"我很支持你的想法，你的难处我也了解，现在需要你拿出时间来学习和训练，我愿意帮助你！"老师的支持大大鼓舞了我，从此，每天下班之后和每个周末，我都泡在训练厅里，或跟着老师进行形体训练，或对着镜子自己反复练习琢磨。蹬上平常不爱穿的高跟鞋，一站就是几十分钟，一走就是几个小时，脚磨破了就粘上创可贴，腰站酸了就用热水袋敷一下。白天照常上班，晚上和周末学习训练，我咬牙坚持着。直到有一天，老师说："恭喜你，现在你可以把学到的教给你的学生了，希望你的努力能成就你的学生。"我激动地拥抱着老师，由衷地感谢她的无私帮助，暗下决心，一定以她为榜样，把学生教好，不辜负老师的辛苦付出。

1997年，我在学校开设了形体训练与服装表演选修课，没想到报名时出现了火爆的场面。初中、高中、职专段的学生都积极踊跃地报名，学生有课的时间段无法统筹，训练只好安排在午休时段，从此好多年我都没有了午休时间。

初期的训练是非常枯燥和艰苦的，单单一个站姿就要每天对着镜子练习一个小时以上。不仅如此，孩子们还要时常忍受着高跟鞋磨破的脚伤坚持训练，他们不叫苦不喊累，咬牙坚持着，没有一个人打退堂鼓。

我被学生们感染着，也被他们感动着，无怨无悔地充当起他们的耳朵。学生听不到音乐，就无法感受它的节奏和旋律，更无法体会音乐的色彩和情感。我就和着音乐的节奏敲鼓，鼓的震动通过地板传递到学生们的脚下，这样循环反复，以此来训练他们的节奏感。我和学生们围坐在一个大鼓旁边，他们闭着眼，靠手脚、靠心灵去体会、感受声音和节奏带给他们的美妙体验，脸上露出欢喜陶醉的神情，这些难忘的场景至今还时常浮现在我眼前。

听障学生要理解和领悟音乐的旋律、色彩和情感，更是困难重重。我就借助画面、视频，用语言描述、手势指挥来帮助他们分析、琢磨、感悟韵律的特点、色彩的明暗和情感的强弱。无数个午休时间，多少个严寒酷暑的假期，我和学生们都是在无数遍的重复与练习中度过的。

在训练班的这群学生中，残奥圣火采集使者姜馨田就是非常突出、特别优秀的一员。

馨田一岁时因打针致聋，她的听觉损伤极为严重，几乎没有残余听力，但她并没有因此自卑，也没有封闭自己，她从不抱怨命运的不公，她认为自己只是需要克服一些"不便"罢了，因此她始终以积极健康的心态笑对学习和生活，她阳光自信，是一个单纯善良、开朗活泼的女孩。她热爱舞台，热爱美，也追求美，特别积极上进。

　　馨田从学前班就一直就读于我们学校，小学一到四年级我教她数学，上初中时她跟我进行形体训练。那年，馨田已出落成窈窕淑女。她身材比例较好，双眸清澈，面目清秀，爱笑阳光，自信大方。但她从不凭仗外在条件的优势，而是坚持刻苦地训练，课间常常不休息，训练结束后她也总是要多练一会儿。回到家里，她继续对着大镜子自己琢磨，反复看视频跟着学习，要么就拉着妈妈表演给她看，让她给自己挑挑毛病。

　　2002年夏天青岛举行国际啤酒节模特大赛，尽管在此之前还没有听障人士参与过类似的比赛，但我想学生们经过几年的刻苦训练，应该走出校门，是时候到社会上去锻炼展示一番，接受一下检验了，不必去在意结果如何。馨田和几位同学听从我的建议，勇敢地报了名。

　　当时正值酷暑盛夏，我和家长们一起帮孩子们准备服装，陪同比赛，现场翻译，贴身指导，买饭送水，回到家里常常已近凌晨，整个暑假都在忙碌中度过。令人高兴和欣慰的是学生们有了不小的收获，这让我劳累顿消。馨田一举囊括"爱心天使""最受媒体关注"和"十佳美人"三项大奖，袁婷获得了"啤酒宝贝"称号。2003年馨田受邀参加环球小姐大赛，被聘为世界环球小姐组织"特邀形象大使"。

　　2003年暑假我又带领训练班的学生们走上了青岛国际时装周的T台。学生们和健全选手同台竞技，舞台上的他们，笑容灿烂，青春健康，阳光自信，当人们得知他们有耳听不到，有口说不出时，都大感惊讶，在社会上引起了不小的轰动。之后，学生赵恬恬、王悦、殷晓阳、周明洋等多人考入中国残疾人艺术团并成为骨干，参与了2008残奥会和广州亚运会开幕式的表演，代表国家去到世界各地巡回演出，成为残疾人的优秀代表，有力地宣传了青岛特殊教育的丰硕成果。

　　机会总是青睐那些有准备的人。

　　2003年中国残疾人艺术团在全国范围内首次招聘聋人手语主持，吸引了全国各地的优秀聋人去面试，前期结果团领导始终不满意。当时馨田即将高中毕业，这对她来说是个难得的机遇和挑战。那年春节前夕，我带着馨田来到中国残疾人艺术团，面试之后团领导非常满意，当场就邀请馨田担任艺术团有史以来的第一位聋人手语主持，兴奋的馨田和我紧紧地拥抱在一起。年轻的馨田也许还不知道，她的命运从此改变，她的人生之路因此而宽广，前途无限量。

此后，馨田一边在北京联合大学继续深造，一边跟随艺术团在全球巡回演出。她登上了央视春晚的舞台，参加了新中国成立60周年天安门阅兵仪式，在亚运会开幕式上表演，被聘为世界园艺博览会形象大使，2008残奥圣火采集使者……从此，她成了中国的骄傲，成了青岛的骄傲，成了我们学校的骄傲，成了她父母的骄傲，也成了我的骄傲。馨田作为杰出人才引进，已落户北京，她现在非常忙，偶尔回青就会回学校，就会来看我。她已经从学校毕业十余年了，我们之间的感情也从师生情悄然变成了亲情。

看着馨田在北京天坛成功采集残奥圣火，高高举起火炬的刹那，我眼里含着激动的热泪，心里涌动着莫大的成就感和满足感，作为一名聋校教师我感到无比的快乐和幸福。

教育，说到底，我想是审美。发现学生之美，发现自身之美，发现师生情谊之美，发现人生与世界之美。

教育，必须没有一丝一毫的功利心，才会变得简单、快乐、幸福、诗意；教育，是人生修炼，是亦师亦友，是度人度己。

俯首只问耕耘，抬头收获"名师"

在去聋校任教之前，对于特殊教育，我是门外汉。聋生有其独特的生理、心理特点和认知、思维规律，为了教好他们，我沉下心来，将自己泡在书堆里，硬着头皮啃下了大量的专业理论书籍，我把自己泡在学生堆里，尽量多地了解学生的特点、需求和差异。由于听觉障碍，聋生接收外界的信息受限制，导致言语和思维发展受到阻碍，数学学习比普校同龄学生至少滞后一年，他们理解问题较为主观、片面，比较敏感，不够自信。只有针对学生的实际，满足他们的需求，因材施教，才能胜任这份工作。

那是我工作的第三个年头，我教了两年的学生初中毕业了，原本以为学校会安排我再教初中段，我可以把前两年积累的教学心得进一步实践和改进。没承想，领导竟让我改教一年级两个班的数学，我顿时懵了，大为不解。后来了解到领导的意图是要让我尽快熟悉不同年龄、不同学段的学生特点和教材体系，我感谢领导的良苦用心，欣然接受了这个挑战，然而现实远没有想象的那么简单。

刚刚跨入20世纪90年代的聋校一年级新生，绝大多数没有接受过言语康复训练和学前教育，已经错失了补偿、训练听觉和学习语言的最佳时期，要在这张白纸上勾勒出美丽的图画，真是异常艰难。

开学伊始，先进行聋校特有的准备教学，就是认识大小、多少、长短、高矮、上下、左右等初步的相对关系，就这已让我始料不及，我预料到学生会接受得慢，但是想不到会如此之慢，从实物、图片到概念、词语，再到发音、手语，循环往复，一再对比，不断地重复，就是为了让学生建立起实物与这几个简单概念的对应关系，一节课40分钟只是认识"大小"，竟然还有两三个学生分不清呢，这真的让我束手无措，感到特别沮丧。

开学的第二周，教学"认识1、2、3"，有了前面的体验，我更加精心地设计，认真地准备，一节课只教学一个数，效果还行。三个数都学完了，进行综合练习时，竟有两三个孩子还是分不清1、2、3，我几近崩溃。

赶紧向老教师请教吧，"你只出示大苹果和小苹果是远远不够的，要多多准备实物和图片，大橘子和小橘子，大西瓜和小西瓜……大球和小球，大书和小书，大字典和小字典，大衣服和小衣服，大鞋和小鞋，大手和小手……这样通过很多次不同类型物体的对比，学生才能逐步建立起大小的相对概念。咱的学生理解问题、记忆能力都比较弱，遗忘性却比健听孩子强，这就需要咱老师首先要帮助他们切实理解概念，这样才能便于他们记忆掌握知识，并且要培养学生经常复习巩固的好习惯，以弥补他们薄弱的能力。"一席话让我茅塞顿开，豁然开朗。

这让我深刻体会到直观性教学原则在聋校教学中起着非常重要的作用，它会帮助听障学生在学习数学时起到事半功倍的效果。鉴于学生的视觉优势，动作和形象思维强的特点，教学时我注重从直观、形象的物、图切入，重视鼓励学生动手操作、实验，经历主动探究、发现归纳知识的过程，为他们顺畅地理解抽象的数学知识搭建台阶，化静为动，化无声为有形，化繁为简，化难为易，层层递进，逐步深入，扬长补短，开发潜能，引导学生轻松愉悦地学会知识，获得成功的体验。

在学校我一有时间就跟学生待在一起，个别辅导、思想交流、值日运动，向家长了解孩子在家里的表现，这让我在较短的时间内，就能多维度、全方位地了解学生。逮着时机我就跟老教师讨教，他们把自己多年积累的丰富经验，毫无保留地传给我，让我少走了很多弯路。回家我又抓紧恶补聋校小学教育教学理论，结合自己的实践，分析反思，不断改进，摸索出了一套行之有效的方法，很快就能独当一面了。

鉴于学校领导的信任，作为新教师的我每学期至少上一节全校公开课，每次上课之前，我认真地钻研教材，详细地分析学情，精心地设计准备，课后认真地聆听领导老师们的评价，虚心地接受他们中肯的建议，并在以后的教学中加以改进，这番密集的锤炼，促使我的教学水平迅速提高，教科研能力日渐增强。

2000年参加全省优质课比赛，现场上课是在一个大会场的台上，台下坐满了全省各地特教学校的领导和教师，还有十几位专家评委坐在台前现场打分。有个学生就特别紧张，一个并不难的问题，起来回答的不对，我又启发引导了一遍，还是不见成效。我看出了他的紧张，就走到他身边，牵着他的手把他带到讲桌前，对照着课件耐心地再进行启发和引导，他的紧张情绪得以缓解，很快就顺利地解答出问题了。

这节课我获得了第一名的成绩，课后专家们对于课堂上这个即时生成环节的处理给予高度评价，他们认为当这个学生遇到困难时，我没有简单地让他坐下，再让其他学生来解答，而是把学生领到身边，对照着课件耐心地启发引导，有效缓解了他的紧张情绪，用很短的时间顺利地帮助这个孩子解决了问题，既让学生感受到老师对他的尊重，也帮助学生树立了自信。

2007年我被学校推荐参加山东省教学能手的评选，课堂教学比赛时，我执教《圆柱的体积》一节，课前我为学生小组合作探究准备了充足的学具，制作了科学形象的动画课件，设计了简明扼要的研究报告，课上学生们在动手操作、观看课件演示的基础上，合作探讨，顺利推导出圆柱体积的计算公式，并通过练习，正确、灵活的运用公式解决了实际问题。课后专家们一致认为我在教学中很好地运用了直观性教学原则，准备和制作的学具和课件，有效地帮助学生轻松的理解知识，顺利地推导出公式，很好地突破了教学难点，突出了教学重点，达成了教学目标，教学效果很好，为此我获得了课堂教学第一名的成绩。

我多次在省、市教研活动中开设公开课、观摩课和开放课，进行经验交流，下乡送课助教，录制的课堂教学视频代表学校接受全国实验聋校的严格评审，顺利通过验收，获得好评。我多次荣获全国、省市级优质课比赛一等奖，省教育科研优秀成果一等奖，数篇论文发表于国家、省市级刊物，参与省编聋校《数学》学生用书的编写，我被聘为青岛市首批开放课堂教师和青年骨干教师，作为青岛唯一的一名特教老师入选第三期齐鲁名师建设工程。

在三十年的听障教育历程中，我始终秉持"尊重个体需求，成就快乐发展"的教育理念，以开发学生潜能，补偿听觉缺陷，促进言语发展为工作着眼点。我始终以真挚的爱心、耐心和持久的恒心，着力培养学生终身学习、融入社会的能力，为学生的正确人生引路，使他们成为能自立于社会、能与他人协作相处的人。

带领团队，创新实践

作为山东省基础教育评估专家、中小学教师远程研修省级学科专家、青岛市教育专家咨询团成员、学科专家、慕课和翻转课堂研究专家和特教中心组组长，我多次组织、主持青岛市特殊教育研讨活动，依托课程、课题，通过培训、沙龙、示范助教等，发挥辐射带动作用。

2013年我组建了骨干教师团队，领导的信任和支持是我砥砺前行的支撑和动力，我和团队老师们携手进行了一系列的教育教学研究实践。多年来，我们因循学校"融合、健康、尊重、快乐"的办学理念，围绕学校倡导的"个别化教育"，以《尊重个体需求，成就快乐发展》为研究主题，着眼于关注学生差异、关注学生发展，从语文、数学、生物、科学、思品、言语康复等不同学科维度进行研究探索，在学前、义务教育、高中、职专各个学段中进行了广泛的实践创新。

聋校同一个班级里学生之间各方面存在着比较大的差异，特别需要个别化教学，而每班12人左右的班额，也非常有利于实施个别化教学。多年来我们团队致力于班级授课制下的个别化教学——"一生一案"的研究实践，旨在帮助每一个学生能在自己原有的基础上有所发展，培养学生个人终身发展和社会发展需要的必备品格和关键能力。

在这个团队协作的平台上，老师们的专业化水平得以提升，专业化发展得以实现，多人次的教科研成果和优质课屡次在全国及省市比赛中获特等奖和一等奖，多人次开设市级公开课和开放课，参与国家及省市级重点课题研究，出版著作、发表论文数十篇，荣获青岛市名师人选、学科带头人、教学能手、青年教师优秀专业人才等称号。

特殊教育既有普通教育的共性，又有特殊教育的个性。所以需要教师有更多的耐心和爱心，有更科学和专业的理论素养和能力。

冰心说："踏着荆棘，不觉痛苦，有泪可挥，不觉悲凉。"

我不奢求自己的学生多么有成就，能立足于社会就是我最大的心愿，也许我体会不到"桃李满天下"的荣耀与自豪，但我依然深爱着特殊教育，深爱着我的学生。

"美好而没有希望，是最干净的美好。"我深悟其意。

那么，我只管去爱我的学生，用最干净的美好去做艰难又美好的特殊教育，一个聋校教师的芳华便永远不会老去。

与名师一起读书
——名师推荐读书书目

1.《情境教育的诗篇》，李吉林著，高等教育出版社，2000

2.《走在行知路上》，杨瑞清著，高等教育出版社，2000

3.《读懂孩子》，边玉芳著，北京师范大学出版社，2014

4.《爱和自由》，孙瑞雪著，新蕾出版社，2000

5.《创造适合学生的教育》，冯恩洪著，天津教育出版社，2011

6.《中国教育改造》，陶行知著，吉林人民出版社，2013

7.《韩军与新语文教育》，教育部师范教育司编，北京师范大学出版社，2000

8.《教育常识》，李正涛著，华东师范大学出版社，2016

9.《陶行知教育名篇》，方明编，教育科学出版社，2000

10.《陶行知文集》，陶行知著，江苏教育出版社，2008

11.《教师人文读本》（上中下）张民生，尹后庆，于漪总主编，商友敬、吴国平执行主编，上海辞书出版社，2018

12.《孩子你慢慢来》，龙应台著，三联书店，2009

13.《于丹论语心得》，于丹著，中华书局，2007

14.《学会教学》，青浦县数学教改实验小组著，人民教育出版社，1991

15.《周国平论教育（修订版）：守护人性》，周国平著，华东师范大学出版社，2015

16.《现代课程论》，钟启泉著，上海教育出版社，2000

17.《中国教育寻变》，李建平著，教育科学出版社，2015

18.《有效教学》，崔允漷主编，华东师范大学出版社，2009

19.《语文科课程论基础》，王荣生著，教育科学出版社，2014

20.《做一个学生喜欢的老师——我的为师之道/于永正教育文集》，于

永正著，教育科学出版社，2014

21.《差异教学论》，华国栋著，教育科学出版社，2000

22.《教会学生思维》，郅庭瑾著，教育科学出版社，2000

23.《教育走向生本》，郭思乐著，人民教育出版社，2018

24.《语文教学解释学》，曹明海著，山东人民出版社，2000

25.《批判性思维教程》，谷振诣，刘壮虎著，北京大学出版社，2017

26.《论语》，中华书局，2016，陈晓芬译著

27.《教师第一课》，朱永新、高万祥著，福建教育出版社，2013

28.《小学语文情境教学——李吉林与青年教师的谈话》，李吉林著，人民教育出版社，2000

29.《班主任工作漫谈》，魏书生著，漓江出版社，2014

30.《我的教学生涯》，斯霞著，上海教育出版社，2000

31.《告诉孩子你真棒》，卢勤著，译林出版社，2013

32.《赏识你的学生》，孟繁华主编，教育科学出版社，2010

33.《爱心与教育》，李镇西著，漓江出版社，2018

34.《我的教育理想》，朱永新著，漓江出版社，2014

35.《学生第一》，李希贵著，教育科学出版社，2011

36.《核心素养导向的课堂教学》，余文森著，上海教育出版社，2018

37.《教与学的秘密——解读佐藤学的课堂教学观》，王晓春著，教育科学出版社，2016

38.《跟大师学语文》，叶圣陶、夏丏尊著，中华书局，2007

39.《于永正与五重教学》，于永正著，北京师范大学出版社，2011

40.《如果我当教师》，叶圣陶著，杨斌选编，教育科学出版社，2012

41.《胡适谈读书》，胡适著，百花洲文艺出版社，2016

42.《我的阅读与写作》，梁衡著，北京联合出版公司，2016

43.《听李镇西老师讲课》，李镇西著，华东师范大学出版社，2010

44.《追随苏霍姆林斯基》，李镇西著，华东师范大学出版社，2009

45.《周国平论教育》，周国平著，华东师范大学出版社，2009

46.《宝贝宝贝》，周国平著，江苏人民出版社，2010

47.《做一个聪明的班主任》，陈立平著，中国轻工业出版社，2011

48.《做最好的自己》，李开复著，人民出版社，2005

49.《赏识你的孩子》，周弘著，广东科技出版社，2019

50.《心灵的年轮》，朱建军著，安徽人民出版社，2009

51.《中华文化四十七堂课》，余秋雨著，岳麓书社，2011

52.《中小学教师如何用哲学》，冉乃彦著，教育科学出版社，2011

53.《傅佩荣解读易经》，傅佩荣著，线装书局，2006

54.《德兰修女传：在爱中行走》，华姿著，山东画报出版社，2005

55.《智慧引领幸福》，周国平著，山东人民出版社，2012

56.《生死疲劳》，莫言著，作家出版社，2006

57.《教育的智慧—写给中小学教师》，林崇德著，北京师范大学出版社，2019

58.《学习论》，施良方著，人民教育出版社，2001

59.《教育哲学通论》，黄济著，山西出版社，2008

60.《陶行知论生活教育》，徐莹晖，王文玲著，四川教育出版社，2010

61.《为了自由呼吸的教育》，李希贵著，高等教育出版社，2005

62.《教育中的心理效应》，刘儒德编著，华东师范大学出版社，2006

63.《生命化教学：我的课堂我做主》，周光明著，浙江工商大学出版社，2014

64.《做最好的老师》，李镇西著，文化艺术出版社，2011

65.《做一个聪明的老师》，王晓春著，华东师范大学出版社，2007

66.《跟苏霍姆林斯基学当老师》，闫学著，华东师范大学出版社，2009

67.《读书是教师最好的修行》，常生龙著，教育科学出版社，2015

68.《成就每个孩子——陈之华解码芬兰教育》，陈之华著，首都师范大学出版社，2012

69.《做一个优秀的中职班主任》，李迪著，教育教学出版社，2011

70.《班主任兵法》，万玮著，华东师范大学出版社，2009

71.《课堂观察——走向专业的听课评课》，沈毅，崔允漷著，华东师范大学出版社，2008

72.《教育魅力——青年教师成长钥匙》，于漪著，华东师范大学出版社，2013

73.《教师职业生涯十大误区》，茅卫东著，轻工业出版社，2014

74.《幸福教育的样子》，杨九俊著，江苏教育出版社，2014

75.《我这样做教师》，魏书生著，长江文艺出版社，2015

76.《翻转课堂与微课程教学法》，金陵著，北京师范大学出版社，2015

77.《今天如何当老师》，王晓春著，华东师范大学出版社，2005

78.《尊重与爱的教育》，杨洪芳著，青岛出版社，2009

79.《课堂教学的意外与应变》，豆海湛，王林发编著，教育科学出版社，2013

80.《用服务的态度做教师》，万玮著，福建教育出版社，2012

81.《教师必须掌握教育惩戒艺术》，郑立平，张乐华著，中国轻工业出版社，2011

82.《不跪着教书》，吴非著，人民大学出版社，2015

83.《新教育之梦》，朱永新著，人民教育出版社，2004

84.《创造性思维与教学》，陈龙安著，中国轻工业出版社，2000

85.《有效德育三部曲》，黄波著，中国轻工业出版社，2013

86.《今天怎样做德育》，张万祥编著，教育科学出版社，2014

87.《教师不可不知的心理学》，唐全腾著，华东师范大学出版社，2008

88.《教师怎样说话才有效》，李进成著，中国轻工业出版社，2012

89.《一位青年教师的专业成长之路》，王君著，中国轻工业出版社，2012

90.《愿人生从容》，贾平凹著，九州出版社，2016

91.《翻锅的滋味》，夏慧汶著，商业周刊出版社，2017

92.《从你的全世界走过》，张嘉佳著，湖南文艺出版社，2019

93.《教育是慢的艺术》，张文质著，华东师范大学出版社，2008

94.《素质教育在美国》系列丛书，黄全愈著，长江文艺出版社，2017

95.《核心素养：课程发展与设计新论》，黄光雄、蔡清田著，崔允漷校订，华东师范大学出版社，2017

96.《做内心强大的教师——教师常见心理困惑解析》，杨敏毅、王震著，中国人民大学出版社，2017

97.《美的沉思》，蒋勋著，文汇出版社，2005

98.《教育的细节》，朱永通著，华东师范大学出版社，2015

99.《学与教的心理学》，皮连生著，华东师大出版社，2009

100.《第五项修炼》，［美］彼得·圣吉著，中信出版社，2018，郭进隆译

101.《民主主义与教育》，［美］约翰·杜威著，人民教育出版社，2001，王承绪译

102.《教学勇气》，［美］帕克·帕尔默著，华东师范大学出版社，2014，吴国珍译

103.《人是如何学习的》，［美］约翰·布兰思福特等编著，华东师范大学出版社，2013，程可拉等译

104.《第56号教师的奇迹》，［美］雷夫·艾斯奎斯著，天津社会科学院出版社，2012，邱宏译

105.《我们怎样思维经验与教育》，［美］杜威著，人民教育出版社，2005，姜文闵译

106.《坚守底线》，［日］稻盛和夫著，中信出版社，2013，曹岫云译

107.《给教师的建议》，［苏］苏霍姆林斯基著，教育科学出版社，1984，杜殿坤编译

108.《爱的教育》，［意］艾德蒙多·德·亚米契斯著，中国书籍出版社，2000，夏丏尊译

109.《大教学论》，［捷克］夸美纽斯著，教育科学出版社，1999，傅任敢译

110.《如何说，孩子才会听；怎么听，孩子才肯说》，［美］阿黛尔·法伯、伊莱恩·玛兹丽施著，中央编译出版社，2007，安燕玲译

111.《牧羊少年奇幻之旅》，［巴西］保罗·柯艾略，南海出版公司，2013，丁文林译

112.《爱弥儿》，［法］卢梭著，商务印书馆，2014，李平沤译

113.《教师的挑战——宁静的课堂革命》，［日］佐藤学著，华东师范大学出版社，2012，钟启泉，陈静静译

114.《混合式学习》，［美］迈克尔·霍恩，希瑟·斯泰克著，机械工业出版社，2015，聂风华，徐铁英译

115.《静悄悄的革命》，[日]佐藤学著，教育科学出版社，2014，李季湄译

116.《追求理解的教学设计（第二版）》，[美]格兰特·威金斯、[美]杰伊·麦克泰格著，华东师范大学出版社，2017，闫寒冰，宋雪莲，赖平译

117.《打造儿童阅读环境》，[英]艾登·钱伯斯著，南海出版社，2007，许慧贞，蔡宜容译

118.《罗素论教育》，[英]罗素著，人民教育出版社，2009，杨汉麟译

119.《匠人精神》，[日]秋山利辉著，中信出版社，2015，陈晓丽译

120.《瓦尔登湖》，[美]亨利·戴维·梭罗著，上海译文出版社，2009，徐迟译

121.《少有人走的路——心智成熟的旅程》，[美]M·斯科特·派克著，吉林文史出版社，2007，于海生译

122.《小逻辑》，[德]黑格尔著，商务印书馆，1997，贺麟译

123.《如何阅读一本书》，[美]莫提默·J.艾德勒，查尔斯·范多伦著，商务印书社，2004，郝明义，朱衣译

124.《学习心理学—面向教学的取向》，[美]M.P.德里斯科尔著，华东师范大学出版社，2008，王小明译

125.《窗边的小豆豆》，[日]黑柳彻子著，南海出版社，2003，赵玉皎译

126.《人性的弱点》，[美]戴尔·卡耐基著，哈尔滨出版社，2009，刘丹，李异鸣译

127.《提高教师反思力50策略》，[美]塔格特著，中国轻工业出版社，2008，赵丽译

128.《情绪急救：应对各种日常心理伤害的策略与方法》，[美]盖伊·温奇著，上海社会科学院出版社，2015，孙璐译

129.《夏山学校》，[英]尼尔著，南海出版公司，2006，王克难译

130.《教学机智——教育智慧的意蕴》，[加]马克斯·范梅南著，教育科学出版社，2001，李树英译

131.《谁动了我的奶酪》，[美]斯宾塞·约翰逊著，中信出版社，2015，魏平译

132.《教育漫话》，[英]约翰·洛克，教育科学出版社，1999，傅任敢译

133.《提升教学能力的10项策略：运用脑科学和学习科学促进学生学习》，[美]唐娜·沃克·泰勒斯通著，教育科学出版社，2017，李海英译

134.《课程与教学的基本原理》，[美]拉尔夫.泰勒著，中国轻工业出版社，2008，罗康，张阅译